Bergmann
Kompakt-Training
Innovation

D1666014

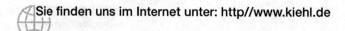

Sie finden uns im Internet unter: http//www.kiehl.de

Kompakt-Training
Praktische Betriebswirtschaft

Herausgeber Prof. Dipl.-Kfm. Klaus Olfert

Kompakt-Training
Innovation

von

Prof. Dr. Gustav Bergmann

Die Deutsche Bibliothek - CIP-Einheitsaufnahme

Ein Titelsatz für diese Publikation ist bei
Der Deutschen Bibliothek erhältlich

Herausgeber:

Prof. Dipl.-Kfm. Klaus Olfert
Hochschule für Technik, Wirtschaft und Kultur Leipzig
Fachbereich Wirtschaftswissenschaften
Postfach 66, 04251 Leipzig

ISBN 3 470 **51311** 2 · 2000
© Friedrich Kiehl Verlag GmbH, Ludwigshafen (Rhein)
Herstellung: Druckhaus Beltz, Hemsbach

Kompakt-Training Praktische Betriebswirtschaft

Das *Kompakt-Training Praktische Betriebswirtschaft* ist aus der Notwendigkeit entstanden, dass Wissen immer häufiger unter erheblichem Zeit- und Erfolgsdruck erworben oder reaktiviert werden muss. Den vielfältigen betriebswirtschaftlichen Fakten und Zusammenhängen, die aufzunehmen sind, stehen eng begrenzte Zeitbudgets gegenüber.

Die vorliegende Fachbuchreihe ist darauf ausgerichtet, die Leser darin zu unterstützen, rasch und fundiert in die verschiedenen betriebswirtschaftlichen Themenbereiche einzudringen sowie diese aufzufrischen. Sie eignet sich in besonderer Weise für:

❑ Studierende an Fachhochschulen, Akademien und Universitäten
❑ Fortzubildende an öffentlichen und privaten Bildungsinstitutionen
❑ Fach- und Führungskräfte in Unternehmen und sonstigen Organisationen.

Das *Kompakt-Training Praktische Betriebswirtschaft* ist auch zum Selbststudium sehr gut geeignet, nicht zuletzt wegen seiner herausragenden Gestaltungsmerkmale. Jeder einzelne Band der Fachbuchreihe zeichnet sich u. a. aus durch:

❑ Kompakte und praxisbezogene Darstellung
❑ Systematischen und lernfreundlichen Aufbau
❑ Viele einprägsame Beispiele, Tabellen, Abbildungen
❑ 50 praxisbezogene Übungen mit Lösungen
❑ MiniLex mit bis zu 160 Stichworten.

Für Anregungen, die der weiteren Verbesserung dieses Lernkonzeptes dienen, bin ich dankbar.

Prof. Klaus Olfert
Herausgeber

Vorwort

In diesem Buch werden die wesentlichen Grundlagen zum Veränderungs- und Entwicklungsmanagement prägnant und anschaulich erläutert. Das Knowledge Management, die Lernende Organisation, das Projektmanagement und die Produktentwicklung sind alle als Formen der Innovation zu sehen.

Innovation heißt Erneuerung und beschreibt den Prozess der Verwirklichung einer kreativen Idee, Erfindung, Erkenntnis oder eines neuen Konzeptes. Produktideen werden zu marktreifen Angeboten entwickelt, Organisationen geraten in kontinuierliche Veränderungsprozesse, Unternehmen lernen und entwickeln sich.

In allem geht es um die verbessernde Veränderung evolutiv oder in revolutionären Sprüngen. *Alois Schumpeter* hat schon vor 60 Jahren den Effekt und die Essenz der Innovation mit »schöpferischer Zerstörung« (1926) umschrieben:

»Der fundamentale Antrieb, der die kapitalistische Maschine in Bewegung setzt und hält, kommt von den neuen Konsumgütern, den neuen Produktions- oder Transportmethoden, den neuen Märkten, den neuen Formen der industriellen Organisation, welche die Kapitalistische Unternehmung schafft.« (*Schumpeter*, 1993) und weiter: »Dieser Prozess der „schöpferischen Zerstörung"« ist das für den Kapitalismus wesentliche Faktum« (*Schumpeter*, 1993).

»Der Kapitalismus ist also von Natur aus eine Form oder Methode der ökonomischen Veränderung und ist nicht nur nie stationär, sondern kann es auch nie sein.« (*Schumpeter*, 1993, S. 136).

Innovationen sind somit ein Wesenselement einer dynamischen Wirtschaft.

Innovationen weisen ein inneres Paradox auf. Der Filmemacher und Regisseur *Greenaway* spricht von der Tyrannei des Bestehenden, deutet also auf die Macht der Gewohnheit und die Ignoranz der Optimierer und Kontrolleure des Vorhandenen.

Trotzdem zerstört die einfache Erneuerung oft gute Werte und Routinen und missachtet wichtige Erfahrungen. Das Paradox der Veränderung heißt mit *Nietzsche*: »Werde, der Du bist« also konsolidiere durch Erneuerung, bleib im Werden.

Es gilt also, Neues mit Hingabe zu schaffen, aber auf der Basis guter Erfahrung. So verstrickte sich auch *Schumpeter* in Widersprüche, als er in seinen Spätwerken die Vorteile der Großkonzerne im Innovationsprozess pries und den dynamischen Unternehmer damit wieder als unwichtig erklärte.

Wir werden noch sehen, dass Innovationen zwar oft auch in großen Unternehmen (*Siemens, Daimler, Bosch, Ford*) zugeschrieben wurden, werden Innovationen heute eher als Leistung von vielen Akteuren in Entwicklungsteams, Forschungsnetzwerken und Lernwerkstätten gesehen. Die Komplexität und Dynamik erfordert die sinnvolle Kooperaton vieler Experten, Promotoren und Prozessbegleiter. Der Schwerpunkt dieses Lehrbuches liegt deshalb auch auf der Betrachtung des Vorgehens, des Prozessdesigns und der Koordination der Beteiligten. Das Wie dominiert das Was.

Innovationsmanagement ermöglicht Neuerungs-, Lern- und Entwicklungsprozesse durch die Gestaltung eines klaren Rahmens, einer stimmigen Atmosphäre und der Stimulierung durch Impulse.

In innovativen Unternehmen entsteht ein Klima der Weiterentwicklung, Inspiration und des Engagements. Aus starren Organisationen erwachsen vitale Unternehmen, die sich in der Turbulenz der Märkte im Zeichen von Globalisierung, Digitalisierung, neuen Technologien und gesellschaftlicher Dynamik am effektivsten bewähren. Innovative Unternehmen weisen folgende Eigenschaften auf:

❑ Eine innovative Atmosphäre und Kultur
❑ Dauerhaftigkeit und Durchhaltbarkeit
❑ Vielfalt der Akteure, Angebote und Methoden
❑ Die permanente Weiterentwicklung und Lern- und Lösungsorientierung.

Danke

Auch dieses Buch stellt eine Neuerung dar und konnte nicht von mir allein geschrieben werden. Besonders *Helmut Aufenanger, Walter Schwertl, Maria Steinbach, Tim Phillips, Marcus Pradel, Gerd Meurer* und viele weitere „Gestalt"- sowie „Systemik"-Freunde und Kollegen gaben mir Gelegenheit, viele Ideen kritisch zu reflektieren. Sie steuerten viele Impulse bei und unterstützten das Projekt mit diversen Verbesserungen und Ergänzungen. Mein Sohn *Robert* und meine Frau *Jutta* kreierten eine stimmige und inspirierende Atmosphäre. *Renate Faber* und alle KollegInnen in Köln standen mit Rat und Tat zur Seite.

Der Kiehl Verlag und hier besonders Herr *Adolf Schmidt* sowie mein Kollege *Klaus Olfert* als Herausgeber erwiesen sich als effektive Innovationsmanager. Sie schufen die Möglichkeit und ideale Rahmenbedingungen, dieses Projekt zu realisieren.

Überblick

Nach der Erläuterung der theoretischen und begrifflichen Grundlagen wird die Basis von Innovationsprozessen in Form von Wissen und Lernen beschrieben. Den Kontext bilden die sozi-ökonomischen, technologischen und globalen Entwicklungen sowie die Akteure mit ihren Rollen, Funktionen und Charakteren. Dann beschreibe ich den typischen Ablauf von Innovationsprozessen in acht detaillierten Schritten. Hinweise zur organisatorischen Gestaltung runden das Buch ab.

Köln, im Januar 2000

Gustav Bergmann

Inhaltsverzeichnis

A. Grundlagen

In diesem ersten Kapitel werden die wesentlichen Begriffe zu Management und Innovation erläutert und die theoretischen Grundlagen diskutiert:

Grundlagen	Management
	Innovation

1. Management

Innovationen benötigen einen Managementrahmen, der die Handhabung des Neuen ermöglicht. In Literatur und Praxis stehen sich mindestens zwei Grundsatzpositionen gegenüber:

- Die konventionellen Ansätze der Planung und Steuerung
- Die systemisch-evolutionären Theorien, die gerade die Plan- und Steuerbarkeit in Zweifel ziehen (*Bergmann, 1996*).

1.1 Konventionelle Ansätze

In konventioneller Sichtweise wird Management als zielgerichtete Steuerung von Unternehmen und Projekten beschrieben. Management umfasst dann die Planung, Organisation, Realisation und Kontrolle der Prozesse und Aktivitäten (z.B. *Vahs / Burmeister, 1999, S.46*).

Ohne eine Theoriebasis explizit zu erläutern wird ein Zweck-Mittel-Denken praktiziert. Implizit unterstellt wird hier die Möglichkeit der Prognostizierbarkeit, Planbarkeit und Machbarkeit der Ziele und Strategien. Ziele können klar definiert, Informationen einfach und objektiv erfasst, Pläne wie erstellt umgesetzt werden.

Es wird ein Kreislaufdenken propagiert, wo die Gedanken und realisierten Maßnahmen kontrolliert und die gewonnenen Erkenntnisse in weiteren Managementprozessen verwendet werden. Dies wird als Kybernetik 1. Ordnung verstanden. Eine Kybernetik 2. Ordnung erweitert diese Sichtweise. Es wird nicht nur gelernt, sondern auch Lernen gelernt. Es geht um eine Außenbeobachtung der Abläufe, das Vorgehen und das Wie.

1.2 Systemisch-evolutionäre Ansätze

In neueren Ansätzen aus der System- und Evolutionstheorie wird die Zweckrationalität aus verschiedenen Gründen angezweifelt (*Bergmann, 1999, Steinmann / Schreyögg, 1998*).

❑ **Komplexe Systeme** (Unternehmen, Märkte) können nicht überschaut und in ihrer Entwicklung vorhergesehen werden.

❑ Es existieren sehr unterschiedliche **subjektive Wahrnehmungen** und Wirklichkeiten.

❑ Ziele und Pläne müssen angesichts dynamischer Entwicklungen immer wieder variiert und angepasst werden. Zudem entstehen sie in komplizierten **Aushandlungsprozessen** vieler Akteure. Die Wirkungen des Handelns sind nur sehr eingeschränkt voraussagbar.

❑ **Kommunikation** wird als wechselseitiger Beeinflussungsprozess verstanden, wobei Sender Empfänger und Empfänger auch Sender sind. Bedeutung wird durch rekursive Interaktion entwickelt und verändert. Es wird individuell wahrgenommen und die Wirkungen der Kommunikation sind ungewiss.

❑ Unternehmen, aber auch deren Teilsysteme wie Gruppen, Teams und Abteilungen sind sich selbsterzeugende soziale Systeme. Diese Autopoiesis (griech. auto = selbst, poien = Gestaltung) wurde von den Biologen Maturana und Varela entdeckt und beschrieben. Der Soziologe Luhmann hat die Prinzipien auf soziale Systeme übertragen. Unternehmen kann man also nicht physikalisch begreifen. Man kann ihnen nicht die Hand schütteln.

❑ Veränderung, Erneuerungen also Innovationen können durch die Störung des Gewohnten, einen Perspektivenwechsel und die Kombination bisher unverbundener Elemente eingeleitet werden. Wenn die Kommunikation, also das, was z.B. über eine Unternehmung oder deren Produkte gesagt wird, sich ändert, dann können sich Innovationen einstellen.

❑ Unternehmen, Märkte, Teams usw. bilden sich aus den Kommunikationen, also aus dem, was und wie Menschen in ihren sozialen Systemen sprechen und handeln (vgl. Abb. 1 und 2). Eine Unternehmung formt sich also aus **kommunikativen Handlungen** (*Luhmann, 1998*).

Ein soziales System wird deshalb von den Akteuren (Mitarbeitern, Managern, Kunden etc.), der räumlichen Umgebung, klimatischen Bedingungen, der Zeit (Zeitpunkte, Timing, Zeiträume), der allgemeinen Atmosphäre (Kultur des Umgangs) und den Rahmenbedingungen (Regeln, Gesetze, Leitlinien) beeinflusst.

Es entsteht aber aus dem, wie und was kommuniziert wird. Wer verändern möchte, kann direkt oder indirekt intervenieren durch »Störung« des Bestehenden, durch die Variation kommunikativer Handlungen.

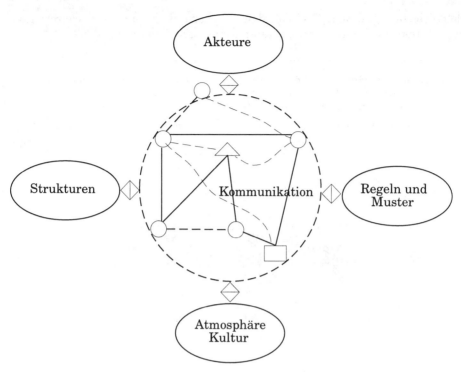

Abb. 1: Soziales System I

❏ Soziale Systeme sind keine „trivialen Maschinen" (*H. v. Foerster, 1997*). Sie können in ihrem Verhalten nur mittelbar beeinflusst aber nicht gesteuert werden.

❏ Komplexe Systeme sind insofern sinnvoll zu lenken, wenn in einem weiten klaren Rahmen, selbstorganisatorisch gehandelt und entschieden werden darf.

❏ Unternehmen entwickeln sich somit fortwährend weiter. Sie stabilisieren sich durch routinierte, also immer wiederkehrende und somit typische Verhaltensformen.

Management wird hierbei als Umfeldgestaltung gesehen. Manager versuchen, bestimmte als sinnvoll erachtete Verhaltensweisen wahrscheinlicher werden zu lassen.

In der Managementlehre wird seit einigen Jahren von einem Paradigmenwechsel gesprochen. Dabei zeigt sich ein deutlicher Unterschied zwischen der konventionellen und systemischen Ausrichtung. Beschreiben Sie den wesentlichen Unterschied der Managementkonzeptionen.

Beschreiben Sie den wesentlichen Unterschied zwischen zweckrationalen konventionellen und system rational evolutionärem Management!

Seite 199

Globalisierung und neue Technologien erfordern die permanente Weiterentwicklung. Bürokratische Anordnungssysteme sind dabei eher ungeeignet.

In einem internationalen Unternehmen aus der Softwarebranche sind stetige Veränderungen und Weiterentwicklungen notwendig. In kurzen Abständen müssen Innovationen eingeleitet werden.

Wie kann ein Manager am effektivsten erreichen, dass sich Mitarbeiter innovativ engagieren?

Seite 199

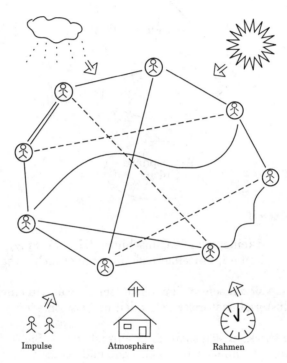

Impulse   Atmosphäre   Rahmen

Abb. 2: Soziales System II

Management hat somit die Aufgabe, **Impulse** (Provokation, Initiative) zu geben und eine geeignete Atmosphäre (Klima, Kultur) sowie einen passenden Rahmen (Regeln, Strategien) für Entwicklung und Lernen zu schaffen (*Bergmann, 1996, 1999*).

Management vollzieht sich auf vier wesentlichen Ebenen: Der normativen, innovativen, strategischen und operativen. Normativ werden die Werte und Grenzen bestimmt, das heißt, das unternehmerische Handeln wird begründet und legitimiert.

Innovativ werden Chancen für Veränderung kreiert. Strategisch gilt es, das langfristig Richtige richtig und zum rechten Zeitpunkt zu planen (Effektivität). Das operative Management bezieht sich auf das aktuelle Geschehen und zielt auf Effizienz.

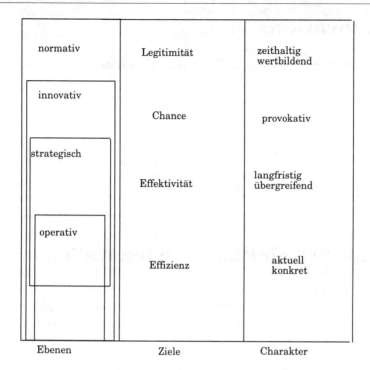

Abb. 3: Ebenen des Managements

Ein modernes Medienunternehmen ist ein komplexes System, das man kaum durchschauen und beherrschen kann. Medienunternehmen werden als Unternehmen 2. Ordnung gesehen. Sie beobachten andere Marktteilnehmer und können über ihre Produkte maßgeblichen Einfluss auf den Markt ausüben. Trotzdem sind die Effekte der Maßnahmen und Strategien kaum überschaubar.

Warum ist Management ein an sich paradoxer Prozess? Wie kann trotzdem sinnvoll gemanagt werden?

Seite 199

In der turbulenten Wirtschaft ist es schwierig, dauerhafte Strategien zu entwerfen. Ein Weg wird durch das Nachhaltigkeitsprinzip aufgezeigt.

In der deutschen Forstwirtschaft wurde das Nachhaltigkeitsprinzip (Sustainability) entwickelt. Der Waldbestand soll quantitativ und qualitativ erhalten bleiben, um eine dauerhafte wirtschaftliche Basis zu gewährleisten.

Wie kann dieses Prinzip der Sustainability auf Unternehmen übertragen werden? Was spricht für die Orientierung einer Unternehmung am Prinzip der Sustainability?

Seite 199

2. Innovation

Im Folgenden werden die wesentlichen Begriffe um das Thema Innovation erläutert:

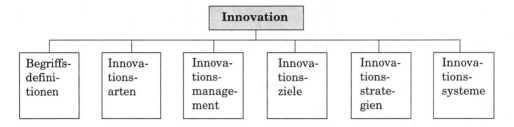

2.1 Begriffsdefinitionen zu Innovation

Innovation ist ein schillerndes Phänomen. Ursprünglich stammt der Begriff vom lateinischen Wort »Innovatio«, welcher Erneuerung aber auch sich von Neuem hingeben bedeutet. Innovation hat also mit Aufbruch und Veränderung, mit Hingabe und Leidenschaft, aber auch mit der Orientierung an Erfahrungen zu tun.

Innovation ist ein Sammelbegriff für Verbesserungen und Neuerungen. Sie reichen von marginalen Detailänderungen bis zu grundlegenden Neuentwicklungen. Das Innovationsspektrum umfasst:

❑ Um- und Durchsetzung von Entdeckungen und Erfindungen
❑ Qualitative Veränderungen von Eigenschaften, Strukturen oder Abläufen
❑ Umgestaltung und Verbesserung konventioneller Realisationen
❑ Lancieren und Verbreitung von Neuentwicklungen und Neukreationen
❑ Finden neuer An- und Verwendungsmöglichkeiten

Heute existieren vielfältige Definitionen mit zum Teil sehr unterschiedlichen Beschreibungen:

❑ »An innovation is an idea, practise or object that is perceived as new by an individual or other unit of adoption.« (*Rogers, 1985*).

Diese klassische Definition von *E. M. Rogers*, dem Begründer der Diffusionstheorie, zeigt wesentliche Merkmale einer Innovation auf. Entscheidend ist m.E., dass eine Idee, Verfahrensweise oder ein Ding gemeint sein kann und es irgendjemandem als neu erscheinen muss.

❑ Einen weiteren Aspekt der Akzeptanz einer Neuerung betont *Goldhar (1980, S. 284)*: »Innovation from idea generation to problem solving to commercialization is a sequence of organizational and individual behaviour patterns connected by formal ressources allocation decision points.«

Innovationen sind also Ideen, die von einer bestimmten Gruppe als neu wahrgenommen und auch als nützlich anerkannt werden.

Die Devise lautet, etwas hinzuzufügen, was fehlte, weniger etwas reduzieren und abschneiden, was als fehlerhaft gilt. Innovationen geben Impulse, erzeugen mehr Möglichkeiten, zeigen Wege auf und sind eher aus einem ganzheitlichen Ansatz der Fülle und der Chancen zu generieren.

Innovationen erzeugen das Neue und Andere. Damit ist jedoch noch nicht gesagt, dass die Situation verbessert und gelöst, also sinnvoll verändert wird. Viele Veränderungen werden zumindest als negativ störend oder verschlechternd empfunden, andere führen gar zu einer von vielen nachteilig empfundenen Situationen. Trotzdem bieten aber Veränderungen neue Chancen zur Entwicklung, zum Lernen und zur Lösung starrer Gewohnheiten.

Vitale Systeme benötigen Wandel und Vielfalt als Wesensbedingungen. Lebendige **Unternehmen** müssen versuchen, sich **verbessernd zu verändern**, da sich das Umfeld permanent turbulent und diskontinuierlich entwickelt.

Nur in sehr überschaubaren, gleichförmigen und strukturierten Kontexten können Routinesysteme Effizienzvorteile erzielen. Nur wenn sich der Kontext wenig komplex und dynamisch darstellt, ist es besser, bewährte, eingespielte Routinen und Strukturen zu erhalten.

Andernfalls erscheint es sinnvoll - so paradox das klingen mag - bei hoher Fehlerhäufigkeit, Neues zu probieren und zu variieren. Nur so kann schnell gelernt werden, sich an neue Bedingungen anzupassen. In einer Atmosphäre der **Fehlerfreundlichkeit** und Kreativität steigt zudem das Engagement und die Motivation, da hier Spielräume bestehen, sich einzubringen und seine Ideen zu verwirklichen.

Innovation ist zudem ein **Teamentwicklungsprozess**, denn für die erfolgreiche Erneuerung werden immer mehrere Personen benötigt. Diese Tendenz verstärkt sich in komplexen Kontexten.

Gegenstand der Innovation sind Unternehmen und Organisationen sowie das, was sie nach außen anbieten (z.B. Produkte) und die externen Beziehungen.

Alles dies sind **soziale Systeme**, die sich aus drei wesentlichen Elementen zusammensetzen: **Informationen, Identität** und **Beziehungen**. Wie oben schon erläutert wurde, sind es diese »Kommunikationen«, die den Charakter und den Zusammenhalt ausmachen. Die Unterschiede zu anderen bilden die Basis für Identität (Bindungskraft, Zusammenhalt, Orientierung).

Je mehr sich das System unterscheidet, desto besser ist es zu identifizieren. Es erhält mehr Informationen, da sich die Akteure mehr zum System bekennen. Zudem verbessern sich die Beziehungen. Gute Beziehungen erzeugen mehr Informationen usw. Die drei Elemente fördern sich also gegenseitig.

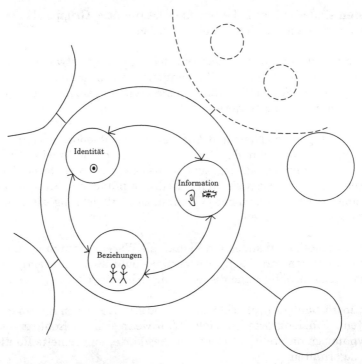

Abb. 4: Komponenten der Organisation

Damit eine sinnvolle Weiterentwicklung geschehen kann, sind wenige aber klare Regeln, ein offener partnerschaftlicher Umgang und die kooperative Öffnung zu anderen Organisationen grundlegend. Eine Unternehmung muss sich von anderen unterscheiden und eigenständig bleiben, aber darf sich auch nicht einmauern. Attraktivität entsteht aus Eigenständigkeit und Offenheit.

Das Problem dabei ist, dass von einem System immer nur bestimmte Bereiche sichtbar sind wie **Symbole** (Marke, Produkt), die Geschichten, die über die Firma erzählt werden, die **Rituale** und **Regeln**. Die eigentlichen Werte oder gar das System selbst sind nur indirekt erkennbar.

Der **Kulturkern** des Systems und seine äußeren Merkmale sollten möglichst in Einklang gebracht werden, damit sich andere gut orientieren können. Das heißt, das Erscheinungsbild (CD, Logo, Werbung), die Geschichten über die Firma (PR, Image etc.) sowie die Regeln und Rituale (Spielregeln, Leitlinien, Verträge) sollten aus der Identität der Unternehmung entspringen, ein konsistenter Ausdruck dessen sein (*Hofstede, 1997*).

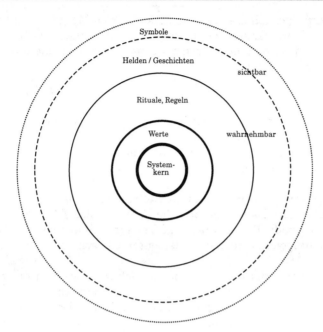

Abb. 5: Schichten eines Systems

Vitale Systeme brauchen wenige Prinzipien, wenige Regeln und viel Autonomie, dann können sich Lösungen entwickeln, die organisch erwachsen. Es entsteht Ordnung aus dem Chaos, wenn ein klarer aber breiter Rahmen gegeben ist und geeignete Atmosphären geschaffen werden.

Zu viele Regeln, Kontrollen, Ziele und Vorschriften bremsen die Selbstorganisation. Der vitale Kern entfaltet sich nur in offener Klarheit. Es lassen sich also Regeln finden, die schon in anderen Zusammenhängen zum Erfolg geführt haben. Wenn man diese dann anwendet, steigt die Wahrscheinlichkeit, dass ähnliches wie im Referenzsystem geschieht (Vgl. Mustererkennung in Teil F).

Innovative Unternehmenstypen

Beim Veränderungsmanagement sind drei wesentliche Typen von neuerungsfreundlichen Unternehmen zu unterscheiden, die unterschiedliche Arten von Innovationen benötigen.

❑ Die **Fluiden** sind die extrem schnell wachsenden Unternehmen auf den sog. Neuen Märkten mit neuen Technologien. Das notwendige Neue sind hier klare konsolidierende Strukturen für Controlling, Finanzen, Organisation und auch Produkte (Yahoo, Biotec).

❑ Die **Evolutionäre** sind dauerhaft sich entwickelnde Innovateure, die die Regeln und Muster ihres Erfolges erkennen und ausweiten müssen. (3M, Erikson)

❑ Die **Konglomerate** sind große Konzerne, die aus Mergers und Fusionen hervorgingen und nun das innovative und unternehmerische Element erst wieder erlernen, revitalisieren oder in eigenständigen Einheiten zulassen müssen (Daimler, GM, Siemens, IBM).

Systemische Problemlösung

Ein Problem wird hier nicht dadurch gelöst, dass man es in seine Teile zerlegt, sondern indem man es im Zusammenhang sieht. Das Element kann nur in seiner Funktion im Ganzen verstanden werden. Es tritt Informationsverlust ein, es wird unzulässig verkürzt, wenn seziert wird.

Lösungen werden also **im Ganzen gesucht** auch wenn man sich auf einzelne Elemente konzentriert. Es wird deshalb der Fokus nicht auf die Analyse von Einzelproblemen oder individuelle Akteure gelegt, sondern vielmehr werden die (Kommunikations-) Beziehungen zwischen den Elementen betrachtet.

Nicht Menschen, sondern Kommunikationsbeziehungen können sinnvoll verändert werden. Es hat sich gezeigt, dass diese systemische Betrachtungsweise zu oft sehr wirksamen und schnellen Verbesserungen führt. Es tritt Erfolg ein, ohne dass er in jedem Falle erklärt werden kann.

Idee

Eine Idee ist nach *Platon* das sinnlich nicht fassbare, ewig seiende Urbild eines Dinges. Nach *Immanuel Kant* ist die Idee ein Grundbegriff der Erkenntnistheorie, der in der Vernunft seinen Ursprung und keine Entsprechung im Bereich der Erfahrung hat.

Eine Idee ist also etwas zumindest subjektiv Neues, etwas als neu erkanntes. Sie entspringt zum Beispiel einer Verknüpfung von bisher getrennten Gedanken im Gehirn. Durch die Kombination vorhandener Aspekte entsteht eine neue Lösung, die nicht aus der Erfahrung stammt.

Ideen gehen insofern **Erfindungen** voraus, die in der Regel viele Ideen voraussetzen. Die Kreation ist der Prozess der Ideengewinnung.

Invention

Eine Invention ist eine **Erfindung**, also eine vollkommen neue Erkenntnis zumeist auf technischem Gebiet. Eine Invention kann ein wesentlicher Teil einer Innovation sein, wird aber erst dazu, wenn diese Erfindung realisiert werden kann und Akzeptanz findet. Viele Patente werden bisher gar nicht genutzt, weil kein darstellbarer Nutzen erkannt wird oder die Realisation zu schwierig oder kostenaufwendig ist.

Kreation

Die Kreation, also die Erkenntnis oder die spontane Ideenentwicklung kann ein singulärer Prozess sein. Förderlich ist ein kreatives Umfeld, eine Atmosphäre, in der die Ideenentwicklung wahrscheinlicher wird. Die Rückführung der Kreation oder Innovation auf eine Einzelperson erscheint insofern als fragwürdig.

F&E

Forschung und Entwicklung wird als ein technisch dominierter Innovationsbereich gesehen, der die Grundlagenforschung, die angewandte Forschung sowie die Entwicklung und Konstruktion von Neuerungen einschließt. Es werden neue Erkenntnisse gewonnen und in wesentlich verbesserte Anwendungen (Produkte, Komponenten, Dienste, Materialien) überführt.

Das F&E Management hat die Aufgabe, Impulse für neue Erkenntnisprozesse zu geben, die Rahmenrichtlinien (Strategien, Regeln, Ziele) zu erlassen, zu kontrollieren und weiterzuentwickeln sowie die notwendige Atmosphäre (Kultur, Philosophie) für diese Innovationsprozesse zu schaffen.

Produkt

Im Zentrum der Betrachtung steht das Produkt als marktfähiges Leistungsangebot. Das Produktangebot besteht aus dem **Produktkern**, den akzessorischen, ebenfalls nutzenstiftenden Eigenschaften wie Ästhetik, Funktion, Symbolik, physische Konsistenz, der Verpackung und dem nutzenmindernden Preis und der Transaktionskosten (Beschaffungskosten und Beschaffungszeit).

Das Angebot kann sowohl materiellen, als auch immateriellen Charakter aufweisen. **Convenience** (Lebensmittel), **Shopping** (Mode, Geschenke) und **Speciality Goods** (Gebrauchsgüter) lassen sich nach Preis, Ego-Involvement, Komplexität und Individualitätsgrad unterscheiden.

Besonders bedeutsam erscheint die mit dem Produkt verbundene Unsicherheit, ob es die gewünschten Eigenschaften aufweist und damit zur Bedürfnisbefriedigung beiträgt. Produkte sind Ausdruck der Kommunikation des Unternehmens oder der Projektgruppe, der sie entstammen.

Wenn der Charakter, die Qualität oder das Image verändert werden sollen, ist die Kultur des Umgangs, die Atmosphäre und der Rahmen, in dem sie entwickelt und produziert werden, zu verändern.

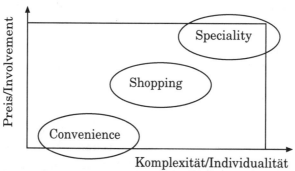

Abb. 6: Produktarten I

Design

Design heißt zunächst einmal Gestaltung. Zumeist wird unter Design die äußere und innere Ausgestaltung unter ästhetischem Primat verstanden. Die ansprechend, formschöne Gestaltung wird ergänzt durch eine funktional, hoch qualitative, gestaltoptimierte Konstruktion. Design soll also Ästhetik und Technik optimal verbinden.

Das **Corporate Design** umfasst das **Industrial Design** mit materiellen Produkten und Konzepten und Dienstleistungen, das **Communication Design** mit der visuellen und medialen Kommunikation sowie dem Interface oder Interaction Design. Komplett wird das ganzheitliche Unternehmensdesign mit den Interior und Exterior Design, also der Gestaltung von Architektur und Innenarchitektur (Environment Design) *(Bergmann, 1994, S. 8ff.)*.

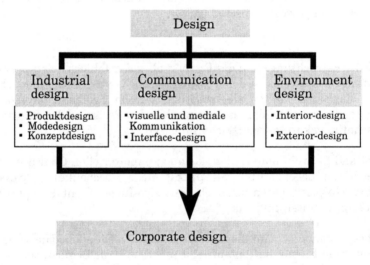

Abb. 7: Corporate Design

Designqualitäten

Die Designqualitäten und damit insbesondere ästhetische Eigenschaften unterliegen sehr unterschiedlicher Beurteilung. Der Qualitätsbegriff wird tendenziell über das eigentliche Produkt hinausgehend auch auf die kommunikativen Effekte bezogen.

Beispielsweise lässt sich der Schutz vor Imitationen immer weniger durch Schutzrechte, als vielmehr durch die unverwechselbare und nur bedingt zu kopierende Symbolkraft ganzheitlicher **Corporate Communication** erreichen. Man spricht in diesem Zusammenhang auch von der Qualität der internen und externen Austauschbeziehungen.

Zur Ausbildung einer **Total Quality** und damit einzigartigen Marktpositionen ist es zudem sinnvoll, eigene Organisationsstandards und Kommunikationsformen zu entwickeln.

Designobjekt

Objekte des Design können neben materiellen **Produkten** und deren visueller Kommunikation sowie gesamter Organisationen und Unternehmen auch immaterielle Leistungen wie **Konzepte, Software, Service** und **Dienstleistungen** sein.

Funktionen und Eigenschaften eines Designobjektes werden neben den konstruktiven Elementen und der Einpassung in ein modulares Gesamtprogramm im Wesentlichen durch die Formgebung, die Farbgestaltung, die Auswahl des Materials inklusive der Oberflächen sowie durch den Einsatz von Zeichen und Symbolen geprägt. Design inklusive der Konstruktion umfasst in diesem Zusammenhang alle genannten Gestaltungsmittel.

Designmanagement

Designmanagement kann als eine auf die gestalterische Komponente des Angebotes und Erscheinungsbildes einer Organisation bezogene Führungs- und Koordinationsaufgabe verstanden werden. Das Designmanagement umfasst einen wesentlichen Teil des gesamten **Innovationsbereichs** einer Organisation. Denn gerade von Neuerungen im Angebotsprogramm strahlen Veränderungen in alle Bereiche aus.

Ein technologieorientiertes Unternehmen aus dem Baubereich hat in der Fachwelt einen guten Namen für innovative Bohrtechniken. Trotzdem kann das Unternehmen auf internationalen Märkten noch nicht genügend Fuß fassen. Die Darstellung ist technoid geprägt, das Unternehmen erscheint provinziell.

Wie kann durch das Corporate Design das Erscheinungsbild und Image dieser Unternehmung verbessert werden?

Seite 199

2.2 Innovationsarten

Innovationen können nach sehr unterschiedlichen Kriterien differenziert werden. Am häufigsten wird nach dem Wirkungsbereich gegliedert. Danach lassen sich folgende Innovationen unterscheiden:

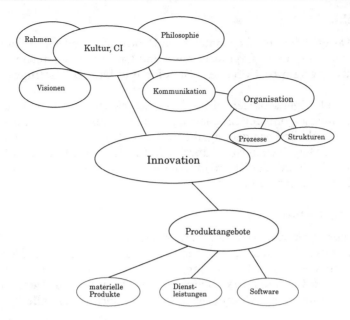

Abb. 8: Innovationsarten konkret

Es sind folgende Typen von Innovationen zu unterscheiden:

❑ **Produktbezogene Innovation**
❑ **Prozessinnovation**
❑ **Kultur- und Organisationsinnovation**
❑ **Innovationen nach dem auslösenden Impuls**
❑ **Evolutionäre und revolutionäre Innovation**.

2.2.1 Produktbezogene Innovationen

Produkte sind nach dem lateinischen Ursprung etwas Hervorgebrachtes. Es sind die aus Entwicklungsprozessen entstandenen Marktangebote eines Unternehmens in Form von materiellen oder immateriellen Leistungen. Es kann sich also um Dinge, aber auch um Konzepte, Dienste, virtuelle Gestaltungen u.a. handeln.

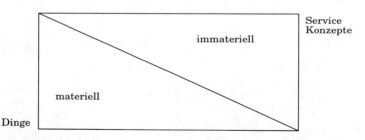

Abb. 9: Produktarten II

Es sollen unterschieden werden:

2.2.1.1 Produktinnovationen

Bei Produktinnovationen handelt es sich um die Entwicklung und Vermarktung von vollkommen neuen Programmbestandteilen auf der Basis von Erfindungen und Ideen. Sie sind zumindest für das Unternehmen neu und in der Regel auch für den Markt.

2.2.1.2 Produktvariation

Von der Produktinnovation ist die Produktvariation zu unterscheiden. Hierbei wird ein vorhandenes, eingeführtes Produkt ästhetisch, funktional, technisch angepasst, ohne das Produkt im Wesenskern zu verändern.

In der Automobilindustrie z.B. werden laufende Typen durch geänderte Frontpartien optisch modernisiert, um modischen Ansprüchen zu genügen. Es werden funktionale Anpassungen (neue Motortechnik) vorgenommen oder die Qualität verbessert. **Anlässe** sind:

❑ Technische Neuerungen
❑ Ökologische Gesichtspunkte
❑ Bedürfnis- und Nachfragewandel
❑ Modische Entwicklungen
❑ Produktrelaunch, Revitalisierung, Remake, Redesign
❑ Gesetzesänderungen.

Durch die Produktvariation sollen angestammte Märkte und Kunden gehalten werden.

2.2.1.3 Produktdifferenzierung

Die Produktdifferenzierung dient der Auswertung angestammter Märkte. Aus einem Kernprodukt werden unterschiedliche Varianten entwickelt, die es ermöglichen, das nur marginal veränderte Produkt neuen Kundenkreisen anbieten zu können. Es werden dann unterschiedliche Kundenwünsche bedient und der Umsatz ausgewertet, ohne dass im gleichen Maße die Kosten steigen.

Beispielsweise werden Produkte für verschiedene Zielgruppen unterschiedlich verpackt (Schokolade als Tafel, Weihnachtsmann oder Geschenkpackung), mit unterschiedlichen Preisen versehen (Preisdifferenzierung nach Tageszeit, Saison oder Region), mit unterschiedlichen Formen angeboten (Farben, flüssig oder fest, Packungsgröße etc.).

Im Bereich der Neuen Medien hat sich das Versioning etabliert. Die Angebote werden in den Medien zeitlich und sachlich gestuft. Filme werden als Video, in Kinos, als interaktive Software und in Segmenten für zum Beispiel werbliche Zwecke sowie als Musikstücke verkauft (z.B. Tarzan). Aktuelle Informationen (z.B. Börsendaten) werden in zeitlicher Stufung und unterschiedlich detailliert zu verschiedenen Preisen angeboten.

2.2.1.4 Produktdiversifikation

Bei der Diversifikation werden neue Produkte für einen neuen Markt vorbereitet. Zu unterscheiden sind:

❑ **Horizontale Diversifikation**
Erweiterung des Angebotes durch Verbundprodukte gleicher Wertschöpfungsstufe
Beispiele: Brauerei vertreibt Mineralwasser, Camel vertreibt Textilien

❑ **Vertikale Diversifikation**
In der Distribution vor oder nachgelagerte Stufen werden integriert.
Beispiele: Möbelproduzent unterhält eigenes Sägewerk oder Spannplattenfertigung, Chemieunternehmen produziert Sonnencremes

❑ **Laterale Diversifikation**
Es werden vollkommen neue mit den bisherigen Produkten nicht verknüpfte Produkte entwickelt.
Beispiele: Oetker (Pudding, Reederei, Bank), Mannesmann (Röhren, Telekommunikation)

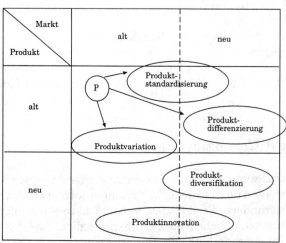

Abb. 10: Programm- und Produktentwicklungswege

In der auf Seite 28 stehenden Grafik sind ausgehend von einem vorhandenen Produktangebot die Veränderungswege angegeben. Es wird unterschieden nach neuem und altem Produkt sowie neuem und angestammten Markt. Neu ist dabei immer ein subjektives und relatives Phänomen.

2.2.1.5 Produktstandardisierung

Eine Möglichkeit, der wachsenden **Komplexität** zu entsprechen, bietet die **Standardisierung** von **Baukastenmodulen**. Hierbei können bestimmte Komponenten kostengünstig in Großserien gefertigt und dann für verschiedene Produktvarianten und -typen genutzt werden.

Auf diese Weise ist ein **Mass-Costumization** möglich, also die individuelle Ausgestaltung von Massenprodukten. Beispiel dafür sind die Baugruppen bei Autos (Audi A6, Passat etc.). Die Produkte folgen der Regel: »Smooth on the outside, pure and exactly inside.«

Ebenso zu nennen sind hier Branchenstandards, die es gerade im Bereich der neuen Technologien ermöglichen, sich als Marktführer zu etablieren. Auch ist im Zweifel bei allen Produktinnovationen eine interne »Kannibalisierung« der Verdrängung durch Wettbewerber vorzuziehen.

2.2.1.6 Produktelimination

Eine weitere Möglichkeit der Veränderung ergibt sich durch die Elimination von Angeboten, es werden Produkte aus dem Programm heraus genommen.

Gründe für das Ausscheiden können sein:

❑ Produkte, die das Image des Unternehmens beeinträchtigen
❑ Produkte, die einen schlechten oder gar negativen Deckungsbeitrag erzielen (Verlustbringer)
❑ Produkte, die einen unzureichenden relativen Deckungsbeitrag erzielen lassen
❑ Produkte, die Vorschriften und Gesetzen widersprechen
❑ Produkte, die den in sie gesetzten Erwartungen nicht entsprechen
❑ Produkte, die nicht der Kernkompetenz entsprechen und/oder das Programm »verwässern«
❑ Produkte, die technologisch überholt sind, unmodisch wirken oder ökologischen Standards nicht mehr entsprechen

2.2.2 Prozessinnovation

Neben der Produktinnovation, also der Erneuerung von Resultaten, können auch die Prozesse und Verfahren, die zur Erstellung von Leistungen durchlaufen werden einer Erneuerung und Revision unterzogen werden.

Die Prozessinnovationen dienen der verbessernden Veränderung von Unternehmensabläufen. Dabei handelt es sich um technologische Prozesse und Verfahren (Produktionsanlagen, -abläufe) aber auch um kommunikative und informationelle Prozesse (Methoden, Team-Koordination, DV und Medien).

Effektive Abläufe und Prozesskoordinationen machen hohe Qualität, Ideenreichtum und Engagement wahrscheinlich.

2.2.3 Kultur- und Organisationsinnovation

Kultur- und Organisationsinnovationen ergänzen die Prozessinnovationen. Hierbei geht es um die Gestaltung des **Rahmens** und der **Atmosphäre**, in denen Innovationen ablaufen. So werden die Unternehmensphilosophie, die Unternehmensethik und -kommunikation weiter entwickelt.

Organisatorische Innovationen betreffen die strukturellen Komponenten, wie geeignete Abteilungs- und Gruppenbildungen, den Aufbau des **Total Quality Managements** oder die Formen der Zusammenarbeit (Hierarchieaufbau, Prozessstrukturen). Genauso können auch die Beziehungen zu anderen Unternehmen (z. B. Netzwerke) und Marktteilnehmern (z. B. Händlern) erneuert werden.

2.2.4 Innovationen nach dem auslösenden Impuls

Grundsätzlich können Innovationen durch den Anbieter oder durch Nachfrager ausgelöst werden.

❑ Angebots- oder **Push-Innovationen** stammen von Unternehmen, die eine Idee oder Erfindung entwickelt und diese aus eigenem Impuls dem Markt vorstellen. Push-Innovationen werden in „Ideenschmieden" (Post-it von 3M, Walkman von Sony) oder F+E Abteilungen (Medikamente, technische Neuerungen) entwickelt.

❑ Nachfrage- oder **Pull-Innovationen** werden durch Kunden und Nutzer ausgelöst. Zum Teil werden Kunden in die Produktentwicklung integriert (User Groups), um die Nutzungsqualität und Anwendungsmöglichkeiten zu verbessern. Auch die Reklamationen oder die Anfrage von Sonderanfertigungen dienen als Quell für Innovationen.

❑ Als dritte Kategorie können **Innovationen von externen Experten** genannt werden. So dienen Innovationsprojekte der Lösung spezifischer Problemstellungen. Zu nennen sind hier Design-Awards oder auch technische Ausschreibungen.

In diesem Zusammenhang ist auch auf das in letzter Zeit populäre **Open Source Development** hinzuweisen. Diese Vorgehensweise ist durch die Entwicklung der Linux Software durch Linus Thorwald bekannt geworden. Der Quellcode für die

Programmierung wurde in das Internet gestellt und so jedem Interessierten ermöglicht, an der Verbesserung mitzuwirken.

Ungeschriebene Regeln lässt das Forking kaum vorkommen, also die Nutzung der Information für eigene kommerzielle Projekte. Faktisch werden die Programme interaktiv und ohne Bezahlung weiterentwickelt und ohne dass Plagiate auftauchen.

2.2.5 Innovationen nach dem Neuigkeitsgrad

Innovationen sind Erneuerungen. Nach dem Grad der Neuheit können Innovationen differenziert werden:

❑ **Basisinnovationen**
   Eine Basis- oder Grundlageninnovation resultiert aus einer vollkommen neuen Erkenntnis oder Erfahrung. Als Beispiele sind das Automobil, die Pille oder der Personalcomputer zu nennen.

❑ **Verbesserungsinnovationen**
   Eine Verbesserungsinnovation betrifft die Entwicklung neuer Komponenten und Nutzenaspekte. Hier sind neue Antriebsformen von Autos (Gas, Solar) oder Internet-Software zu nennen.

❑ **Anpassungsinnovation**
   Bei Anpassungsinnovationen werden ökologisch, sozial, rechtlich oder technisch veränderte Ansprüche oder Standards in vorhandene Produkte integriert (Internetsoftware, Airbag, Katalysator).

2.2.6 Evolutionäre und revolutionäre Innovationen

Evolutionäre (schrittweise) Innovationen dienen der allmählichen Weiterentwicklung von Basis- und Schlüsseltechnologien. Revolutionäre Innovationen erzeugen deutliche Sprünge in der Entwicklung. Hier werden in relativ kurzer Zeit, Schrittmachertechnologien für neue Märkte nutzbar gemacht.

Revolutionäre Innovateure gehen ein hohes Risiko ein, können bei erfolgreicher Einführung jedoch auch Vorsprungsgewinne realisieren und Marktbereiche besetzen, was aus der temporären Monopolstellung resultiert. Bedeutende und nachhaltige Imageverbesserungen sowie Marktpositionen sind dadurch zu erreichen.

2.3 Innovationsmanagement

Das Innovationsmanagement umfasst die **Initiative**, die **Prozessbegleitung** und **Rahmengestaltung** für Erneuerungsprozesse von der Idee und Erkenntnis über die Problemlösung zur erfolgreichen Verwirklichung und Einführung.

Die einzelnen beteiligten Akteure und Bereiche sollen sich nach systemischer Auffassung im abgesteckten Rahmen möglichst selbst organisieren. Das Innovationsmanagement auf der jeweiligen Ebene stellt die notwendigen Ressourcen bereit, achtet auf die Initiative durch Impulse. Das universelle Vorgehen wird in der **Prozesssteuerung** Abschnitt E erläutert.

2.4 Innovationsziele

Innovationsziele sind wie alle anderen Ziele mit den generellen Unternehmenszielen zu koordinieren. Innovative Unternehmen lassen Innovationszielen aber eine große Bedeutung zukommen. Die dauerhafte Weiterentwicklung im Sinne der **Sustainability** steht dabei im Vordergrund.

Mit Innovationen können die drei wesentlichen Aufgaben des Managements ideal erfüllt werden:

Impulse geben für Neuerungen sowie den **Rahmen** und die geeignete **Atmosphäre** für Entwicklung und Lernen schaffen.

Grundsätzlich können mit Innovationen folgende **Ziele** erreicht werden:

- ❑ Unternehmens- und Organisationsentwicklung
- ❑ Erneuerung der Unternehmensstrukturen
- ❑ Entwicklung von Produkt-, Prozess- und Kulturinnovationen
- ❑ Erneuerung des Produktprogramms
- ❑ Impulse für Initiativen und Veränderungen
- ❑ Abwendung von Krisen
- ❑ Imagegewinn und Steigerung der Attraktivität
- ❑ Venetzung, Schaffung neuer Beziehungen am Markt
- ❑ Entwicklung von Kommunikationsanlässen
- ❑ Machterwerb
- ❑ Ökologisierung
- ❑ Kostenreduktion
- ❑ Qualitätssteigerung
- ❑ Zeitersparnis, Effektivität.

Diese Ziele müssen, wie alle, operational formuliert werden also nach Ausmaß, Inhalt, Zeithorizont und Segmentbezug spezifiziert und insgesamt positiv formuliert sein.

Sinnvollerweise läuft der **Zielbildungsprozess** interaktiv **im Dialog** ab. Die Beteiligten und Betroffenen sind nur durch Integration für das Innovationsprojekt zu gewinnen. Partizipation ermöglicht bessere, erweiterte Erkenntnisse und hohes Engagement. Auch dieser Zielfindungsprozess kann auf der Basis eines **Prozessdesign** nach dem **Lern- und Lösungszyklus** ablaufen.

2.5 Innovationsstrategien

Ausgehend von den Innovationszielen sollen aus Erfindungen (Inventionen) und Ideen erfolgreiche Innovationen entwickelt werden.

Die Innovationsstrategien bündeln die Innovationsaktivitäten und dienen einer optimalen Ressourcenallokation. Innovationsstrategien stellen die Wege zum Ziel dar. Sie weisen folgende wesentliche **Merkmale** auf:

❑ Hohe Komplexität, aufgrund der vielfältigen Wechselbeziehungen
❑ Langfristigkeit
❑ Wandlungsfähigkeit, da die turbulenten Umfeldbedingungen häufige Anpassungen bedingen
❑ Funktionsübergreifende Bedeutung, da verschiedene Bereiche wie Marketing, Technik, Unternehmensführung etc. koordiniert werden müssen
❑ Rahmen für Erneuerungsprozesse

Der Ausgangspunkt für die Strategieformulierung sind allgemeine Visionen und Leitlinien des Unternehmens. Die **Visionen** öffnen das Spektrum der Möglichkeiten, sie fördern das Engagement und weiten die Vorstellungskraft. Die **Leitlinien** beschreiben die Grenzen und Regeln des Weges. Aus Visionen und Leitlinien können konkrete Ziele für Funktionalbereiche und Ebenen abgeleitet werden.

Das **Top-Management** gibt Impulse für Neuerungsprozesse und gibt den Rahmen vor, in dem Innovationen entwickelt werden können. Genauso wie Visionen, Leitlinien und Ziele sind auch Strategien möglichst unter Mitwirkung der Beteiligten und Betroffenen zu entwickeln, um eine breite Akzeptanz und hohes Engagement zu gewährleisten.

Der **Ablauf der Entscheidungsfindung** läuft dann idealtypisch nach dem folgenden Schema ab. Es erfolgt ein mehrmaliger Durchlauf top down und bottom up.

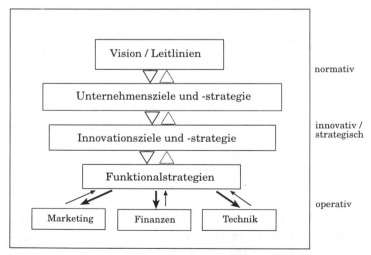

Abb. 11: Planungsebenen

Auf der normativen Ebene wird der allgemeine Rahmen definiert. Als Frage: »Was soll und darf gemacht werden?« Es fließen also auch ethische Komponenten mit ein. Innovatives Handeln dient der Erneuerung und Vitalisierung. Strategisches Handeln bezieht sich auf sinnvolle und lukrative Betätigungsfelder. Die operative Ebene dient der konkreten Realisation.

Innovationsstrategien können funktionsbezogen oder übergreifend verstanden werden. Hier wird die Innovationsstrategie als **Metastrategie** gesehen, die alle Ebenen und Bereiche umfasst und einbezieht. So hat eine Produktinnovation immer Auswirkungen auf alle Funktionsbereiche wie Marketing (z.B. Ergänzung des Programms), Finanzen (Investition in Produktionsanlagen) und Technik (Produktionsverfahren).

Innovationsstrategietypen

Innovationsstrategien lassen sich zunächst nach der Form des Markteintritts unterscheiden:

Pionierstrategien werden von Unternehmen gewählt, die eine herausragende Erfindung oder Idee möglichst schnell auf den Markt bringen wollen. Die Pioniere können hohe Aufmerksamkeit erwarten und in der Regel ihr Image deutlich verbessern. Auch ist es denkbar, dass eine Alleinstellung am Markt erzielt wird oder sogar **Standards** (z.B. Windows) gesetzt und strategische Positionen (z.B. Distributionskanäle) besetzt werden.

Die Pionierstrategie setzt eine intensive Grundlagenforschung und eine kreative Kultur des Unternehmens voraus.

Kombiniert wird die Pionierstrategie mit bestimmten **Preisstrategien**. Bei dem Ziel schneller Marktabdeckung kann eine **Niedrigpreis- oder Skimming-Strategie** sinnvoll sein. Bei sehr großer Innovationshöhe kann die **Premium Price Strategie** zur Amortisation der Investition beitragen.

Im Bereich neuer Technologien geht es oft um die möglichst schnelle Marktbedeutung. So wird »Follow the Free« betrieben. Es werden z. B. Geräte (Mobile Phones, Modems) verschenkt oder nahezu kostenlos abgegeben, um neue Nutzer zu gewinnen.

Die Erlöse werden zunehmend indirekt erzielt, durch Werbeeinnahmen. Eine interessante Homepage ermöglicht z. B. einer Zeitung ein digitales Angebot der redaktionellen Informationen, ohne Abonnenten. Das kompetente Angebot wird über Werbung und Annoncen vergütet.

Die **Second Best Strategie** wird von Akteuren gewählt, die das Risiko des frühen Markteintritts scheuen und über ähnliche Innovationsleistungen verfügen, wie der Pionier. Hierbei kann allerdings die Marktabdeckung und Präferenzbildung des Pioniers problematische Auswirkungen haben.

In vielen elektronischen Märkten haben die Pioniere den Markt vorbereitet und die frühen Folger die eigentlichen Erfolge realisiert (z.B. Apple als Pionier, Microsoft als erfolgreicher Nachzügler mit Windows).

Die Strategie der **Late Followers** wählen Unternehmen, die die Unsicherheiten der frühen Marktentwicklung abwarten wollen oder aber diejenigen, die über die Technologie der Innovation noch nicht verfügen. Diese Strategie wird oft auch als **Me Too** oder **Imitationsstrategie** bezeichnet.

Innovationsstrategien können aber auch nach den auslösenden Impulsen differenziert werden. Innovationen werden vom Innovator angestoßen oder von möglichen Nutzern angeregt. Man spricht insofern von Angebots- oder **Push Innovationen** oder Nachfrage- bzw. **Pull Innovationen**.

Die Impulse stammen aus den Bereichen Technologie, Gesellschaft und Markt, Ökologie oder eigenen Organisationen. Neue Technologien, wie die Gentechnik, Multimedia, Laser etc. bieten vielfältige Innovationschancen.

Aus dem **ökologischen Bereich** resultieren Regeln und Vorschriften sowie vielfältige Anregungen (Solartechnik). Die Entsorgungsvorschriften oder geänderte Preisrelationen verursacht durch Umweltzertifikate und die ökologische Steuerreform lassen bestimmte Technologien und Verfahrensweisen vorteilhaft erscheinen (Öko-Effizienz) (*E.U.v.Weizsäcker, 1995*).

Aus der Organisation resultieren insbesondere Anregungen zu **Sozialinnovationen**, wenn in Teams, Gruppen und Organisationseinheiten neue Regeln, Methoden und Prozessdesigns entwickelt werden.

2.6 Innovationssysteme vs. Routinesysteme

Die Kontexte und Situationen, mit denen sich Akteure und Organisationen konfrontiert sehen, können variieren von stabilen, überschaubaren und wohlstrukturierten bis hin zu turbulenten und damit sich verändernden, komplizierten Systemen:

❑ **Routinesysteme** bewähren sich in relativ stabilen Kontexten. Da sich wenig ändert, können Erfahrungen systematisiert und Abläufe standardisiert werden. Der Vorteil liegt hierbei in der effizienten und robusten Ausgestaltung. Routinesysteme sind deshalb besonders in »marktfernen« Bereichen einsetzbar, wie zum Beispiel der Produktion von Standardprodukten.

❑ **Innovationssysteme** eignen sich besonders für turbulente Kontexte. Sie müssen in marktnahen Bereichen eingesetzt werden, wo es darauf ankommt, schnell und flexibel auf Veränderungen zu reagieren oder neue Impulse zu geben. Innovationssysteme sind weniger effizient, da sie Spielräume für die Erprobung von Neuem, zur Kompensation von Unerwartetem und die freie Kreation benötigen.

In jeder Unternehmung oder Gruppe werden beide Formen mehr oder minder benötigt. In Designbüros oder Werbeagenturen, die sich auf die Entwicklungen von neuen Produkten oder Kampagnen konzentrieren, werden **Innovationssysteme** dominieren.

In der Produktion eines Serienbausteins können **Routinen** die Qualität und Effizienz steigern helfen. In Organisationen ist bei der Gestaltung angemessener Strukturen, Prozesse und der Verhaltensorientierung auf die Charakteristik des Kontextes Acht zu geben.

⓪ ⑥ >
Erläutern Sie, was unter folgenden in diesem Kapitel behandelten Begriffen zu verstehen ist:

○ Management
○ Innovation
○ Innovationsmanagement
○ soziale Systeme
○ Idee
○ Invention
○ Kreation
○ F & E
○ Produkt
○ Dienstleistungen

○ Design
○ Designmanagement
○ Produktvariation
○ Produktdifferenzierung
○ Produktdiversifikation
○ Produktstandardisierung
○ Prozessinnovation
○ Innovationsziele
○ Innovationsstrategien

Seite 199 >

B. Wissen und Lernen

In diesem Kapitel werden die Grundlagen für Lernen und Entwicklung in Unternehmen erläutert. Wissen ist die Basis für Veränderung. Die Innovationen sind wesentlicher Teil einer stetigen Weiterentwicklung eines Unternehmens.

Aus den Neuerungen kann systematisch gelernt werden, es kommen neue Erfahrungen also Wissen hinzu und es können Regeln und Muster effektiver Entwicklung gelernt werden.

Wissen/ Lernen	Information
	Wissen
	Lernen

1. Informationen

Informieren kommt aus dem Lateinischen und deutet an, dass neue Strukturen bzw. Formen geschaffen werden.

Wichtige Informationen verändern so die Form des Vorhandenen.

Informationen werden aus **Unterscheidungen** gewonnen. Eine Information ist also etwas, dass aus der Masse der Daten des möglichen Wissens herausragt. Alles was sich vom »Hintergrund«, vom Vorhandenen und Bewussten abhebt, wird zu einer Information.

Der Anruf des Kunden wegen einer Reklamation oder eines Basis-Auftrages macht einen Unterschied. Eine besondere Reklamation, das grelle Werbeschild in einer tristen Straße und der laute Signalton der Feuerwehr stellen Informationen dar.

Menschen selektieren Informationen bewusst oder unbewusst bezüglich ihrer Bedeutung. Ein und dieselbe Information kann vor dem Hintergrund individueller Erfahrung, spezieller Gefühlslagen und Wahrnehmungsfähigkeiten sehr unterschiedliche Bedeutung zugemessen werden. Nachrichten können so eine mehr oder minder entscheidende Neuigkeit beinhalten.

Informationen stellen **Rohstoff für Wissen** dar.

2. Wissen

Wissen entsteht aus Informationen. Die Informationen werden verarbeitet, selektiert und eventuell als Wissen gespeichert, wenn sie große Bedeutung oder einfach nur einen maßgeblichen Eindruck hinterlassen haben. So können gängige Musikstile oder Werbeslogans aber auch bedeutende Ereignisse kaum vergessen werden. Wissen wird geformt, indem Informationen in einen individuellen Bedeutungszusammenhang gebracht werden.

Es wird unterschieden in:

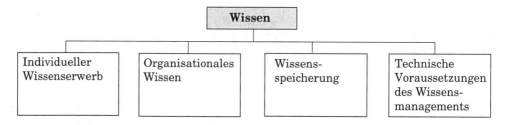

2.1 Individueller Wissenserwerb

In Unternehmen existieren unterschiedliche Formen von Wissen. Dabei wissen nicht die Unternehmen, sondern zunächst einmal nur Menschen. Wissen ist individuell interpretierte Realitätserfahrung. Soll heißen, wissen können Menschen nur, was sie subjektiv auf gewisse Weise wahrnehmen und ganz spezifisch als ihre Sicht der Dinge auslegen.

Wissensarten

Es können folgende Wissensarten unterschieden werden:

❑ Personales Wissen
❑ Wissen über Produkte, Technologien und Produktionsprozesse
❑ Handlungs- und Prozesswissen:
   Kompetenzen über sinnvolles Verhalten und gelingende Prozessdesigns
❑ Projektwissen: Kenntnisse und Erfahrungen aus konkreten Projekten
❑ Steuerungs- und Führungswissen
❑ Expertenwissen:
   Kenntnisse von Technologien, Trends, Fertigkeiten
❑ Milieuwissen:
   Kenntnisse der informellen Strukturen der sozialen Zusammenhänge und Regeln.

Individuelle Wissensspeicherung

Unterscheidungen, die Menschen treffen sind zum Beispiel zwischen gut und schlecht, schnell und langsam, einfach und umständlich etc. Bestimmte Informationen (Sinneseindrücke) machen einen sehr großen Unterschied sind also deutlich zu erkennen oder erscheinen bedeutsam für das jeweilige Individuum.

Dann werden sie vom **Sensorischen Speicher** (flüchtiges Wissen, nach 20 Sek. verloren) des Gehirns zunächst ins **Kurzzeitgedächtnis** (flüssige Intelligenz) geladen, und bei besonderer Tiefe des Erlebnisses, multisensueller Übermittlung (über verschiedene Sinnesebenen) und/oder mehrmaliger Wiederholung in das **Langzeitgedächtnis** (kristallisierte Intelligenz / Engramme) als Wissen gespeichert.

Dabei ist **implizites Wissen** in Form von Erlebtem, Fähigkeiten und Routinen vorhanden, ohne dass der Person dieses Wissen bewusst ist.

Explizites Wissen ist ein Wissen, das sich selbst bewusst weiß.

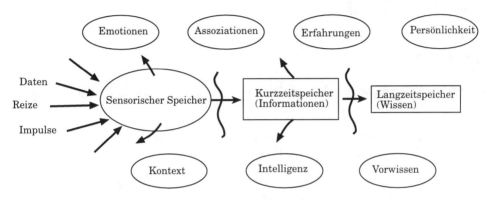

Abb. 12: Menschliches Gedächtnis

Was wie wo gespeichert wird, hängt von der Gefühlslage, den Erfahrungen, der Stimmung, der Intelligenz der Persönlichkeit sowie den zufälligen Assoziationen ab. Diese Elemente wiederum ändern sich mit neuem Wissen. Bei den situativen Bedingungen ist die lernfördernde Atmosphäre besonders hervorzuheben.

Eustress (positiver Stress), Vorbilder, Freude, multisensuelle Reize, individuelle Lernarten, einsehbarer Nutzen, Learning by doing sind alles förderliche Voraussetzungen für effektives Lernen.

In allen Teilen des Gehirns findet eine relativ chaotische Ablagerung statt. Die während der Wissensaufnahme aktiven Bereiche des Gehirns dienen als typisches Aufnahmebecken. Der Abruf von Informationen kann dann durch die Wiederholung der Situation erleichtert werden, in der erstmalig das Wissen aufgenommen wurde.

Der so genannte **Konnektionismus** beschreibt dieses Phänomen einer netzartigen Verknüpfung im Gehirn. Bereiche und Phänomene, die eine Verbindung haben, werden in einen engen Zusammenhang gebracht.

Wissen zu bilden bedarf nicht nur klassischer Formen der Intelligenz, wie sie mit dem IQ gemessen werden, sondern auch der Intuition, der Gefühle usw. (**Emotionale Intelligenz**). Insgesamt existieren bis zu 8 verschiedene Intelligenzformen und Kompetenzen. Diese ergeben sich aus den unterschiedlichen **Charakter-merkmalen von Menschen.** Jedes Individuum verfügt über alle Eigenschaften, aber in unterschiedlicher Ausprägung und Intensität.

Wir unterscheiden folgende neun Charakter-Typen (Vgl. auch Abschnitt C 2):

❑ Zukunftsorientierter Typ
❑ Beobachtende Denker
❑ Intuitiver Visionär
❑ Perfektionist/in
❑ Faktenorientierter Macher/in
❑ Kommunikativ Sozialkompetenter
❑ Pragmatiker
❑ Kreativer
❑ Loyaler Mischtyp.

An alle diese Typen sind bestimmte Wahrnehmungspräferenzen, dominante Eigenschaften und Kompetenzen geknüpft.

Im **Wissensmanagement (Knowledge Management)** gilt es, alle Wahrnehmungs- und Kognitionstypen zu aktivieren und zu fördern.

Wissen hat wie die Innovation eine Doppelwertigkeit. Zuviel Wissen und Gewissheit kann veränderungsscheu machen oder Akteure in falscher Sicherheit wiegen. Zuviel Wissen kann belasten, träge machen aber eben auch Einfluss geben (Wissen ist Macht) und eine gute Wissensbasis lässt mehr und besser erkennen.

2.2 Organisationales Wissen

Damit aus dem individuellen Wissen ein gemeinsames Wissen der Organisation wird, müssen die **Erkenntnisse** mitgeteilt werden. In der Regel weiß eine Unternehmung erheblich weniger, als die Summe des Wissens der Mitarbeiter. Menschen halten Informationen zurück, weil sie sie für privat halten, diese für ihren eigenen Vorteil nutzen wollen, sie nicht mitteilen wollen, dürfen, können oder sollen.

Es kann aber auch Wissen generiert werden, welche eine Person allein nicht verfügbar hat. Zum Beispiel können im Dialog Anregungen und Erkenntnisse angeregt werden. Auch **Kreativitätsmethoden** ermöglichen gemeinsamen Wissenserwerb.

Organisationen müssen also geeignete Instrumente finden, um sich selbst zu überraschen. Sie neigen dazu, das Gewusste zu bestätigen und Neues abzuwehren, weil sie sich erhalten wollen. Diese Strategie des »Mehr Desselben« ist aber gefährlich.

Zuerst äußert sie sich in einer Tendenz zur Wissens- und Informationssammlung. Das steigert sich schnell zum **Information Overload** und zum **Data Smog**. Es werden dann zu viele und schlechte Informationen gespeichert.

Ein sinnvolles **Wissensmanagement** (Knowledge Management) hat wichtige Grundvoraussetzungen (*Willke 1998*):

Inputseitig:

❑ Hohe Qualität der Informationen
❑ Gründliche Auswertung von Erfahrungen
❑ Anreize zur Wissensweitergabe
❑ Generalisierbare Erkenntnisse
❑ Einfache Sprache und Veranschaulichung

Infrastruktur:

❑ Einfach handhabbare Datenbanksysteme mit hoher Benutzerfreundlichkeit
❑ Professionelle Pflege der Daten
❑ Betonung wichtiger Elemente
❑ Leichte Zugänglichkeit
❑ Indikatoren der Nutzung

Nutzerseitig:

❑ Aktive und routinisierte Nutzung der Wissensbasis
❑ Laufende Evaluation
❑ Aktive Beteiligung auch als Experte
❑ Gute Vernetzung der Teilnehmer

Das **kollektive Wissen** wird gefördert, durch organisatorische Maßnahmen: Effektive Kommunikation, Kooperationsmöglichkeiten zwischen Stellen und Personen, sehr gute technische Hilfsmittel und eine lernorientierte Atmosphäre können hilfreich sein, den Transfer von Wissen wahrscheinlicher werden zu lassen.

2.3 Wissensspeicherung

Personales Wissen kann in Form von Berichten, Projektgeschichten und persönlichem Dialog festgehalten und übermittelt werden.

Datenbanken als integrierte Speicherung und Wiedergewinnung von Informationen. Darin werden Kundendaten, Informationen über Technologien und Patente, Methoden und Interventionsmöglichkeiten, Marktinformationen, Ideen u.ä. hinterlegt.

Beispiele für Wissenssysteme sind:

❑ Dokumentationen, Memoranden
❑ Firmenarchiv
❑ Newsletter, Rundbriefe
❑ Business Stories: Erzählungen über Projekterfahrungen
❑ Kompetenzcenter, in denen spezielles Wissen gemanagt wird.

❑ Pausen, Tratsch und Klatsch (Gossip)
❑ Netzwerke von Experten
❑ Reflexionsteams und Workshops
❑ Mustererkennungssysteme.

Aus technischen und persönlichen **Wissenspools** können Innovationsinfo-Pools entwickelt werden, wo die gesammelten Erfahrungen und Erkenntnisse interaktiv erarbeitet und weiterentwickelt werden.

2.4 Technische Voraussetzungen des Wissensmanagement

Im Wissensmanagement geht es weniger um die Verwaltung und Speicherung von Daten, sondern vielmehr um die sinnvolle Verdichtung und Aufbereitung und den Transfer. Neue Informationstechnologien ermöglichen gerade eine benutzerfreundliche und interaktive Gestaltung der Medien. **News Groups**, **Diskussionsforen**, kreative **Chat-Runden** fördern den effektiven Austausch von Erfahrungen.

Hier erweist sich besonders das **Intranet** als sinnvoll. Es ist ein unternehmensinternes Netzwerk, das auf der Internettechnologie basiert, und demzufolge auch ähnlich funktioniert. Ein oder mehrere interne Server ergänzen die externen **Informationspools**. Alle Features des Internet wie News Groups und e-Mail können auch intern realisiert werden.

Internes Wissen wird nach außen geschützt und vor Zugriffen gesichert. Ansonsten gibt es fließende Übergänge zwischen den Netzen. Entscheidend für die aktive Nutzung der Systeme ist eine (für Befugte) leicht zugängliche und multisensual wahrnehmbare Gestaltung. Es kann dadurch verhindert werden, nur Archive zu füllen und riesige Datenmengen ohne Informationsgehalt anzulegen.

Wissensmanagement (Knowledge Management) ist ein integratives Konzept zur Gewinnung, Weiterentwicklung sowie der effektiven Erschließung und dem Transfer von Informationen und Erkenntnissen in einer Organisation. Es weist organisatorische, informationstechnologische und psycho-soziale Komponenten auf.

Dieses **Knowledgemanagement** sollte den **Fluss der Ideen** ermöglichen und das Dürfen, Wollen und Können vereinen. Knowledge Management stellt den ganzheitlichen **Support** aller am Innovationsprozess Beteiligten sicher. Mit dem Konzept der **Lernenden Unternehmung** werden diese Gedanken ergänzt (Vgl. Abschnitt 3.3).

Im Bereich der Neuen Medien und Internettechnologien sind die Neuerungen und Trends kaum noch überschaubar.

Wie kann aus der Flut der Informationen das Wesentliche gefiltert werden?

Seite
199

3. Lernen

Im Folgenden wird das Lernen begrifflich erläutert, die verschiedenen Lernstufen vorgestellt und Aspekte der Lernenden Unternehmung diskutiert:

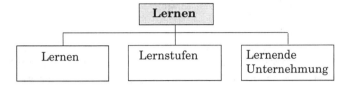

3.1 Lernen

Lernen wird als Aneignung neuen Wissens verstanden. Lernen ist der Prozess, Wissen das Resultat. Gelernt wird aus Erfahrung und oder intuitiv. Die Medien lösen verschiedene Lernwirkungen aus. Einige lernen durch zuhören, andere durch schreiben, sprechen, lesen, schmecken oder weitere Sinne.

Lernen ist ein Kommunikationsvorgang. Die Intention der Kommunikationsquelle (z.B. Anbieter, Lehrer, Berater, Kunde) wird dabei vom Empfänger individuell ausgelegt. Beim Lesen eines Textes wird Erfahrung anderer wahrgenommen, aber zugleich neu interpretiert. Es tritt Veränderung ein, aber nur teilweise so, wie es der andere Kommunikator bewirken wollte.

Kommunikation ist somit kein Prozess der Übertragung von Informationen vom Sender zum Empfänger. Vielmehr werden in Kommunikationsprozessen unwillkürlich Reize ausgesendet und uminterpretiert. Sender sind zugleich Empfänger. Es werden Assoziationen angestoßen, Reaktionen ausgelöst und dadurch Verhalten in unbestimmter Form verändert (*Bergmann 1999*).

Man kann nicht erzwingen, dass ein Markenname gelernt und positiv assoziiert wird. Es ist aber möglich, es wahrscheinlicher zu machen.

Die Lernbereitschaft, also die Offenheit für Neues, ist dabei auch von dem Involvement der Akteure und der Bedeutung und Art des Objektes abhängig.

Zu unterscheiden sind:

❑ Habituelles Verhalten (z. B. Kauf von Convenience Goods)
❑ Impulsive, spontane Entscheidungen
❑ Limitierte Planentscheide, bei denen ein Evoked Set der Alternativen in Betracht gezogen wird
❑ Extensive Entscheidungen bei wichtigen Investitionen.

Aus habituellen Entscheidungen können die Akteure nur sehr schwierig herausgeführt werden. Impulsives Verhalten lässt einfache Veränderungen zu, während bei Planentscheidungen eher rationale Überzeugungsarbeit geleistet werden muss. Hier spielt das gegenseitige Vertrauen eine große Rolle.

Der Systemtheoretiker Luhmann sagte dazu, dass Verständigung durch Kommunikation eher unwahrscheinlich ist. Der Kybernetiker *Norbert Wiener* dazu: »Du weist erst, was Du gesagt hast, wenn Du die Antwort hörst.«

Gelernt wird am besten, wenn das Medium, die Atmosphäre und der Zeitpunkt zu dem Akteur passen, der Lernen soll oder will.

Effektives Lernen bedarf geeigneter Kontextbedingungen. So hat noch fast jeder seine Muttersprache oder Radfahren gelernt. Hierbei bilden Vorbilder, das Learning by doing, die spielerische Freude, der einsehbare Nutzen und individuelle fast beiläufige Vermittlung ohne situativen Druck ein gutes **Learning Environment**.

Lernen kann im Umkehrschluss durch spezifische Verhaltensweisen verhindert werden:

- ❑ Auf eine Sache konzentrieren!
- ❑ Erzeugen Sie Druck und kontrollieren Sie intensiv!
- ❑ Schaffen Sie eine miese Atmosphäre!
- ❑ Lassen sie stupide auswendig lernen!
- ❑ Verhindern Sie Spass und Freude!
- ❑ Verzeihen Sie keinen Fehler!
- ❑ Streben Sie perfekte Ergebnisse an!
- ❑ Verbreiten Sie Wahrheiten!
- ❑ Schüren Sie Angst!
- ❑ Vergeuden Sie keine Zeit mit Reflektieren!
- ❑ Verlangen Sie fixierte Ergebnisse!
- ❑ Verbieten Sie Experimente!
- ❑ Stellen Sie sich nie in Frage!
- ❑ Geben Sie keine Beispiele!
- ❑ Wählen Sie stets nur ein Medium!
- ❑ Reden Sie schnell und wiederholen Sie nie!

Der **Lernprozess** folgt idealerweise dem Prozessmuster des **Lern- und Lösungszyklus**. Hier wird sich mit dem Lernfeld langsam vertraut gemacht (Wahrnehmung), dann werden die Möglichkeiten probiert, weitere Schritte geplant (Kreation) und immer wieder reflektiert. Begleiter (Lehrer, Manager, Coaches, Berater), die den Prozess begünstigen wollen, intervenieren über den Kontext.

Geben Impulse, schaffen ein gutes **Learning Environment** und kontrollieren weniger, als dass sie Vertrauen schaffen und ermutigen. Dabei sind die wesentlichen Stufen des Lernens zu unterscheiden (*Bateson 1985*).

3.2 Lernstufen

Es lassen sich drei Lernstufen unterscheiden:

- ❑ Die Stufe 0 wird als Wissen sowie die Anpassung dieses Wissens an neue Gegebenheiten bezeichnet, die Routinen und Konzepte bestätigt bzw. einregelt.

❑ Die Stufe 1 umfasst das so genannte Veränderungslernen. Hier werden neuartige Wissenselemente, Verfahrensweisen und Methoden gelernt. Das Wissen verändert sich substantiell. Es entspricht dem so genannten **Single Loop Learning** (Argyris), bei dem Inhalte verändert, ergänzt oder verknüpft werden.

❑ Die Stufe 2 bildet das Lernen zu lernen. Hier werden die Prozeduren des Lernens selbst reflektiert. Es wird also aus der so genannten zweiten Ordnung, die Art und Weise des Lernens selbst verbessert. Diese Stufe 2 entspricht dem so genannten **Double Loop Learning**, bei dem das Vorgehen reflektiert und verbessert wird.

Es wird sozusagen aus dem gewohnten Rahmen herausgetreten. Das **Deutero Learning** steht meines Erachtens auf der gleichen Stufe. Es beschreibt ein Lernen aus der reflektierenden Beobachtung zweiter Ordnung. Der Lern- und Lösungszyklus wird hier durchlaufen, um dann ein neues Niveau zu einem Spiralprozess zu erreichen.

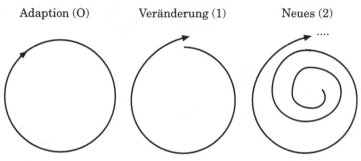

Abb. 13: Lernstufen

Da wir alle Beobachter im Leben sind, kann durch die Beobachtung der Beobachter neues Wissen erkannt werden. Wir schauen zu, wie wir oder andere Lernen oder miteinander kommunizieren. So kann man Erkennen erkennen und Beobachtung beobachten.

Gerade in der Net Economy dringen geradezu unendliche Mengen von Informationen auf uns ein. Informationen sind aber noch kein hilfreiches Wissen und es wird nicht unbedingt daraus gelernt.

Was unterscheidet Informationen von Wissen und Lernen?

Seite 200

3.3 Die Lernende Unternehmung

Organisationales Lernen basiert auf individuellem Lernen. Genauso wie im Gehirn eines Menschen neuartige Verknüpfungen hergestellt werden, werden in der Organisation neue Verbindungen entwickelt. Menschen vernetzen sich, kommunizieren und lernen somit kollektiv nützliche Verhaltensweisen, Modelle und Methoden.

Organisationen sind soziale Systeme, die sich wie erläutert aus kommunikativen Handlungen bilden. Wenn sich neues Wissen (Erkenntnis), neue Verknüpfungen und Problemlösungen bilden oder gar **Double Loop Learning** Elemente durch Reflexion integriert werden, wird das Spektrum der Aktionsmöglichkeiten erweitert.

Eine **Lernende Organisation** erzeugt die Fähigkeit der Anpassung an neue Bedingungen. »Wollen«, »Können« und »Dürfen« kommen zusammen und lassen ein selbststeuerndes System der verbessernden Veränderung entstehen. Individuelles Wissen wird geteiltes kollektives Wissen der Organisation. Implizites wird explizites Wissen, individuelles kollektives Wissen und zurück.

Das organisationale Lernen findet seine Basis in individuellen Erkenntnisprozessen. Jedes soziale System lernt in irgendeiner Form und Intensität. Es liegen also immer schon Initiativen vor, die als Quellen einer lernenden, innovativen und vitalen Unternehmung betrachtet werden können (**Corporate Knowledge**).

In der folgenden Abbildung sind dazu einige Anstöße und Lernaktivitäten aufgezeigt, die als Basis eines **Corporate Learning System** (**CLS**) betrachtet werden können.

Als wichtige **Voraussetzungen** für die erfolgreiche Entwicklung vitaler Lernsysteme können folgende genannt werden:

- ❑ Das **Top Management** muss das Projekt sichtbar und bedingungslos unterstützen. Auch vorbildliches Verhalten und symbolische Rituale sind dazu dienlich.
- ❑ Es müssen die organisatorischen **Rahmenbedingungen** und Spielräume geschaffen werden.
- ❑ Nach einer **Impulsphase**, die die erste Schwellenangst überwinden hilft, ist durch externe Berater die weitgehende **Selbstorganisation** auszulösen. Die Akteure im Unternehmen müssen das Projekt sich zu eigen machen und mit dem konkreten Kontext verknüpfen.
- ❑ Die Lernorganisation sollte methodisch und prozessual mit allen wesentlichen Bereichen im Unternehmen verbunden werden (**Methodische Integration**).
- ❑ Die Projektgruppen sind repräsentativ vielfältig aber auf Eigeninitiative zusammenzusetzen. Das heißt, jeder Interessierte muss eine gute Chance bekommen, sich zu engagieren (**Open Source Development**).
- ❑ In einem strategischen **Dialog Forum** sollten immer wieder neue Impulse den Prozess reflektieren helfen.
- ❑ Individuelle Fähigkeiten und **Kompetenzen** (Können) sowie Engagement (Wollen) ergänzen notwendigerweise die organisatorischen Voraussetzungen (soziales Dürfen, Lernsysteme, etc.)
- ❑ Die kontinuierliche **Weiterbildung**, sinnvolle Dokumentation der Erfolge und Misserfolge sowie die offene Verbreitung von Informationen in einer **Atmosphäre des Lernens** und Lösens sind weitere wichtige Beiträge zur lernenden Organisation.

Kristallisationspunkt ist oft die innovative Produktpolitik, die sich im **Lern - und Lösungszyklus** vollzieht, neue überraschende Erkenntnisse zutage fördert und weiterführt bis zur Optimierung der gesamten Wertkette. Besonders hierbei kommen Gewinnung, Verteilung und Anwendung neuer Erkenntnisse zusammen.

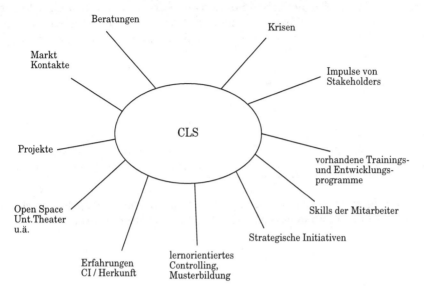

Abb. 14: Vorhandene Lernbereiche

Das Corporate Learning System im Veränderungszyklus

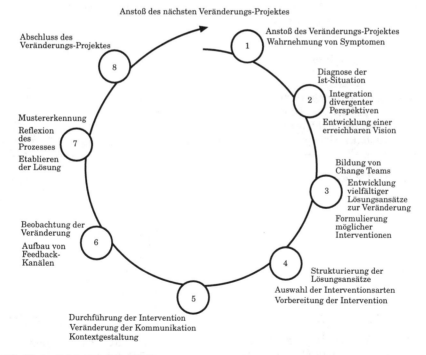

Abb. 15: Entwicklung des CLS

Das CLS wird – wie andere Projekte auch – im **Lern- und Lösungszyklus** in kleinen aber zielstrebigen Schritten entwickelt. Bei der Entwicklung zum vitalen Unternehmen wird in unterschiedlichen Stadien angesetzt. Wenn nur wenige Voraussetzungen vorliegen und im Wesentlichen statisch operativ gearbeitet wird, ist eventuell mit einer Projektgruppe zu beginnen, um dann mit den unten genannten Organisationsformen darauf aufzubauen.

Idealtypische Modelle des CLS:

- ❑ Profitcenter
- ❑ Weiterbildungszentrum
- ❑ Projektorganisation
- ❑ Integriertes Lernsystem
- ❑ Lernkultur, permanente Weiterentwicklung
- ❑ Learning Community, Networking
- ❑ Das vitale und innovative Unternehmen

Daraufhin gilt es zu prüfen, welche Form von Lernaktivität schon praktiziert wird. Der Prozess verläuft dann idealtypisch in den aufgezeigten Phasen:

Der Prozess der CLS Entwicklung

Standardisiertes Lernen:

- ❑ Seminare
- ❑ Weiterbildung
- ❑ Trainings
- ❑ Individuelles und spezielles Lernen
- ❑ Personalentwicklung
- ❑ Special Skills
- ❑ Knowledge Management

Veränderungsinitiativen:

- ❑ Projekte, **Lernwerkstätten**, Learning Communities
- ❑ **Events** wie Projekte, **Open Space**, Unternehmens - Theater u.a.
- ❑ Organisations- und Unternehmensentwicklung
- ❑ Innovation als Element der Unternehmensstruktur und -kultur.

Planung und Koordination:

- ❑ Verknüpfung mit **strategischen Initiativen**
- ❑ Aufbau **Mustererkennung**, Spielregeln des Gelingens
- ❑ Früherkennung, Marketingforschung und Controlling: Kreislauf der Erkenntnis, **Partnering**
- ❑ Verknüpfung mit **Stakeholders**, **Key Accounts** und Beratern
- ❑ Etablierung CLS
- ❑ Entwicklung des vitalen Unternehmens.

So verläuft die Entwicklung des CLS auch in den verschiedenen Phasen von der Vorsondierung und Diagnose bis zur Etablierung und Reflexion.

In internationalen Unternehmensberatungen werden in unterschiedlichen Projekten Erfahrungen gemacht und Erkenntnisse gewonnen.

Was unterscheidet dabei individuelles von kollektivem oder organisationalem Lernen?

Wie kann das personale Wissen zum organisationalen Wissen werden?

Unterscheiden Sie bitte personal und technisch dominante Wissenssysteme wie sie von Bain & Co und McKinsey angewendet werden.

Seite 200

Die Lerneffektivität hängt erheblich von der Lernumgebung ab.

Was sind typische Gestaltungselemente der Lernumgebung?

Wie kann durch die stimmige Lernumgebung das Lernen erleichtert werden?

Seite 200

4. Vernetzung und Kooperation

Für erfolgreiche technische und soziale Innovationen ist oft die übergreifende Zusammenarbeit verschiedener Unternehmen, Institutionen und Experten erforderlich. So entstehen viele Neuerungen aus der Zusammenarbeit von Wissenschaft und Praxis. Aus Grundlagenforschungen werden marktfähige Angebote entwickelt und in **Spin outs** zu eigenständigen Unternehmen geformt.

Innovationen können oft durch Berater ausgelöst werden, da sie externes Wissen in die Unternehmen tragen können und als unabhängige Akteure Reflexion und Impulse anstoßen. Kreative, Designer, Unternehmensentwickler, Ingenieure und Erfinder geben Impulse für Neuerungen und dienen als **Diffusionsagenten**.

Mit Kunden und Lieferanten kann die gesamte Wertkette von der Entwicklung und Beschaffung bis zum Markt und der Anwendung optimiert und die Einführung mit **Prämarketing** erleichtert werden.

Die Produktentwicklung wird zunehmend mit den Nutzern realisiert. So werden beispielsweise Büroeinrichtungen in den Räumen der späteren Gebraucher kreiert und optimiert. Eine sogenannte Roomware, wo elektronische Systeme (e-flipcharts, e-maps) in die Möbel integriert sind, wird gerade von Designern, Technikern, einem Softwarehaus und einer Büromöbelfirma gemeinsam entwickelt (Virtual Collaboration).

In einigen Fällen kann es sich auch als sinnvoll erweisen, Entwicklung, Fertigung und Marketing in speziellen, unabhängigen Unternehmen zu organisieren, um jeweils eine Konzentration auf **Kernkompetenzen** zu ermöglichen. In **Koopera-**

tionsnetzwerken und **Innovationswerkstätten** können diverse Formen der Zusammenarbeit organisiert werden.

Besonders bei risikoreichen Innovationen kann es ratsam sein, sich mit Wettbewerbern zusammenzuschließen, um Produkte zu entwickeln, gemeinsame Projekte zu organisieren (Joint Ventures und Strategische Allianzen), Präsentationen auf Auslandsmessen zu organisieren oder sich gegenseitig mit Komponenten zu beliefern (*Bergmann 1994*).

Mit Neuen Medien ist eine überregionale und themenzentrierte Zusammenarbeit denkbar. Beispiele sind das **Open Source Development** in der Softwareentwicklung, also eine globale Entwicklungskooperation mit freiem Zugang zu Programmiercodes, das globale Brainstorming in virtuellen **Design Camps, Learning Communities** und alle Formen **Solarer Organisationen**, die sich projektbezogen zusammenfinden.

Diese Netzwerke dienen der Wissensschöpfung, also gemeinsamer Forschung und Ideenentwicklung (Sourcing Teams) der Kompetenzentwicklung durch gegenseitige Anregung und Unterstützung (Coaching, Reflexion) sowie der Bildung von Foren für Dialog und Kooperation.

Die Netzarbeiter finden über inspirierende und unterstützende Kontakte im Internet zu intensiveren Formen der Zusammenarbeit in Projekten (**Communities of Practise**).

Besonders bei risikoreichen Innovationen kann es ratsam sein, sich mit Wettbewerbern zusammenzuschliessen, um Produkte zu entwickeln, gemeinsame Projekte zu organisieren (**Joint Ventures** und **Strategische Allianzen**), gemeinsame Präsentation auf Auslandsmessen zu organisieren oder sich gegenseitig mit Komponenten zu beliefern (*Bergmann, 1994*).

Die Bereitschaft und die Möglichkeiten zur Kooperation (Networking) auch in Bereichen der Innovation nehmen zu, da die technischen Voraussetzungen dafür vorliegen und sich die effektive Innovationspolitik weniger auf den Schutz von Vorsprungswissen, als vielmehr auf die Optimierung von Prozessen und Kommunikation richtet.

11 Erläutern Sie, was unter folgenden in diesem Kapitel behandelten Begriffen zu verstehen ist.

○ Informationen	○ Lernstufen
○ Wissen	○ Lernende Organisation
○ Wissenserwerb	(Learning Organization)
○ Wissensspeicherung	○ Lern- und Lösungszyklus
○ Wissensmanagement	(Solution Circle)
(Knowledge Management)	○ Netzwerke
○ Lernen	○ Strategische Allianzen
○ Kommunikation	○ Kooperation

Seite 200

C. Kontext der Innovation

In diesem Abschnitt werden die **sozio-ökonomischen, technologischen** und **globalen Entwicklungen** skizziert, die eine besondere **Herausforderung** für das Innovationsmanagement darstellen. Zudem werden die **Akteure** des Innovationsmanagement in ihren **Rollen, Funktionen** und **Persönlichkeitsaspekten** skizziert.

	Kontextbedingung
Kontext	Akteure
	Innovationsprozess

1. Kontextbedingungen

Es ist relativ müßig, die allgemeine und spezielle Kontextentwicklung en detail zu skizzieren, weil nur subjektive Wahrnehmungen geschildert werden können und sowieso alle Phänomene einem permanenten komplexen Wandel unterzogen sind.

Deshalb möchte ich mich darauf beschränken, einige wichtige Aspekte und typische Systemsituationen zu skizzieren, die jeweils spezielle Verhaltensweisen, Strukturen und Methoden erfordern (*Bergmann 1996, S. 56ff.*).

Zu unterscheiden sind:

❑ Der soziale, ökonomische und ökologische Wandel
❑ Der technologische Wandel und
❑ Globale Entwicklungen.

Soziale Systeme befinden sich in unterschiedlichen Kontexten, die vereinfachend als instabil bis turbulent bezeichnet werden können. Je nach Charakter des Kontextes bilden sich auch die sozialen Systeme in einem Wechselverhältnis aus.

Stabile Systeme sind effizient, überschaubar und transparent, turbulente hingegen organisch, selbstorganisierend und spontan. Es existiert keine grundsätzliche Wertigkeit, sondern eine unterschiedliche Überlebensfähigkeit in verschiedenen Situationen.

Turbulente, also komplexe sich schnell verändernde **Systeme** koevolvieren mit eben solchen Kontexten. Zum Überleben bedürfen sie der Fähigkeit zur spontanen Änderung und **organischen Selbstorganisation. Stabile Systeme** können effizient gemanagt werden, in dem erprobte Muster optimiert werden. Hier reicht das Anpassungslernen aus.

Die Bedrohung liegt in der Kontextvariation, die auch plötzlich auftreten kann und damit das effiziente System überfordert. Dann ist das Veränderungslernen notwendig, um sich auf spontane auftretende Neuerungen einstellen zu können. Eine gewisse **Multistabilität** erlangt eine Organisation erst, wenn sich an metasystemischen Mustern orientiert wird, die aus **Deutero-Lernprozessen** erwachsen, in denen reflektierend Lernen gelernt wird.

Grundsätzlich sind die Umfelder durch zunehmende Turbulenz gekennzeichnet. **Turbulenz** oder **Chaos** entstehen aus erhöhter Entwicklungsdynamik unübersichtlicher, vernetzter und komplexer Kontextsituationen. Auch im Innovationsbereich lassen sich vermehrt solche turbulenten Fluktuationen erkennen. Der modische Wandel beschleunigt und überlagert sich.

Viele einander widersprechende **Wertetrends** erschweren dabei die Orientierung und technische Neuerungen revolutionieren die Innovationspraxis und ihre Anwendungsfelder.

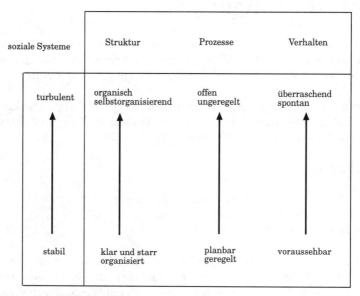

Abb. 16: Kontext und System

Innovation muss sich somit immer mehr zu einer kollektiven Arbeit vieler Akteure in vernetzten, spontanen und unübersichtlichen Konstellationen entwickeln. Nachfolgend sind die allgemein strukturellen und innovationsspezifischen **Problemfelder** im Überblick aufgelistet:

Ausgangspunkt sind die allgemeinen Umfeldprobleme, die alle gesellschaftlichen Bereiche tangieren. Daraus entwickeln sich Probleme auf den Absatzmärkten. Diese wiederum äußern sich spezifisch in Innovationsprojekten.

Problemfelder des Innovationsmanagements

Allgemeine Umfeld- probleme	O Schneller Wandel in Mode und Technik O Technische und soziale Komplexität O Wechselseitige Abhängigkeiten O Ökologische Krisen O Unübersichtlichkeit
Markt- probleme	O Sättigungseffekte O Orientierungslosigkeit O Information Overload O Markenhypertrophie O Individualisierung des Konsum O Prosumententrend
Spezifische Innovations- probleme in Projekten	O Mangelnde Kreativität O Hohe Flopraten O Mangelnde Koordination O Innovationsphobien O Know How Defizite O Umweltbelastungen O Motivationskrisen und Widerstände in Veränderungsprozessen

Abb. 17: Allgemeine und spezifische Probleme des Innovationsmanagements

Erfolgreiche Unternehmen erzielen zehn Prozent des Umsatzes in der Relaunch-phase (Remake, Revitalisierung) und sogar 35 Prozent mit innovativen Produkten in der Wachstumsphase. **Schrumpfende Unternehmen** erzielen in beiden Phasen unter 20 Prozent.

Neben diesen nackten Zahlen gibt es aber weitere Gründe, die für die Entwicklung und den Einsatz von Innovationen sprechen, von denen einige hier genannt seien:

❑ Innovationen sind für international erfolgreiche Unternehmen **Wachstums-potentiale**
❑ Innovationen bilden daher die **zentrale Entwicklungsbasis**
❑ Neue **Marktbedürfnisse** und **-chancen** können erkannt werden
❑ Kunden fordern ständig **neue Produkte**
❑ **Konkurrenz** erfordert ständige Innovationen und Produktverbesserungen

Da das Unternehmen im Bereich Innovationen stets gefordert ist, sich weiter zu entwickeln, stellt sich nun die Frage: Wie kann das Unternehmen das Produktangebot erweitern?

Dies kann auf zwei verschiedene Arten geschehen. Zum einen durch die Akquisition und andererseits über **Neuproduktentwicklung**.

Bei der **Akquisition** sind drei Arten zu unterscheiden:

❑ Zukauf anderer Unternehmen, dies ist z. B. die Strategie von Nestle oder Unilever, VW, Microsoft, Bertelsmann

❑ Erwerb von **Patenten** und weiterer **Schutzrechte** (Vgl. Minilex) von anderen
  Unternehmen
❑ Lizenz- oder **Franchiseabkommen**

Allerdings sind dies keine Neuentwicklungen von Produkten, sondern bedeutet lediglich den Erwerb von Rechten an bestehenden Produkten/Dienstleistungen.

Bei der Neuproduktentwicklung gibt es zwei Arten zu unterscheiden:

❑ Entwicklung von neuen Produkten in einer eigenen F&E-Abteilung
❑ Entwicklung durch unabhängige Entwicklungslabors/-forscher

Daneben lässt sich aber auch eine Unterscheidung vornehmen, die sich auf die strategischen Entscheidungen eines Unternehmens bezieht. Es lassen sich sechs
Produktinnovations-Kategorien unterscheiden (Vgl. Punkt 2.2)

❑ Weltneuheit: Neues Produkt für völlig neuen Markt (z. B. Handy)
❑ Neue Produktlinien: Neue Produkte, die den Unternehmen den Zugang zu einem bereits existierenden Markt ermöglichen (z. B. Salomon Skier)
❑ Produktlinienergänzung: Neue Produkte, die etablierte Produktlinien des Unternehmens ergänzen (z. B. CD Player mit anderen Hifi Komponenten)
❑ Verbesserte bzw. weiterentwickelte Produkte: Neue Produkte, die leistungsfähiger sind oder einen größeren Nutzen versprechen (z. B. neuer Prozessor oder Software im Computer)
❑ Repositionierte Produkte: Existierende Produkte, die auf neuen Märkten/Segmenten angeboten werden (z. B. CD-Player für das Auto)
❑ Kostengünstigere Produkte: Neue Produkte, die bei niedrigeren Kosten eine vergleichbare Leistung bringen (No Names)

Diese sechs Kategorien lassen sich auch in einem Portfolio darstellen. Die Prozentzahlen geben den Anteil der einzelnen Kategorie an den gesamten neuen Produktionsinnovationen wieder (nach *Booz, Allen, Hamilton*):

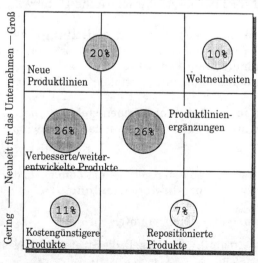

Abb. 18: Produktinnovations-Portfolio

Die Bedeutung von Innovationen für Großunternehmen

Innovationen erfüllen in Unternehmen zahlreiche strategische Aufgaben, wie eine Studie von *Booz, Allen & Hamilton* ergab. Die sechs wichtigsten Gründe seien hier genannt. (Die Prozentangaben geben Auskunft darüber, wie häufig die einzelne strategische Aufgabe von den befragten Unternehmen genannt wurde. Mehrfachnennungen waren möglich).

Erhaltung der Position als »Produktinnovator«	46 %
Verteidigung des erreichten Marktanteils	44 %
Einstieg in zukünftige neue Märkte	37 %
Besetzung eines Segments vor den Konkurrenten	33 %
Neuartige Anwendung einer Technologie	27 %
Ausnutzen von Stärken des Vertriebs	24 %

In der unübersichtlichen Situation unserer Gegenwart lassen sich einige allgemeine Entwicklungslinien aufzeigen:

Sozialer, sozio-ökonomischer und ökologischer Wandel

❑ Die sozio-ökonomische Entwicklung ist weltweit sehr unterschiedlich ausgeprägt. Eine Tendenz zur **Polarisierung der Konsumwelten** zeichnet sich ab. Neben einem Trend zu Luxusgütern, einer schrillen Erlebniswelt entstehen auch Bedürfnisse nach robusten, einfachen und kostengünstigen Produkten (Aldi Prinzip). Es existieren in vielen Bereichen unterschiedliche Trends nebeneinander.

❑ Die Konsumenten suchen nach Orientierung und Sicherheit, was sich in wachsender **Marken-, Ökologie-, Gesundheits- oder Qualitätsorientierung** manifestiert. Daneben gibt es aber auch Nachfrage nach günstigen Convenience Angeboten (Fast Food, Billigreisen). Einige Nutzer versuchen wieder mehr Einfluss auf die Gestaltung zu nehmen, nicht zuletzt, um ein individuelles Produkt zu kreieren (**Prosument**).

Heute ist es für viele schon selbstverständlich, etwa das Fahrrad oder den PC individuell aus einzelnen Komponenten zu gestalten und gestalten zu lassen. Wir leben in einer Informationsgesellschaft, einer Gesellschaft also, in der Service und Kommunikation in den Vordergrund treten. **Service Design** wird zu einem wichtigen Kommunikations- und Gestaltungselement.

❑ Die **globale Umweltkrise** erfordert energie- und ressourceneffiziente Produkte. In sog. Entwicklungsländern sind funktionale und robuste Lösungen überlebensnotwendig. In den Wohlstandsländern existieren Tendenzen, ökologische Produkte als angenehmen Luxus, als verantwortlichen Konsum (Öko-Ethik) oder zum Kostensparen zu verwenden (*Bergmann 1994, Horntrich und v. Weizsäcker*).

❑ Darüber hinaus können die Erkenntnisse der Perzeptionsforschung (Konstruktivismus) zu neuen Gestaltungsüberlegungen führen. Da sich jedes Individuum subjektiv seine Wirklichkeiten konstruiert, sollten die Innovationen entweder auf **spezifische Wahrnehmungstypen** ausgerichtet sein oder multisensual eine Vielzahl sinnlicher Erfahrungen möglich machen, welche die Eigenschaften der Angebote als vorteilhaft erscheinen lassen.

Verschiedene Anspruchskomponenten können, wie in der Literatur ausdifferenziert so zu neuen Bedarfsbündeln kombiniert werden. (Vgl. auch Abschnitt C 2 Punkt 2.4)

Technologischer Wandel

Unter technologischem Blickwinkel lassen sich vor allem folgende Aspekte hervorheben:

❑ Die Konzentration auf Kernkompetenzen wird von Kooperationen begleitet (Small Companies, Large Networks). Die Wertschöpfungsketten werden neu konfiguriert (z. B. »Wintel«, Windows und Intel).

❑ Die Digitalisierung ermöglicht das gleichzeitige Verkaufen und Behalten, weil Original und Kopie nicht unterscheidbar sind.

❑ Die Chancen der Miniaturisierung und Flexibilisierung: Das Konzept des **Form Follows Function** wird durch die Mikrochip-Technolgie geradezu ad absurdum geführt. Es ergeben sich ideale Freiheitsgrade ergonomischer, metaphorischer und ästhetischer Gestaltung.

Gerade Geräte mit hohen technologischem Standard können frei von ihrer eigentlichen Aufgabe geformt, mit anderen Elementen kombiniert und damit verständlicher und benutzerfreundlicher gestaltet werden.

Diese Überlegungen werden vor allem unter dem Begriff des **Interface-Design** und **Interactions Design** (Bonsiepe) diskutiert: Computer als Teileelemente von Produkten befähigen zur vereinfachten analogen Eingabe und Interpretation ungenauer Anforderungen (**Fuzzy Logic**).

In der visuellen Kommunikation ist das Ende der Mechanik eingeläutet. Desktop-publishing-Anwendungen ermöglichen heute nicht nur die kostengünstige, schnelle und kreative graphische Gestaltung, sie haben zugleich und entschieden die Entwicklung zur digitalen und immateriellen Produktion eingeleitet.

Satz, Layout, aber auch Repro und Belichtung werden darum neu konzipiert. Eine vorläufige Endstufe wird die direkte Verknüpfung von digitalen Daten mit der digital gesteuerten Druckmaschine sein (Computer to Plate).

❑ Neue Technologien lösen zudem den Trade-off zwischen Vielfalt und Aufwand beziehungsweise Umweltschonung teilweise auf. Durch **Simulation** kann eine ressourcensparende und fehlerselektierende Vorauswahl und Veränderung vorgenommen werden. Die Tendenz zum **Software-Design** lässt eine Immaterialisierung und flexible Variation zu.

❑ **Time to market**, so heißt die neue Messgröße im Innovationsprozess. Das Setzen von Standards und die schnelle Kundenbindung (**Follow the Free**) erlangen überragende Bedeutung. Es müssen sehr schnell die kritischen Massen erreicht werden. Überfluss, nicht Knappheit steigert den Wert.

❑ Neue **CAD-Technologien** ermöglichen ein beschleunigtes und zugleich integratives Vorgehen. Individuelle Gestaltungswünsche können dabei ohne großen Zusatzaufwand berücksichtigt werden. Der Konsument kann sich als Mitgestalter oder Prosument betätigen.

Design und Fertigung werden flexibel und variabel strukturiert und ermöglichen die »Losgröße 1«. Dabei werden Kostenführerschaft und Differenzierung kombiniert (Mass Costumization).

❑ Die neuen Medien ermöglichen einen intensiven und direkten Dialog mit den Kunden (Einkauf am Bildschirm). Die unmittelbare Response unterstützt das **Interaktionsmarketing** im Sinne der Vernetzung, Kooperation und Kommunikation. So verschmelzen die Sphären von Anbieter und Kunde zunehmend. Die Anzahl der Informationsquellen und -arten nimmt heute dramatisch zu.

❑ In der **Vielfalt virtueller Welten** verschwimmen Realität und Fiktion. Bilder werden die Wahrnehmung prägen. »Ich sehe, also bin ich.«, müsste man in modernster Übertragung der Cartesianischen Philosophie (Ich denke, also bin ich) sagen.

In der multimedialen Informations- und Erlebnisflut werden Orientierung, Identifikation und Reduktion zu dringenden Bedürfnissen. So entstehen virtuelle Formen der Kooperation in räumlicher Distanz und zugleich ein Bedürfnis nach intensivem, persönlichen Austausch.

❑ Es bilden sich vollkommen neuartige Inventions- und Innovationsbereiche aus. Die besonders bedeutenden Technologien sind die **Biotechnologie, Multimedia** und die **Lasertechnik**. In diesen Bereichen ergeben sich sehr schnelle und auch von Fachleuten kaum vorhersehbare Entwicklungen.

Neben etablierten Konzernen engagieren sich mit **Venture Capital** vor allem Newcomer auf diesem risikoreichen Gebieten (Neue Märkte). Es ergeben sich insbesondere Schwierigkeiten in den Seed-Phasen, wo noch kein ökonomischer Erfolg erkennbar ist.

Zahlreiche neue **Patente** und weitere **Schutzrechte** bieten ein Reservoir an Möglichkeiten, neue Produkte zu entwickeln.

Globaler Wandel

Gegenwärtig wachsen die internationalen Märkte enger zusammen und münden in einer totalen **Interdependenz** und **Vernetzung**. Gleichzeitig zeigt sich aber auch ein Trend zur **Regionalisierung** und Individualisierung der Werte, Interessen und Ansprüche.

Innovative Unternehmen müssen sich also auf die Märkte einstellen, können aber Besonderheiten als Beschaffungsquellen und Marktnischen nutzen.

Durch die Verknüpfung der Sphären entstehen **globale Zielgruppen**, die weltweit ähnliche Lebensstile pflegen. Parallel dazu entdecken Völker und ethnische Gruppen ihre Traditionen neu, besinnen sich auf **regionale Qualitäten** und auch individuelle Werte.

Die globale Vernetzung führt bei uns zur notwendigen Veränderung in eine Dienstleistungs- und Hochtechnologie-Gesellschaft. Die politischen Grenzen scheinen sich immer mehr aufzuweichen. Es entstehen weltweite Bündnisse und Kooperationen in Form von **Strategischen Allianzen**, **Netzwerken** und **Joint Ventures** (Vgl. auch innovative Unternehmenstypen).

Bei Innovationen handelt es sich um grundsätzliche Neuerungen. Es liegen deshalb nur geringe Erfahrungen und Erkenntnisse vor. Gesicherte Daten und Informationen sind eher unwahrscheinlich. Inwiefern ist die Innovationspolitik ein schlecht strukturierbares Entscheidungs- und Lösungsfeld?

Welche Konsequenzen hat das für die Prozess- und Strukturgestaltung?

Seite 200

Viele Zukunftsforscher sprechen von einem fundamentalen Wandel der Gesellschaft und Wirtschaft aufgrund neuer Technologien, der Globalisierung und Vernetzung. Die Net Economy begünstigt besonders flexible Unternehmen der Neuen Märkte. Nennen Sie die wichtigsten Entwicklungen aus den Bereichen Sozio-Ökonomie, Technologie und Globalisierung für die Innovationspolitik.

Wie kann darauf durch etablierte Unternehmen ansatzweise reagiert werden?

Seite 200

2. Akteure als Kontextelemente des Innovationsmanagement

Am Innovationsprozess sind Personen aus allen **Funktionsbereichen** und **Ebenen** beteiligt. Speziell bei designorientierten Gestaltungen wird der Austausch der Beteiligten durch die ästhetische Komponente, die insbesondere Konstrukteure und Designer entzweien kann, zusätzlich erschwert.

Andere Konflikte tauchen zwischen Organisationsentwicklern und Reengineering-Experten auf. Ähnliche Auseinandersetzungen sind beispielsweise auch zwischen sparsamen Finanziers, die eher kurzfristig das finanzielle Gleichgewicht im Blick haben, und ausgabefreudigen, fertigungsoptimierenden Investoren zu erwarten. Die Liste potenzieller Konfliktpunkte ließe sich unbegrenzt fortsetzen.

Die größten **Reibungen** und **Friktionen** sind aber weniger strukturell bedingt. Sie liegen vielmehr in gegensätzlichen Denkstrukturen und Mentalitäten begründet. Gleiche Sachverhalte werden unterschiedlich interpretiert oder auch nur sprachlich anders ausgedrückt (Multiple Realitäten).

Auf diese Weise entstehen neben den **Ziel-** und **Rollenkonflikten** vermeidbare Kommunikationsschwierigkeiten, die vor allem auf die mangelnde Bereitschaft und Fähigkeit, sich in die Einstellungen anderer Menschen einzufühlen (Empathie), zurückzuführen sind.

Als wichtige Aspekte zu Akteuren werden unterschieden:

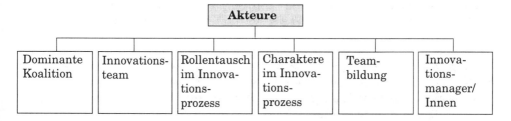

2.1 Dominante Koalition

Der Kern jedes Innovationsprozesses ist die grundsätzliche Leitlinie, die sich im Briefing manifestiert. Eine dominante Koalition aus **Macht-** und **Fachpromotoren** bestimmt den kanalisierenden Rahmen in Form einer **Vision** oder **Basisidee**.

Die dominante Koalition stellt in der Regel keinen einheitlichen Block dar. Unterschiedlichste Ansprüche, Ziele und Interessen prallen aufeinander, die sich aus den verschiedenen Mentalitäten, Positionen, Kompetenzen und Aufgaben ergeben.

Diese heterogene Gruppe wird sich - veranlasst durch sehr verschiedene Gründe - um eine Machtbalance zwischen den Anspruchsgruppen und die Aufrechterhaltung der **Innovationsinitiative** bemühen.

In der Realität werden weniger einzelne Ziele, als vielmehr komplexe Forderungsbündel entwickelt. Diese komplexen und diffusen Ziele sind das Ergebnis diverser Verhandlungen der Akteure, in denen Interessen eingebracht, Koalitionen geformt und Kompromisse geschlossen werden.

Diese Zielvorstellungen variieren im Zeitablauf, genauso wie die Zusammensetzung der **dominanten Koalition**. Die grundsätzliche Idee wird an der Realität gemessen, zahlreiche Bedenken und Hürden werden dem Projekt entgegengestellt. Es werden einige Förderer auftauchen, die sich Vorteile von der Neuorientierung versprechen.

Aus diesen intensiven Austauschprozessen erwächst eine konzeptionelle Gesamtsicht, die ein weitestgehend koordiniertes und engagiertes Handeln erst möglich macht. Der **Innovationsmanager** hat die Aufgabe, diese Kerngruppe zu koordinieren und zu motivieren. Im besten Fall hat er Leitungsbefugnisse und kann auf die Allokation der Ressourcen Einfluss nehmen.

2.2 Innovationsteam

Eine Hauptaufgabe besteht darin, aus den Initiatoren ein gemischtes Gremium in Form eines funktionsübergreifenden Innovationsteams zu bilden. Das Innovationsteam wird über Verhandlungsstrategien weitere Verbündete für das Projekt gewinnen müssen und somit das Anfangskonzept im Zuge der Konkretisierung, **Grundsätze des Entwicklungsvorhaben** verändern. Das Grundkonzept bietet Orientierung und kann interaktiv erweitert werden, um lern- und anpassungsfähig zu bleiben.

Innovationsmanager koordinieren die verschiedenen Anspruchsgruppen und werden - wenn sie ihren Aufgaben gerecht werden - den gesamten Prozess aktiv regelnd begleiten, indem sie ein geeignetes **Forum** und **Klima** schaffen.

Im Innovationsprozess sind alle wesentlichen Abteilungen, vertreten durch die Mitglieder, beteiligt. Sinnvoll erscheint es, alle Betroffenen einer Neuerung frühzeitig am Entstehungsprozess zu beteiligen, um dadurch die Erkenntnisbasis zu erweitern und die späteren Anwender zu motivieren sowie einzubinden.

Die Aufgaben sollten in dem nur interdisziplinär zu bewältigenden Gestaltungsprozess nicht nacheinander, sondern interaktiv angegangen werden, um Zeit zu sparen und Friktionen und Missverständnisse möglichst zu vermeiden. Ein **Entwicklungsteam** dient unter der Leitung des Innovationsmanagers als **Drehscheibe der Kommunikation**. Hier werden Verbindungen zwischen den Erkenntnisbereichen und Denkweisen geknüpft.

Das **Innovationsmanagement** muss versuchen, mit modernen Arbeits- und Moderationstechniken das Wechselspiel von Kreativität und Realisation angemessen zu regeln. Dabei übernimmt es die zentrale Koordination der gemischten Gremien allein verantwortlich.

Im Entwicklungsprozess entstehen zumeist innovative Sonderrollen, die hemmend und fördernd wirken können. Das Innovationsmanagement sollte dabei versuchen, alle wichtigen Stellen in die Entscheidungsprozesse zu involvieren und einzelne Funktionsbereiche oder Personen nicht dominieren zu lassen.

Denn im **Innovationsprozess** soll gerade ein Fachdiskurs und **Dialog** zwischen Designern, Controllern, Technikern, Organisationsentwicklern und Marketeers (je nach Innovationsart) gefördert werden.

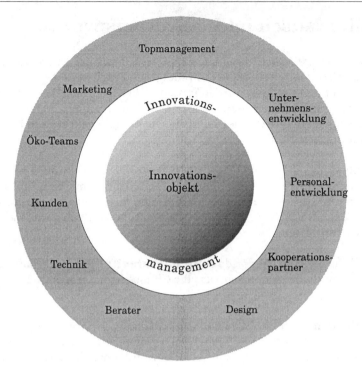

Abb. 19: Innovationsteams als Drehscheibe der Information

Die Koordination wird in praxi sehr formalisiert zwischen den Abteilungen vollzogen, und in den wenigsten Fällen verfügen die Projektleiter über die notwendigen Fähigkeiten und Kompetenzen zur Abstimmung und Würdigung der Beiträge verschiedener Akteure.

Die **ressortübergreifende Zusammenarbeit** wird maßgeblich gefördert, und zwar durch:

❑ Gemeinsame Orientierung auf ein Entwicklungsziel hin
❑ Organisatorische Nähe (also die Bildung gemischter Gremien)
❑ Räumliche Nähe (eventuell mittels Kommunikationstechnologien) und
❑ Fachliche und soziale Nähe.

Aus der Kommunikationsforschung weiß man, dass insbesondere die Häufigkeit des persönlichen Austausches **kooperatives Verhalten** und Empathie fördert. Wichtig dabei ist, unterschiedliche Meinungen bewusst zu fördern und koexistieren zu lassen.

Wirkliche **Toleranz** zeigt sich erst im Interesse am Anderen und Unbekannten. Unbedingt ist der zwanghafte Konsens zu vermeiden. Vielmehr kommt es nur auf die Vereinbarung von Spielregeln des Umgangs an.

2.3 Rollentausch im Innovationsprozess

Für eine nachhaltige Ausrichtung einer Unternehmung auf Innovationen ist eine große Menge **kinetischer Energie** notwendig. Die Trägheit muss überwunden und der Prozess, trotz vielfältiger Hürden fortentwickelt werden. Die intensiven **Förderer** (Promotoren) nehmen zumeist informelle Rollen an und erwerben durch ihr positives Engagement, durch unermüdliche Überzeugungskraft und konkrete Ideen organisatorischen Einfluss.

In der Ideenfindungsphase sind **Life-style-Agenten**, **Erfinder** und **Trendforscher** nützliche **Inspirateure**. Sie verknüpfen die Organisation mit dem Umfeld und zeigen Chancen und Risiken auf. Im Idealfall finden diese Anregungen Resonanz bei aufgeschlossenen Initiatoren, die in der Organisation auf Realisierungschancen für Neuprodukte hinweisen.

In einigen Unternehmen werden dazu **Spinnerabteilungen** unterhalten, die neue Ideen überhaupt denkbar machen, also die Chance für laterales Denken und Handeln eröffnen.

Die Inspirateure müssen ihre Ideen einem **Initiator**, der organisationsspezifische Handlungspläne entwickelt und damit Einlass in formale Abläufe ermöglicht, regelrecht überbringen. Begleitend kann ein **Change Agent** hinzutreten, der verschiedene Eigenschaften in sich vereint und gegebenenfalls über extern erworbene Reputation verfügt. Als Change Agents werden zuweilen bekannte Berater engagiert, die den Kunden Kompetenz vermitteln, mithin das Image des Unternehmens verbessern und intern auch motivierend wirken.

Die Akzeptanz des Projektes ist maßgeblich abhängig von der Überzeugungskraft und dem Einfluss der Promotoren. Arroganz und unrealistische Vorschläge können das Vorhaben schnell aus der Bahn werfen. Auch wenn das Projekt die ersten Hürden überwunden hat, kann es an mangelnder Initiative und Nachhaltigkeit scheitern.

Neben den Inspirateuren und Kreateuren müssen beharrliche Realisateure den schwierigen und oft wenig motivierenden Weg zur Verwirklichung bewältigen. Vielfältige Ideen zu erzeugen, stellt oft nicht das primäre Problem dar. Vielmehr müssen Realisierungschancen erkannt und bewertet werden. Hier liegt das Hauptbetätigungsfeld für Innovationsmanager.

Das Projekt muss von **Machtpromotoren** maßgeblich unterstützt werden, da diese jedes Vorhaben zum Scheitern bringen können. Der Innovationsmanager muss beim Top-Management den nötigen Rückhalt haben, und er muss befähigt werden, Ressourcen für Projekte bereitzustellen, deren ökonomische Effizienz nicht schon im Anfangsstadium beurteilt werden kann. Aus der folgenden Abbildung wird deutlich, wie sich sozio-emotionale Rollen und Funktionen (Aufgaben) verschieben können, wie sie von den Akteuren übernommen beziehungsweise von ihnen oktroyiert werden.

Funktionen:

Die Geschäftsleitung, der Designmanager, die Designer, die Techniker, Logistiker, die Unternehmensentwickler/Berater, die Konstrukteure und Marketingexperten sind in den einzelnen Phasen unterschiedlich involviert.

Das Innovationsmanagement ist koordinierend für die Abstimmung der verschiedenen Denkweisen und Mentalitäten zuständig. Wenn ein konsequent innovatives Konzept verfolgt werden soll, ist es unabdingbar, dem Innovationsmanagement Richtlinienkompetenz zuzuschreiben.

Rollen:

Alle Funktionsträger können im Innovationsprozess sehr unterschiedliche Rollen wahrnehmen. Die Bandbreite reicht hier von zaudernden Bedenkenträgern bis zu kreativen Spinnern. Rollen sind Erwartungsbündel, die sich in sozialen Prozessen allmählich herausbilden.

In der folgenden Abbildung sind die wesentlichen Funktionen und Rollen skizziert.

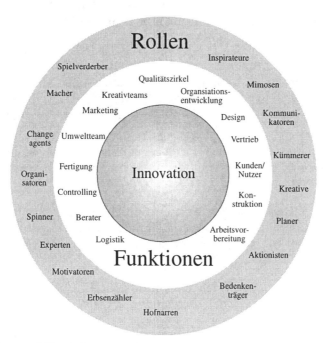

Abb. 20: Rollen und Funktionen in der Innovationspolitik

Rollen werden kaum durch die formelle Organisationsstruktur oder die Funktionsverteilung definiert. Vielmehr werden Rollen je nach Fertigkeiten, Charisma, Talent und Verhalten ergriffen beziehungsweise zugeordnet. In der Regel übernimmt jedes Teammitglied verschiedene Rollen.

Wenn ein **Klima des Vertrauens** und der Offenheit herrscht, ist die Wahrscheinlichkeit gering, dass Manipulierer, Schwätzer, Störer und Bedenkenträger Bedeutung erlangen können. Es hängt maßgeblich von der Fähigkeit des Innovationsmanagements ab, koordinierend, motivierend und aktivierend die Teamentwicklung voranzutreiben.

2.4 Charaktere in Innovationsprozessen

Neben den Rollen und Funktionen sind zeitstabile Muster menschlichen Verhaltens zu systematisieren. Dabei erscheinen drei **Elemente** besonders bedeutsam:

❏ Wahrnehmungspräferenzen
❏ Bedürfnisebenen
❏ Persönlichkeits- bzw. Charaktermerkmale

Jeder Mensch verfügt im gesunden Zustand über sechs wesentliche **Sinne**:

Sehen (visuelle), Hören (auditive), Riechen (olfaktorische), Schmecken (gustatorische), Fühlen (haptische, taktile) und Körperempfinden (kinästhetische Sinne). Die **Wahrnehmungspräferenzen** sind jeweils unterschiedlich ausgeprägt.

Insofern können Gruppen von Menschen bei hoher Unterschiedlichkeit auch ein größeres Spektrum an Sinnesempfindungen realisieren. Das **Wahrnehmungsspektrum** erweitert sich. Genauso können Innovationen auf bestimmte Wahrnehmungstypen hin besonders ausgerichtet und verfeinert werden.

Beispiel:

Für die Entwicklung eines neuen Parfums sind nicht nur die olfaktorischen Ausrichtungen (Geruchssinn betreffend) wichtig, sondern auch die Gestaltung des Flacons in Form und Farbe (visuell) sowie Material (haptisch).

Der Psychologe *A. Maslow* hat die bekannte Staffelung von **Bedürfnisebenen** entwickelt. Danach lassen sich physiologische Grundbedürfnisse (Essen, Trinken, Schlafen, etc.) von Sicherheit, sozialer Anerkennung, Selbstverwirklichung usw. unterscheiden.

Ein sehr differenziertes Modell stellt die gehirnhemisphären orientierte **Brain Map** dar. In einem integrativen Modell (*Bergmann 1996, 1999*) werden diverse Ansätze kombiniert:

Das Brain Map Modell

Aus den psychologischen Typologien lassen sich viele Ähnlichkeiten und Überschneidungen erkennen. Nach eigenen Beobachtungen und Tests können die Persönlichkeitstypologien zu einem Modell integriert werden. Alle Versionen lassen sich in die **Brain Map** - wenn auch in verschiedenen Positionen - einordnen. Danach ergibt sich folgendes Bild:

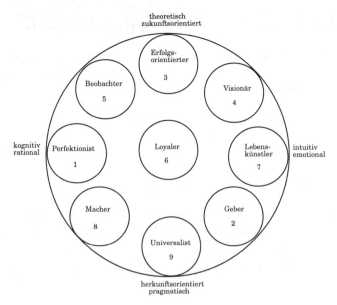

Abb. 21: Die Brain Map

Im Wesentlichen lassen sich acht Charaktermerkmale (Nr. 6 Mischtyp) unterscheiden.

○ Perfektionisten (1)
○ Helfer und Kommunikanten (2)
○ Erfolgsorientierte (3)
○ Visionäre, Intuitive (4)
○ Beobachter, Denker (5)

○ Loyale, Koordinateure (Mischtypen) (6)
○ Lebenskünstler, Kreative (7)
○ Macher, Faktenorientierte (8)
○ Pragmatiker (9)

Alle Typen sind mehr oder minder in jedem Menschen vertreten. Die unterschiedliche Ausprägung ergibt die Einzigartigkeit. Vier wesentliche Dimensionen sind zu nennen. Die rechte **Gehirnhemisphäre** ist vom emotionalen und intuitiven Prozessen dominiert, die linke eher von logisch faktenorientierten Denkweisen. **Vorderhirne** sind theorie- und zukunftsorientiert, **Hinterhirne** eher pragmatisch und herkunftsorientiert.

Aus den drei Dimensionen Wahrnehmungspräferenz, Bedürfnisebene und Persönlichkeitsmerkmal lassen sich so genannte **Kontextmuster** (*Bergmann / Meurer / Pradel*) ableiten. Menschen sind Kontextelemente sozialer Systeme. Sie beeinflussen also die Teams, Unternehmen, Marktbeziehungen, in denen sie agieren in nicht zufälliger Weise. So können Teams nach geeigneten Kontextmustern und in größtmöglicher Vielfalt zusammengesetzt werden.

Die Zielgruppen am Markt oder intern können mit der **Brain Map** besser und dauerhaft strukturiert werden. Zudem sind die Innovationen besser auf die Bedürfnisse, Verhaltensweisen und Wahrnehmungsarten auszurichten.

2.5 Teambuilding mit allen Kompetenzen

Organisationen können diese Problemlösefähigkeiten entwickeln, wenn sie über eine Vielfalt von Eigenschaften verfügen. Es entfaltet sich **Entwicklungsfähigkeit** aus dem Gleichgewicht der **Kompetenzen.**

Neben der oft dominierenden Sach- und Fachkompetenz, die vor allem aus konkreter Erfahrung gewonnen wurde, sind die methodische Kompetenz der effektiven Organisatoren, die kreative **Visions-** und die kommunikative **Sozialkompetenz** bedeutsam. Erst im Zusammenspiel ergibt sich die ganzheitliche Kompetenz, die eine multistabile Entwicklungsfähigkeit erzeugt.

Organisationen können nun zum einen auf Spezialbereiche ausgerichtet oder mit einem ausgewogenen und ganzheitlichen Charakter ausgestattet werden:

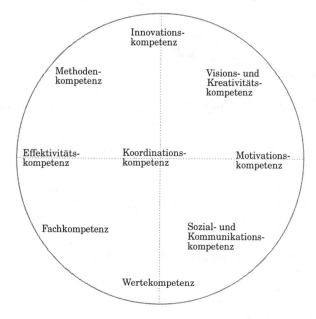

Abb. 22: Kompetenzen in der Brain Map

Die **Innovationskompetenz** ist besonders im vorderen Bereich angesiedelt. Hier findet sich eine Mischung der Persönlichkeitsmerkmale 3, 4 und 5. Das Spektrum der in einem Team oder einer Organisation integrierten Charakere und Persönlichkeitstypen prägt das Entfaltungspotenzial und die Gesamtkompetenz. Für Innovationsteams ist je nach Phase im Entwicklungsprozess ein wechselndes, aber insgesamt sehr breites Spektrum anzuraten.

Die **Brain Map** kann so als Methode für die Persönlichkeitsentwicklung, die Mitarbeiterentwicklung, das Teambuilding, die allgemeine **Personalauswahl**, die **Zielgruppenbestimmung**, zur multiversalen **Produktentwicklung** und Kommunikationspolitik sowie zur Steigerung der Vielfalt und **Entwicklungsfähigkeit** in der Unternehmung hilfreich sein.

Mit der **Brain Map** wird hauptsächlich überprüft, ob alle wesentlichen Rollen und Charaktere genügend berücksichtigt wurden und das Spektrum der Möglichkeiten damit optimiert wurde. Die **Brain Map** dient zudem der Förderung der Kreativität, die hauptsächlich aus dem Kontrast der Differenzen entsteht.

2.6 Innovationsmanager

Es bleibt die Frage, welche Eigenschaften Innovationsmanager überhaupt mitbringen müssen. Kenntnisse des Managements und der Innovation sind sicher notwendig, doch kommt es mehr auf das richtige Gespür für Trends, Machbares und menschliche Eigenarten an als auf spezifische Fachkenntnisse.

Als **Katalysatoren** des Prozesses agieren sie funktionsübergreifend interdisziplinär, koordinierend und regelnd. Sie formen unter Mitwirkung verschiedener Teilnehmer die strategische Leitlinie. Im Idealfall bereiten sie ein optimales **Klima zur Kreation** und schaffen eine integre und nachhaltige Grundhaltung.

Operativ regeln sie Abläufe, initiieren neue Projekte und kontrollieren den effizienten Einsatz der Ressourcen. Innovationsmanager müssen durchsetzungsfähig sein, aber auch über Teamgeist verfügen, inspirierend und koordinierend wirken.

Innovationsmanager sind vorstellbar als Moderatoren und Kommunikatoren mit klaren Zielvorstellungen. Sie visualisieren Objektbeziehungen, hegen eine Abneigung gegen allzu naheliegende Patentrezepte und verfügen über die Eigenschaft, die diversen Anregungen, Faktoren und Einflüsse aus den unterschiedlichen Bereichen zu einem sinnvollen Ganzen zu formen. Kreative mit Kooperationsbefähigung sind darum für diese Position besonders geeignet.

Aktives Zuhören und die **Initiierung** erkenntnisfördernder Dialoge werden zu Wesenselementen der Leitung eines Teams. Es geht weniger um Kontrolle als um Kanalisierung von Konflikten, Bedürfnissen und Ängsten. Gefühlen sollte Raum gegeben werden, damit sie sich nicht unterschwellig und geordnet austauschen.

Die wesentlichen **Aufgaben von Innovationsmanagern** sind:

❑ **Initiativen zu geben.** Ausgangspunkt ist immer die Initiativfunktion, also die Fähigkeit, Visionen zu entwickeln, Unterstützung zu gewinnen und damit neue Innovationschancen zu eröffnen.

❑ **Konflikte zu handhaben.** Mit Führungsaufgaben sind vor allem die Konflikthandhabung und Kommunikationsfähigkeit zur Durchsetzung und Realisation des Entwicklungsprozesses gemeint. Innovationsmanager betätigen sich insbesondere als Moderatoren und Koordinatoren.

❑ **zu planen und zu kontrollieren.** Planungs- und Kontrollfunktionen dienen der effektiven Allokation von Ressourcen im **Rahmen** selbstverantwortlicher Budgets.

❑ **zu organisieren.** Die Organisationsfunktion dient der Ablaufsteuerung und dem Aufbau geeigneter Teams.

Der wahre **Innovator** vereint alle wesentlichen Eigenschaften, die in der **Brain Map** skizziert werden. Zumindest verfügt er oder sie über die Fähigkeit, alle Kompetenzen und Qualitäten in einem Innovationsteam zu vereinen, zu begeistern und zu koordinieren.

Eine **Liste notwendiger Fähigkeiten,** um erfolgreich Erneuerungsprozesse zu durchlaufen beinhaltet zu viele Aspekte, als dass sie ein Mensch alle vollkommen erfüllen könnte:

○ selbstmotivierend, selbstorganisierend	○ lernorientiert, mustererkennend
○ spielerisch, humorvoll	○ risikofreudig
○ selbstverantwortlich	○ neugierig
○ anpassungsfähig	○ chaostauglich
○ beharrlich, ausdauernd	○ enttäuschungsfest
○ kommunikativ	○ intuitiv und analytisch
○ reflexiv, reflektiv	○ ausgleichend, empathisch
	○ begeisterungsfähig usw.

Diese Genie kann nur eine Gruppe darstellen, in der sich alle kompetenten Mitglieder unterstützen und Wissen offen und uneitel weitergeben.

Zum Beispiel in Medienunternehmen oder Werbeagenturen sind besonders kreative Lösungen überlebensnotwendig. Neue Formate und Kampagnen müssen eigenständig und überraschend wirken. Die Kreativteams, die verschiedene Zielgruppen differenzieren und intern sehr vielfältig strukturiert sind, haben Aussicht auf erfolgreiche Ergebnisse.

Wie können anhand der Brain Map Zielgruppen und Teams gebildet werden?

Wie werden Kontextmuster entwickelt?

Seite 200

3. Gestaltung von Innovationsprozessen

Hier werden die folgenden Aspekte unterschieden:

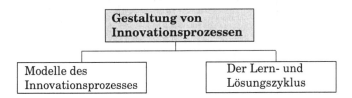

3.1 Modelle des Innovationsprozesses

Erfindungen und Erkenntnisse beschreiben eher spontane Ereignisse des Findens und Erkennens. In der Regel werden sinnvolle Verknüpfungen und Assoziationen entdeckt. Innovationen hingegen sind als Prozesse zu verstehen, geht es doch um die **erfolgreiche Verwirklichung** von **Erfindungen, Ideen** und **Erkenntnissen**.

Innovationsprozesse umfassen verschiedene Phasen vom auslösenden Impuls bis zur Realisation. Der Innovationsprozess geht fließend über in den **Lebenszyklus einer Innovation**. Dieser beschreibt ähnlich wie bei Lebewesen, den vitalen Prozess von der Geburt bis zum Absterben: Einführung, Wachstum, Reife, Degeneration.

Damit eine kontinuierliche Weiterentwicklung realisiert werden kann, ist während der Lebensphase erfolgreicher Angebote an weiteren Innovationen zu arbeiten.

So können die reifen und oft ertragsstarken Angebote, die weiteren Innovationen finanzieren. Beim drohenden Abstieg von alten Lösungen oder Produkten kann ein **Relaunch** insbesondere durch Differenzierungen versucht werden, der die Phase bis zum nächsten Erfolgsprodukt überbrücken hilft.

Es existieren diverse **Phasenabgrenzungen** und Beschreibungen von **Prozessabläufen**. Die Vielfalt resultiert aus den spezifischen Anlässen, für die sie formuliert sind und den sehr unterschiedlichen Aspekten, die jeweils dominieren.

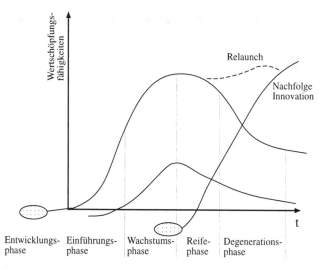

Abb. 23: Lebenszyklus von Innovationen

Jedes Projekt der Veränderung, jede Produktentwicklung und jede Prozessinnovation gestaltet sich im Detail anders. Jedoch lassen sich allgemeine Muster erfolgreicher Prozessverläufe ermitteln.

Ein allgemeines **Phasenschema**, das in kleinen Abwandlungen immer wieder zu finden ist, umfasst die folgenden Stufen.

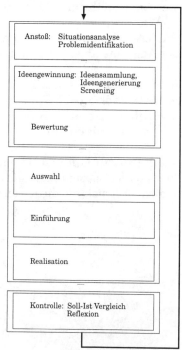

Abb. 24: Allgemeines Innovationsprozessschema

Oft werden das **Controlling** (Kontrolle, Reflexion) und die **Planung** als Begleitprozesse dargestellt. Als Hauptphasen gelten die Problemerfassung, die Kostensuche, die Realisation und die Kontrolle. Zuweilen wird auch mit der Reflexion begonnen, was auch den Kreislauf des Prozesses andeutet.

Leichte Abwandlungen sind bezüglich des **Produktinnovationsprozesses** feststellbar (*Crawford 1992, Bergmann 1994*). Hier treten konkrete Stufen des Produktentwurfs, der Prototypengestaltung, des Modellbaus (heutzutage auch virtuell bzw. medial) sowie der Konstruktion hinzu.

Zudem wird die Markteinführung von der Fertigungsvorbereitung und -organisation begleitet. Ein möglicher Ablauf des Produktinnovationsprozesses könnte dann folgendermaßen aussehen (*Bergmann 1994*).

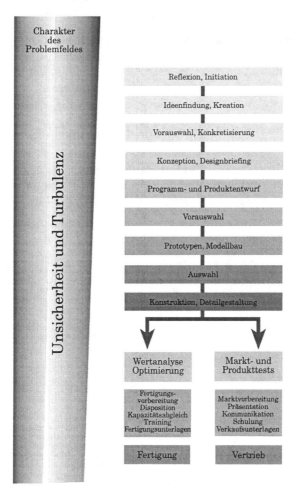

Abb. 25: Phasen des Designprozesses

3.2 Der Lern- und Lösungszyklus

Ein allgemeines Muster von Entwicklungs- und Veränderungsprozessen stellt der so genannte **Lern- und Lösungszyklus** (*Bergmann 1999*) dar. Dieses abstufige Prozessdesign eignet sich zur Gestaltung und Beschreibung diverser Innovationsbereiche. Es ist universell einsetzbar für die **Produktentwicklung**, die **Kommunikationsplanung**, das **Projektmanagement**, die **strategische Planung** usw.

Auf diese Weise ist auch eine einfache Abstimmung und Koordination unterschiedlicher Bereiche möglich. Denn das universelle Prozessdesign ermöglicht jedem Akteur zu erkennen, in welchem Stadium sich ein Projekt befindet, welche Methoden und Verhaltensweisen jeweils angemessen sind. Es kann insofern eine **methodische Integration** erfolgen.

Bei konventionellen Vorgehensweisen wird eine Totalplanung mit detaillierter Abstimmung versucht. Aufgrund der hohen Komplexität und Dynamik scheitern diese allumfassenden Planungen aber sehr schnell. Zudem werden dann kaum Spielräume zur **flexiblen Anpassung** und **Selbstorganisation** gegeben, die u.a. das Engagement und die Motivation der Akteure steigern (*Bergmann 1999*).

Die acht Phasen des **Innovationszyklus** können zu drei Hauptmodi (Modus = Stimmung, Tönung) zusammengefasst werden:

❑ Dem **Perzeptions-** oder **Wahrnehmungsmodus** mit den ersten Beobachtungen, dem Austausch von Sichtweisen sowie der gemeinsamen Problembeschreibung und Visionsfindung (Lernstufe 0: Wissen, Informationen).

❑ Dem **Kreativen Modus**, in dem Teams gebildet, Engagement entfacht, Lösungen kreiert, Veränderungen geplant und realisiert werden (Lernstufe 1).

❑ Dem **Reflexiven Modus**, in dem das Erfahrene in Form von Soll-Ist Vergleichen, Unterscheidung von Positivem und Negativem und durch Systematisierung bewertet und reflektiert wird (Lernstufe 2).

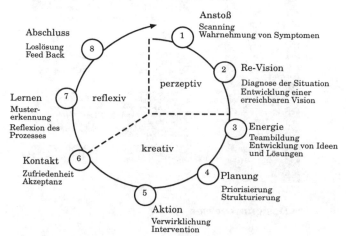

Abb. 26: Lern- und Lösungszyklus / Innovationszyklus

In diesem Veränderungs- und Innovationszyklus wechseln öffnende und strukturierende Phasen einander in einem pulsierenden Prozess ab. Phasen der Beschleunigung folgen Abschnitten mit entschleunigendem Charakter.

❑ **Die erste Phase** dient der Wahrnehmung der Situation. Alle Veränderungsprozesse beginnen mit einem Anstoß, einer Initiative, einem Auftrag, einem gespürten Druck oder einer Idee, oft auch spontan und unerwartet. Je nach erlebter Spannung, dem Naturell der Betroffenen und den sonstigen Kontextbedingungen wird hektisch, abwartend, aufgeregt oder überlegt reagiert.

Unterschiedlichste Wahrnehmungen äußern sich in verschiedenen Auffassungen dessen, was als Realität gelten soll. Es beginnt eine sensible Phase des Übergangs aus alter in neue Erfahrung. Es entscheidet sich schon hier, ob der Prozess gelingt, ob **Kontakt** zustande kommen kann, ob alle Akteure sich engagieren und, ob Raum für **Entwicklung** vorhanden ist.

❑ In einem **zweiten Schritt** gilt es, ein stimmiges Bild der Realität zu schaffen. Es kommt darauf an, welche Karten zur Orientierung benutzt werden (dürfen), welche Tabus und Machteinflüsse bestehen und wie die Verständigung über Kommunikation gelingt.

Die verschiedenen Interpretationen (Multiple Realitäten) werden sukzessive zu einer Frage geformt, es entsteht eine Aufgabenabgrenzung und –beschreibung und erste Visionen prägen sich aus.

Es werden typische Probleme erläutert und lokalisiert, Lernprozesse typisiert und Methoden der **Komplexitätsstrukturierung** und **Visionsbildung** vorgestellt. Die so genannte **Re-Vision** ermöglicht die Orientierung für die Zukunft auf Basis der Erfahrung. Dieses gemeinsame Figurbilden fördert den Flow.

❑ Die **dritte Phase** dient auf dieser Basis der **Ideengenerierung, Ressourcengewinnung** und **Teambildung**. Hier diskutiere ich die Vielfalt der Persönlichkeitsbilder, Rollen und Funktionen und stelle Lösungs- und Kreativitätsmethoden vor.

❑ Die **vierte Phase** der Strukturbildung und Planung beinhaltet in diesem Buch die Vorgehensweise beim Lernen und Lösen. **Modelle der Planung**, Kontrolle und Organisation stehen im Mittelpunkt. Im Prozess werden hier Regeln definiert, Prioritäten gesetzt und Verantwortung vereinbart.

❑ Die **fünfte Phase** der **Realisation** beinhaltet Hinweise zur effektiven Verwirklichung. Methoden der partizipativen Lösungsfindung und der systemischen Intervention bilden den Schwerpunkt. Es wird geklärt, auf welche Weise soziale Systeme gelenkt werden können.

❑ Die **sechste Phase** des Kontaktes symbolisiert den Zustand des erlebten Ergebnisses. Hier werden Reaktionen auf die Neuerung erfasst. Folglich erlaube ich mir, hier Aussagen zur Beziehungs- und Kontaktentwicklung sowie zu Hemmnissen des Lernens, Konflikten und Problemen zu formulieren. Letztlich wird hier auch auf das Scheitern als Schattenseite des Gelingens eingegangen.

❑ Die **siebte Phase** schließt sich an die eigentlichen Veränderungen an. Zunächst werden die erreichten Lösungen musterhaft systematisiert, Unterschiede zwischen erfolgreichen und weniger gelungenen Alternativen ermittelt. Deshalb wird hier auf die Mustererkennung und das Prozesslernen eingegangen.

❑ Die **letzte Phase** dient der **Reflexion** und **Loslösung**. Hier wird resümiert und eine Synopse präsentiert. Im Schwerpunkt konzentriere ich mich dort auf normative Aspekte.

Der Durchlauf dieser acht Phasen ist elementar in jedem Prozess enthalten. Wenn der Zyklus erfolgreich abgeschlossen ist, kann weiteres Lernen aus dieser Lösung erwachsen. Es werden alle Lernstufen durchlaufen.

Im folgenden Kapitel werden die einzelnen idealtypischen Prozessphasen mit dem Ablauf geeigneter Methoden und oft auftretenden Problemen beschrieben. Wir unterscheiden die perzeptiven, kreativen und reflektiven Typen oder Modi von Prozessphasen.

Produktinnovationen und innovative Konzepte werden in bestimmten Schrittfolgen entwickelt. Formal ähneln sich diese Prozessschritte, egal ob es sich um Technologie oder kreative Gestaltung handelt.

Beschreiben Sie den idealtypischen Verlauf eines Produktentwicklungsprozesses und skizzieren Sie die wesentlichen Aufgaben und Methoden in den Phasen.

Seite 200

Der ideale Ablauf in bestimmten Schritten gelingt in der Praxis kaum planvoller. Vielmehr treten oft überraschende Entwicklungen auf.

Gerade in innovativen Unternehmen der Neuen Märkte wird wenig exakt geplant. Vielmehr besteht die Aktivität in der Schaffung von Räumen für Neues. Warum gelingt eine detaillierte Vorausplanung in Innovationsprozessen nur unzureichend?

Auf welche Weise kann ein spezifisches Prozessdesign zur methodischen Integration beitragen?

Seite 201

Die Beobachtung innovativ erfolgreicher Projektteams kann hilfreiche Hinweise auf ein sinnvolles Vorgehen ergeben.

Erfolgreiche Erneuerungs-, Entwicklungs- und Veränderungsprozesse weisen einen oft ähnlichen Charakter auf.

Erläutern Sie das idealtypische Vorgehen in der Innovationspolitik nach dem Lern- und Lösungszyklus.

Gehen Sie besonders auf die drei Hauptmodi ein.

Seite 201

Das Prozessmuster des Lern- und Lösungszyklus wird in den nächsten Kapiteln als Struktur genutzt.

Erläutern Sie, was unter folgenden in diesem Kapitel behandelten Begriffe zu verstehen ist:

○ Turbulenz, Chaos	○ Change Agents
○ Problemfelder	○ Funktionen, Rollen
○ Prosumer	○ Charaktere, Brain Map
○ Cyberspace	○ Teambuilding
○ Multimedia	○ Kompetenzen
○ Telematik	○ Innovationsmanager
○ Globalisierung	○ Innovationsprozesse
○ Dominante Koalition	○ Wahrnehmung
○ Innovationsteam	○ Lern- und Lösungszyklus
○ Rollentausch	

Seite 201

D. Perzeptive Phasen des Innovationsprozesses

Im Folgenden werden perzeptive Phasen von Neuerungsprozessen dargestellt. Dabei handelt es sich um die Wahrnehmung, Markterforschung und Problemklärung. Es sollen unterschieden werden:

Perzeptive Phasen des Innovationsprozesses	Erkenntnis-Innovationsbedarf wahrnehmen
	Problembewusstsein und Vision

1. Erkenntnis – Innovationsbedarf wahrnehmen

Die erste Phase in einem Innovationsprozess dient dem Wahrnehmen und Beobachten. Zu Beginn eines Innovationsprozesses gilt es, die **Oberfläche des Systems** zu erweitern, indem unterschiedliche Sichtweisen und Meinungen geäußert werden.

Dabei ist es wichtig, die subjektive Wahrnehmung zunächst von der individuellen Interpretation zu trennen. Im ersten Schritt werden vor allem Daten gesucht, ohne dass sie gleich als Meinung und Sichtweise dargestellt werden.

Es geht um das **Kennenlernen der Situation** und der Beteiligten. Hier werden erste Symptome und Mängel (z. B. vermehrte Reklamationen, Nachbesserungen) aus der Reflexion bisheriger Abläufe sowie Lücken, Defizite und Verbesserungsmöglichkeiten, Fehler und Chancen (Scanning) wahrgenommen.

Zu den Informationen, die aufgenommen werden, gehören auch Emotionen und intuitive Einschätzungen. Zuweilen wird der Innovationsprozess durch spontane **Anstöße zum Handeln** ausgelöst:

Initiativen der Geschäftsleitung, Impulse von Beratern oder Managern, Ideen und Anregungen von Mitarbeitern, Kunden und weiteren **Stakeholdern**.

Neuorientierungen sind in Unternehmen mit schmerzlichen Prozessen verbunden und deshalb auch nur schwer zu bewerkstelligen: Angestammte Positionen kommen ins Wanken, geliebte Gewohnheiten müssen aufgegeben, Strukturen aufgebrochen und Risiken eingegangen werden. Es entsteht eine strukturelle, oft sogar **substanzielle Unsicherheit**.

Deshalb tritt bei einer grundsätzlichen Neuentwicklung immer ein starkes Beharrungsverhalten auf. Trägheitsmomente und Widerstände müssen überwunden werden. Im günstigen Fall treten zu einem frühen Zeitpunkt innovative Machtpromotoren auf, die - veranlasst durch **schwache Signal**e - für eine notwendige Neuorientierung rechtzeitig Raum schaffen.

In der Erkenntnisphase werden folgende Aspekte unterschieden:

1.1 Anstöße und Ideenpools

Anregungen und Ideen können von unterschiedlichen Personen(-gruppen) entwickelt werden. Je mehr Einflüsse und Informationen auf den kreativen Prozess einwirken, desto höher ist sodann die Wahrscheinlichkeit des Innovationserfolges.

Als wesentliche Quellen seien hier das interne Vorschlagswesen (**Qualitätszirkel**), **Kreativteams** und die kontinuierliche Analyse schwacher Signale (**Früherkennung**) genannt.

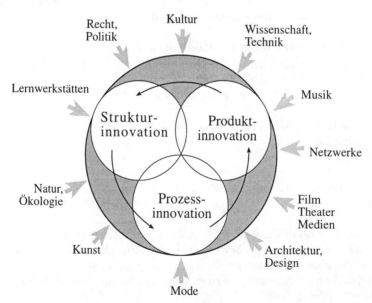

Abb. 27: Anregungsbereiche für Ideen- und Informationsquellen

Zu den wesentlichen Aufgaben des Innovationsmanagement gehört auch, möglichst **viele Informations- und Anregungsbereiche** zu mobilisieren. Gerade außerökonomische Phänomene sollten studiert werden. Ganze Branchen leben davon, den rational-analytischen Managern die neueren Entwicklungen in **Kultur** und **Technik** näherzubringen.

Für die innovative Politik stellen der Wertewandel, die Neuerungen aus Theater, Kunst und Musik ein unerschöpfliches und äußerst relevantes Reservoir an Ideen und Orientierungen dar, welches mit der klassisch instrumentellen Marktforschung nicht erfassbar ist. Oft decken schon die **Mitarbeiter** ein breites Spektrum der Gesellschaft ab, sodass es der Aktivierung und Motivierung bedarf. In der Graphik (Abb. 27) sind die wesentlichen Ideenpools skizziert.

Als besonders wirkungsvoll hat sich herausgestellt, die **Kunden** und **Nutzer** zu beobachten und in Entwicklungsprozesse zu integrieren. So werden beispielsweise neue Büro- und Objektmöbel aus den Ideen und Selbstgestaltungen der Nutzer abgeleitet oder in Workshops gemeinsam verwirklicht.

Neben der Erkundung von aktuellen Bedürfnissen, Motiven und der Kaufbereitschaft sollte deshalb immer die Entwicklung von **Angebotsinnovationen** treten, also von Neuerungen, deren Gestalt und Nutzen außerhalb der Vorstellungskraft der möglichen Verwender beziehungsweise Rezeptoren liegt. Bislang setzt die Marktforschung zumeist an realen Markterfahrungen an und ermittelt insofern nur das aktuelle Nachfrageverhalten.

Potenzielle, sich entwickelnde Bedürfnisse korrespondieren mit existierenden Wünschen, Defiziten und Problemen der Kunden und müssen deshalb genauso Gegenstand ganzheitlich dynamischer Analysen sein.

Diese können als Basis der Entwicklung von einzigartigen Innovationen dienen. Der kontinuierliche Aufbau von Erfahrungen zur Optimierung wird durch lernende Controllingsysteme erreicht: Es entsteht ein duales Konzept aus **Kreativität** und **Systematik**.

Gelingende Erneuerungs- und Entwicklungsprozesse scheinen maßgeblich von **drei Faktoren** abzuhängen:

❑ Die Wahrscheinlichkeit des Erfolges erhöht sich, wenn sich die Betroffenen das Projekt zu eigen machen (können), also Bedingungen für aktive Partizipation geschaffen und die Probleme in der jeweiligen Sprache nah am Ort des Geschehens gelöst werden.

❑ Förderlich wirken sich zudem „Räume des Lernens" aus, wo probiert, reflektiert und kreiert, kritisiert und selbstorganisatorisch agiert werden kann.

❑ Fast als *conditio sine qua non* muss die deutliche Unterstützung durch das Top-Management gelten.

Der Veränderungsprozess muss wie ein »zartes Pflänzchen« durch eine lokale Autorität beschützt werden und dabei Wertigkeit und Bedeutung erlangen.

1.2 Kreislauf der Erkenntnis

Informationen werden aus **Erwartungen** und **Erfahrungen** gebildet, die als wesentlicher Unterschied erkannt werden. Der Kreislauf der Erkenntnis (im Sinne von Erkennen) weist eigene und fremde Quellen auf, die jeweils aus der Reflexion von Erlebtem und der Antizipation (Vorwegnahme) des Neuen gespeist werden. Neben systematischem Lernen gilt es, genügend Freiräume für die kreative Gewinnung von Informationen (Antizipation) zu schaffen.

Auf diese Weise können neue Erkenntnisse außerhalb des angestammten Geschäftes gewonnen und die angewandten Verfahren kritisch hinterfragt werden (Erwartungen). Eine ganzheitliche Beschreibung der Kontextentwicklung bildet sich aus alternativen **internen und externen Informationsquellen**. Sie werden in das Lernsystem eingespeist, um so für weitere Anwendungsfelder nutzbar zu sein.

Erst im Dialog verschiedener Sichtweisen beziehungsweise Konstruktionen von Wirklichkeit kann sich ein vollständiges Bild ergeben, das Orientierung ermöglicht.

Die **Informationsquellen** sind in der nachfolgenden Abbildung (*Bergmann 1996, 1999*) veranschaulicht. Die **Erfolgsfaktorenforschung**, aber auch generelle **Zukunftsforschungen** sollten als allgemeine metasystemische Hinweise dienen und zur Suchfelderweiterung beitragen.

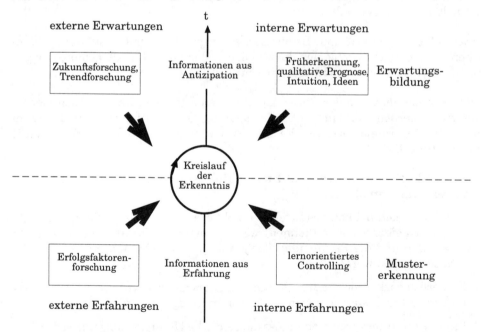

Abb. 28: Kreislauf der Erkenntnis

Die interne Früherkennung und das kontinuierliche **Scanning** (Umfeldbeobachtung) greifen Entwicklungen (**Trends und Diskontinuitäten**) (*Pradel 1995 / 1999*) auf und prüfen die Relevanz.

Das **Lernsystem** dient der Erfahrungsbildung auf einem vornehmlich abstrakt strukturellen Niveau, das heißt, es werden eher erfolgreiche Vorgehensweisen und Methoden als konkrete situationsspezifische Maßnahmen gelernt. Systemwissen ist wichtiger als Faktenwissen. Im Dialog verschiedener Akteure entstehen handlungsleitende Orientierungen in den relevanten Kontexten.

Eine Fernsehgesellschaft hat sich permanent neu zu orientieren und kann aus den Erfahrungen lernen.

Beschreiben Sie wie grundsätzlich Erkenntnisse gewonnen werden können.

Nennen Sie Beispiele für diese Bereiche anhand eines TV Senders.

Seite 201

1.3 Orientierungsbasen für Innovationspolitik und Unternehmensentwicklung

Es erscheint sinnvoll, in diesem Zusammenhang auf die Orientierungsgrundlagen einzugehen. Im praktischen Management dominiert die Erfassung aktueller Sachaspekte mit der kurzfristigen Erfolgsrechnung und insbesondere der **Cash-Flow** Analyse. Die vorhandene Liquiditäts- und Ertragssituation geben aber lediglich Hinweise darauf, welche Möglichkeiten bestehen, sinnvolle Erfolgspositionen aufzubauen oder zu erweitern.

Bei sehr schlechter aktueller Position ist dann zunächst eine Konsolidierung und gegebenenfalls **Crash-Management** notwendig. Umsteigen auf evolutionäre Konzepte und proaktives Handeln können Unternehmen, wenn sie noch rentabel arbeiten und/oder ein gutes Finanzpolster aufweisen.

Wenn die Marktposition erforscht wird, können Aussagen zur **aktuellen Erfolgsposition** geleistet werden. Wer Trends und Kundenbedürfnisse als typische **Soft Factors** in die Betrachtung integriert, kann **neue Erfolgspotenziale** ermitteln. Erst wenn die sehr ungenauen aber höchst relevanten Kulturaspekte und die in Kap. F 2 vorgestellten **Spielregeln** als Orientierungsgrundlage genommen werden, können Aussagen zur ganzheitlichen Erfolgsposition und damit zur Zukunftsfähigkeit ermittelt werden.

Im Zentrum der Diagnose sollten insofern ganzheitliche Bewertungen stehen, die aus der Theorie der **Unternehmensbewertung** bekannt sind. Somit sind Veränderungen in der Erfolgsrechnung vorzunehmen. Wenn hier die Entwicklungen beobachtet und **Soft Factors** berücksichtigt werden, kommt man ebenfalls zu aussagekräftigen Diagnosen.

In der Erfolgsrechnung dominiert in der Regel die kurzfristige Betrachtung. Zuweilen werden die Analysen auf wenige **Kennzahlen** verdichtet und damit eine zeitliche und sachliche Bewusstseinsverengung vorgenommen. Es ist entscheidend, die kurzfristige **Liquidität** im Blick zu halten, aber in praxi werden **Cash-Flow** Analysen oft als wesentliche Steuerungselemente verwendet und verführen damit zu einer vornehmlich kurzfristigen und einseitigen Betrachtung.

In diesen Kennzahlen werden wichtige Erkenntnisgrößen saldiert und damit wesentliche Informationen getilgt. **Aufwendungen für Innovationen**, Personalentwicklung oder neue **Kundenbeziehungen**, die eine gute Zukunft ermöglichen, gehen zunächst nur negativ in die Erfolgsrechnung ein. Sie mindern den Überschuss der Betrachtungsperiode, können aber grundlegende Bausteine der Unternehmensentwicklung sein.

In einer ganzheitlichen Betrachtung können sie die Wege zur **Sustainability** bahnen. Investitionsentscheidungen jedweder Art können unter Einbezug psychosozialer und dynamischer Informationen strategische Aussagekraft erlangen. Insbesondere, wenn sie vielfältig und reversibel angelegt sind, um damit der komplexen Kontextsituation gerecht zu werden.

Balanced Scorecard als ausgewogene Orientierungsgrundlage

Es existieren mindestens fünf wesentliche Perspektiven, die in der so genannten **Balanced Scorecard**, *(Horvath und P. 1995, S. 195ff u. Schmidt 1998,* die hier ein Modell von *Kaplan* und *Norton* zur Balanced Scorecard skizzieren), also einer ganzheitlichen Abbildung von Erfolgsgrößen integriert sind:

- ❏ Die **Kundenperspektive** mit der Analyse der Beziehungen
- ❏ Der Zufriedenheit und der ganzheitlichen Beziehungserfolge
- ❏ Die **finanzwirtschaftliche Perspektive** mit der **Cash-Flow** und **Shareholder Value** Betrachtung
- ❏ Der Diagnose der **Innovations- und Lernprozesse**
- ❏ Der Stärke der Kernkompetenzen (Domänen)
- ❏ Der Kreativität sowie die **interne Perspektive** mit der Überprüfung der Leistungsprozesse (Teamarbeit, Organisationsentwicklung, **Audits** etc.).

Daneben gilt es, die **ökologische Perspektive** zu eröffnen und alle Prozesse nach den entsprechenden Kriterien zu überprüfen (*Bergmann 1988*). Alle Vorhaben und Projekte werden auf ihren Beitrag bezüglich der genannten fünf Kategorien überprüft. So entspricht dieses Konzept der **Stakeholder Analysis** mit einer ganzheitlichen Bewertung der Unternehmensentwicklung.

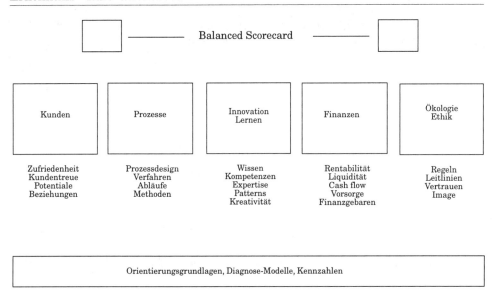

Abb. 29: Balanced Scorecard

Konsequenzen haben diese dynamisch komplexen Betrachtungen also auf Investitionsentscheidungen, die Personalbeurteilung und Steuerung sowie alle weiteren Unternehmensstrategien. Bisher werden in erster Linie Tätigkeiten und Produkte statisch und rein sachlich bewertet, und damit wesentliche (insbesondere psycho-soziale) Aspekte geradezu verdrängt und ausgeblendet.

In dem skizzierten Modell werden **ungenaue Bewegungsdaten** und bestenfalls auch die nicht sachlichen, emotionalen, intuitiven und instinktiven Aspekte berücksichtigt. Der Blick richtet sich auf Wege in die Zukunft, auf den Unternehmenswert in einigen Jahren, eben die **ganzheitliche Erfolgsposition**.

Es wird dazu eine mehr **interpretative Betrachtungsweise** geben, die weiche Faktoren durch qualitative, wertende Vorgehensweisen messen. **Controlling** wird, wie auch *Horvath und Partner (S. 253 ff.)* schreiben, mehr die qualitativen Elemente integrieren und weniger Ergebnisse als vielmehr Prozesse, also mehr das »Wie« als das »Was« beachten.

In der Abbildung habe ich die wesentlichen **Orientierungsgrundlagen** nochmals zusammengefasst. Dabei sind aufsteigend von der operativen Ebene über die strategische auch normative Aspekte integriert. Erst die Integration normativer Aspekte in das Vorteilhaftigkeitskalkül sichert die ganzheitliche Erfolgsposition. In Abschnitt E 2 werden die Evolutionären Lösungsfelder und die Mustererkennung näher erläutert.

Es werden nicht nur aktuelle Erfolge, die Marktposition und neuere Entwicklungstrends analysiert, sondern auch die **Evolutionsfähigkeit** des Systems an sich. Es wird untersucht, ob ein Unternehmen in der Lage ist, die Aktivitäten in ökonomischer (Rentabilität / Finanzierung), ökologischer und sozialpsychologischer (Vertrauen / Image) Hinsicht durchzuhalten (Sustainability).

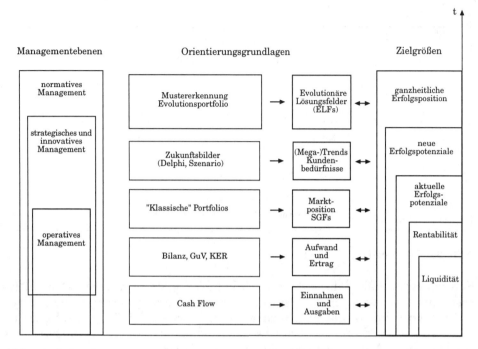

Abb. 30: Orientierungsgrundlagen innovativer Unternehmenspolitik

Eine vitale, innovative und lernende Organisation bedarf auf allen Ebenen förderlicher Rahmengestaltungen. Normativ ist das die **Werte- und Vertrauenskultur**, strategisch sind **lernfördernde Strukturen** zu verankern, prozessual steht das systemische, also **kontextuelle Handeln** im Vordergrund.

Operativ fördern die **Lösungsorientierung** und die Integration sehr verschiedener Sichtweisen den Entwicklungsprozess. Die später erläuterten Spielregeln geben weitere Hinweise zu Unterschieden zwischen innovativen und „lähmenden" Systemstrukturen.

Ein weltweit vernetztes Textilunternehmen (Marketing, Entwicklung im Inland, Produktion in Osteuropa, Absatz weltweit) versucht die Unternehmenspolitik mit ganzheitlichen Informationen zu unterlegen.

Erläutern Sie am Beispiel normative, innovative, strategische und operative Orientierungsgrundlagen der Unternehmenspolitik.

Seite 201

In der klassischen industriellen Fertigung wird der Effizienz der Prozesse ein hoher Stellenwert beigemessen. In innovativen Märkten spielt die Effektivität eine große Rolle.

Erläutern Sie den Unterschied zwischen Effizienz und Effektivität.

Seite 202

1.4 Methoden der Wahrnehmung und Beobachtung

Hier geht es darum, die Wahrnehmung der Situation zu erweitern (Awareness). Die Methoden dienen der Öffnung und Reflexion und sind deshalb weniger strukturiert. Es sollen behandelt werden:

- **Methoden der Umfelddiagnose**
- **Fremdforschung**
- **Ganzheitliche Verfahren der Zukunftsforschung**
- **Perspektiven eröffnende Verfahren**

1.4.1 Methoden der Umfelddiagnose

Konventionelle Verfahren zur Umfelddiagnose sind vornehmlich nach rationalen Überlegungen ausgerichtet. Gerade im innovativen Bereich sind aber kreative und ganzheitliche Methoden sinnvoller. Es lassen sich nennen:

❑ **Reklamation und Beschwerden**
Ein einfacher Weg, um Verbesserungsmöglichkeiten und Ideen zu entwickeln ist die Nutzung von Kritik der Kunden, Mitarbeiter usw.. Es können typische, häufig erscheinende Mängel aufgegriffen werden.

❑ **Checklisten**
Checklisten können helfen, alle wesentlichen Aspekte der Situation zu erhellen. Wenn sie genutzt werden, besteht weniger die Gefahr, dass relevante Berichte übersehen werden.

❑ **Gossip**
Eine besonders naheliegende Vorgehensweise ist das Beobachten und Zuhören besonders in informellen Gesprächen, Gerede, Klatsch und Tratsch (Gossip). Es geht dabei nicht um invertigatives Abhören und Lauschangriffe, sondern um die ungesichtete Information. Die Legenden, Stories und News der Branche und der eigenen Unternehmen vermitteln besondere Informationen, die ansonsten nicht erfahrbar sind.

1.4.2 Trendforschung

Die Trend - und Zukunftsforschung ermöglichen die Früherkennung von neuen Entwicklungen. Niemand kann in die Zukunft schauen, bei Prognosen ist man immer auf vergangene oder aktuelle Daten angewiesen. Doch ergeben sich Möglichkeiten, die Wahrscheinlichkeit von Veränderungen einzuschätzen.

Bei beiden Verfahren wird die aktuelle Situation als wesentliche Basis genommen und im Rahmen der bisherigen Entwicklungen in den einzelnen Kontextbereichen interpretiert. Während die **Trendforschung** kurzfristig orientiert und an der Multiplikation der Trends beteiligt ist, werden **Zukunftsforschungen** auf die weitere Zukunft oft im Dialog vieler Experten entwickelt.

Social Scanning

Das Social Scanning oder **Monitoring** ist ein Vorgehen zur Erfassung sozialer Strömungen und Trends. Es werden Medien nach dominanten Themen systematisch durchsucht. Oft entstehen neue Ideen und Entwicklungen in den Subkulturen und besonderen Szenen und Milieus. Diese kommunizieren oft in speziellen Medien (Internet Chat Clubs, spezielle Zeitschriften).

Wenn die dort kreierten Ideen, Usancen und Produkte in etablierten Medien aufgegriffen werden, bilden sich sukzessive wichtige Trends heraus. Für Innovationen ist es noch sinnvoller, die Kreativität der Subkulturen durch Transformation in andere Bereiche zu nutzen.

Trendscouting

Das Trendscouting wird meist als Teilinstrument des Monitoring eingesetzt und beinhaltet das Aufsuchen bestimmter **Peer-Groups**, um diese über ihren Lebensstil und ihr Outfit zu befragen, die Ergebnisse in Ton und Bild festzuhalten und später zu analysieren.

Die ausgesendeten Trendscouts können dabei Mitglieder dieser Peer-Groups und/oder berufliche Vertreter der aktuellen Szene sein. Oder sie versuchen durch das »Eintauchen« in die entsprechenden Szenen Zugang zu den Peer-Groups zu finden. Dieses Instrument wird vor allem eingesetzt, um Subkulturen, Szenen, Moden und Lebensstile als Trendindikatoren zu erfassen und auszuwerten.

Befragung

Die Befragung stützt sich auf den qualitativen Ansatz in der Marktforschung. Es wird eine möglichst breitgefächerte Anzahl von Bevölkerungsgruppen zu bestimmten Themen befragt, bei denen ein Wandel festzustellen oder zu erwarten ist. Als Instrument setzt die Befragung meist **Einzel-Interviews** in Form von standardisierten Fragebogen ein.

Diese enthalten Aussagen (Thesen und Hypothesen) zu bestimmten Themen, zu denen der Befragte durch Zustimmung oder Ablehnung Stellung nehmen soll. Die anschließende Auswertung durch eine statistische Analyse des Antwortmusters liefert fundierte und verläßliche Aussagen über Einstellungen, Meinungen, Wertvorstellungen, Wünsche, Ideen, Vorstellungen und Images (imaginäre Bilder) der einzelnen Befragten.

Bei der **Interpretation** gilt es, ein Raster zu erstellen, das ermöglicht, Fakten und Daten zueinander in Beziehung zu setzen, eventuelle Korrelationen festzustellen, um zu einer verlässlichen Trend-Aussage zu gelangen.

Die **Diskontinuitätenanalyse** beruht auf einem komplexen Modell, das alle Ausprägungselemente eines Trends beinhaltet. Diese entwickeln sich unterschiedlich. Anhand der Kenntnis über die Entwicklung der einzelnen Elemente können möglicherweise Trenddiskontinuitäten analytisch vorausberechnet werden.

Bei der **Diskontinuitätenbefragung** werden die Meinungen von Experten bezüglich der Eintrittswahrscheinlichkeit möglicher (hypothetischer) Diskontinuitäten mit Hilfe eines Fragebogens abgefragt, um nach anschließender Auswertung eine Aussage über die Eintrittswahrscheinlichkeit von Trendveränderungen und -abweichungen machen zu können.

Trendlebenszyklus-Analyse

Trends als „lebende Systeme" können in ihrem Verlauf, trotz aller Turbulenz und Komplexität, auch gewissen Gleichmäßigkeiten und Rhythmen, einem so genannten **Lebenszyklus** folgen. Der Lebenszyklus eines Trends basiert dabei auf der **Diffusionstheorie**, die besagt, dass sich die meisten Phänomene schrittweise in der Gesellschaft durchsetzen.

Die einem Phänomen (Trend) zu Grunde liegenden Ideen, Gedanken, Verhaltensweisen oder Handlungen werden zuerst von den Innovatoren (wie beispielsweise bestimmte **Lifestyle-** oder Altersgruppen, Subkulturen, Szenen) aufgegriffen, und im Zeitablauf von den Früh-Adoptern, der Frühen Mehrheit und der Späten Mehrheit übernommen.

Zum Schluss wird der Trend auch von den Nachzüglern adoptiert. So setzt sich also ein Trend phasenweise und im Zeitablauf in der Gesellschaft durch, bevor er gänzlich verschwindet.

Szenen und Milieus

Zeitstabilere Orientierung erhält man schon mit der Analyse von Szenen und Milieus. Diese verändern sich langsamer als Trends in Dekaden. Sie verschieben sich, ohne sich grundsätzlich zu wandeln. **Szenen** sind fiktive Gruppen von Menschen mit ähnlichen Denk- und Handlungsmustern, Gefühlen und Einstellungen.

Sie basieren auf Illusionen, der Inszenierung von Bedeutungen und auf Projektionsprozessen (Erfindungsprozessen), wodurch die Menschen das glauben, wovon sie glauben, dass die anderen Menschen das gleiche glauben.

Szenen dienen der Gesellschaft somit als Mittel der Selbstidentifikation und Orientierung. Sie beinhalten ein großes Potenzial für neue Leitbilder, Moden, Lebensstile und vor allem für sozial-psychologische Trends. Um diese Trends zu erkennen, gibt es nur den Weg der Teilnahme an diesen Szenen.

Ihnen kommt eine große Bedeutung als Trendindikatoren zu, da sich der Großteil der Gesellschaft (auch ältere Menschen) irgendwelchen Szenen zugehörig fühlen, und die in ihnen produzierten »Lifestyle« übernehmen.

Die Szenen müssen wiederum mit sozialen **Milieus** kombiniert werden. Nach der umfassenden Analyse des Sozialforschers *Schulze (1993)* lassen sich beispielsweise diverse **Milieus** differenzieren. Unterschieden wird nach dem Grad der Offenheit für Veränderung und dem Konsum- und Lebensstilniveau: Alternative, Wertkonservative, Arbeiter etc.

Schulze kommt in seiner umfangreichen Studie zu dem Schluss, dass sich die sozialen Gruppen so weit differenziert haben, dass sie fast konfliktunfähig geworden sind, also wenig gegenseitiges Verständnis aufbringen, wenig Kontakt halten und oft einen **Closed Shop** bilden. Unternehmen sollten versuchen, intern Brücken zu bauen, die Szenen zu verknüpfen und extern verschiedene Gruppen anzusprechen.

1.4.3 Ganzheitliche Verfahren der Zukunftsforschung

Im Mittelpunkt der nachfolgenden Betrachtungen stehen die komplexeren und diskursiven Verfahren der **Delphi-** und der **Szenario-Analyse** *(Pradel, 1999)*.

Als Vorteile der ganzheitlichen Verfahren der **Zukunftsforschung** lassen sich methodenunabhängig folgende Punkte herausstellen:

❑ Plurale und evolutive Methodik vielfältiger Experten
❑ Aufzeigen von Vernetzungen
❑ Analyse der einflussnehmenden Wechselbeziehungen innerhalb des Systems.
❑ Ganzheitliche Betrachtungsweise von System- und Entwicklungszusammenhängen (zum Beispiel: Umwelt <-> Unternehmen <-> Märkte <-> Gesellschaft)
❑ Positionierung des Untersuchungsgegenstandes (beispielsweise eigenes Unternehmen) innerhalb des Gesamtsystems nicht nur anhand vorhandener Kennziffern (zum Beispiel Marktanteile oder Umsätze)
❑ Analyse der Einflussfelder und Festlegung von beschreibenden Kenngrößen, die im Rahmen der Früherkennung als Veränderungsindikatoren genutzt werden können (=> Frühwarnsystem / kürzere Reaktionszeiten)

❑ Übertragung der gewonnenen Erkenntnisse auf die Ausgangssituation und Erstellung von Zukunftsszenarien /-projektionen
❑ Ableitung von Verhaltens- und Handlungsoptionen für die Zukunft
❑ Implementierung ganzheitlicher Betrachtungsweisen in Planungsmechanismen.

Die Verfahren der ganzheitlichen **Zukunftsforschung** können dazu beitragen, eine breitere und weitsichtigere Grundlage für Planungsentscheidungen zu schaffen.

1.4.3.1 Delphi-Methode

Nicht rein zufällig stand über dem Orakel von Delphi die Inschrift »Erkenne Dich selbst«. So sollen auch in dieser Methodik die Experten ihren eigenen Weg erkennen, etwas über ihre Zukunft erfahren, indem sie durch ihre Einschätzungen, ihre Wahrnehmung der Wirklichkeit offenbaren.

Das Delphi-Verfahren wurde in den 50er Jahren in den Vereinigten Staaten von der *RAND-Corporation* entwickelt und hatte zum Ziel, die Interaktion innerhalb von Forschungsgruppen besser zu nutzen.

Das Verfahren der Delphi-Methode lässt sich im Einzelnen wie folgt charakterisieren: Eine ausgesuchte Anzahl von **Experten** eines bestimmten Themen- oder Fachgebietes erhalten in einer ersten Befragungsrunde einen **Fragebogen** in Form von offenen, halboffenen und geschlossenen Fragen, wobei die Begründung ihrer jeweiligen Antworten besonders wichtig ist.

Der ausgefüllte Fragebogen wird zur Auswertung an den Leiter der Delphi-Befragung zurückgeschickt. Diese Auswertung zusammen mit den angeführten Begründungen eines jeden Experten sowie einem zusätzlich beigefügten zweiten Fragebogen wird in einem weiteren Schritt wiederum an den ausgewählten Expertenkreis versandt.

Auch der zweite Fragebogen wird ausgewertet und das Ergebnis zusammen mit einem weiteren Fragebogen zum nochmaligen Ausfüllen an die Experten verschickt. Dieses Vorgehen kann mehrmals wiederholt werden.

Dieses Verfahren hat zum **Vorteil**, dass die involvierten Experten an einen **indirekten Meinungsaustausch** teilnehmen können. Da die Experten weder namentlich genannt, beziehungsweise persönlich in Erscheinung treten, ist es sehr wichtig, dass die jeweiligen Auswertungen und Einzelnennungen kommentiert beigefügt sind. Durch dieses Verfahren nähern sich die Meinungen häufig einander an.

Diese **Konsensbildung** hat einerseits den Vorteil, dass sich aus Sicht der Experten gewisse Strömungen, wie schwache Signale, Diskontinuitäten, Trends oder Mega-Trends herauskristallisieren können. Andererseits ist diese Art der Konsensbildung aber möglicherweise auch gefährlich.

Es kann sich eine pseudo exakte Perspektive herausbilden, weil sich die Experten-meinungen zu sehr angenähert haben, dieses aber nicht mehr die Wirklichkeit wi-derspiegelt, oder Entwicklungen vortäuscht, die sich nur in den Köpfen der Exper-ten vollziehen.

Es besteht die **Gefahr**, dass der Sinn für die Unsicherheit und die Bandbreite der Erwartungen verloren gehen kann. Bei der Durchführung von **Delphi-Befragun-gen** muss diesen potenziellen Fehlerquellen Sorge getragen werden. Eine Möglich-keit hierfür besteht darin, dass die Experten nicht nur entsprechend ihrer Fachge-biete ausgesucht werden, sondern diese gleichermaßen nach ihren jeweiligen **Persönlichkeitsbildern** auszuwählen sind.

Alle Beteiligten sollten die **Regeln des Dialogs** einhalten, um neue Erkenntnisse zu erzeugen. Im Weiteren sollte die Konsensbildung kritisch hinterfragt werden. Hierzu können Kontrollfragen oder gegenläufige Meinungen gezielt in die Fragebö-gen eingebaut werden.

Abschließend bleibt festzuhalten, dass das Delphi-Verfahren mit umfassenden Vor-arbeiten bei der Erstellung des Fragenkataloges, der Auswahl der Experten und bei der Auswertung der Ergebnisse verbunden ist und einen erheblichen finanziel-len und zeitlichen Aufwand darstellt.

Des Weiteren ist diese Methode der Zukunftsforschung nur sinnvoll, wenn sie lang-fristig angelegt ist, da brauchbare Ergebnisse erst nach einigen erfolgreich durch-geführten Delphi-Runden zu erwarten sind.

1.4.3.2 Szenario-Technik

Der Begriff Szenario tauchte bereits Anfang der 50er Jahre im Rahmen von strate-gisch entwickelten Militär-Planspielen auf. Aber erst Anfang der 70er Jahre wurde die **Szenario-Technik** wieder entdeckt. Traditionelle Prognoseverfahren erschie-nen im Zeitalter der Ölkrisen und größer werdenden Turbulenzen nicht mehr aus-reichend, um die spezifischen Zukunftsbelange von Unternehmen abdecken zu kön-nen.

Als einer der Pioniere der Szenario-Technik ist die Shell-Gruppe anzusehen, die sich nicht länger nur auf quantitativ orientierte Planungsmethoden verlassen woll-te und daher versuchte, **auch qualitative Aspekte** und Alternativen in die Planungsmodelle einzubeziehen. Ähnliche Ansätze verfolgten auch die in den 70er Jahren erschienenen Studien des Club of Rome »Die Grenzen des Wachstums« und die »Menschheit am Wendepunkt«.

Aus heutiger Sicht lässt sich ein **Szenario** wie folgt definieren: Ein Szenario be-steht aus Aufzeichnungen über mehrere denkbare Zukunftsentwicklungen im Wege einer logischen Entwicklung von der Gegenwart zur Zukunft unter Berücksichtigung kritischer Punkte, an denen alternative Entscheidungen zu fällen sind.

Bei der Aufzeichnung handelt es sich um skizzenhafte - verbale, tabellarische und/ oder grafische - Darstellungen von Zukunftsalternativen. Szenarien betreffen zumeist **komplexe sozio-technische Systeme** und deren Umwelt. Zudem sind sie langfristig ausgerichtet.

Globale Szenarien umfassen übergeordnete Bereiche, mit generell interessanten Themen für mehrere Branchen, wie zum Beispiel Zukunft des EU-Binnenmarktes, die Entwicklungen der Mikroelektronik, der Gentechnologie etc.

Firmenspezifische Szenarien sind speziell auf ein Unternehmen zugeschnitten. Hier werden vor allem die firmenspezifischen Ausgangsdaten und Einflussfaktoren berücksichtigt. Der Vorteil hiervon liegt darin, dass die einbezogenen Daten und Faktoren einen direkten oder indirekten Bezug auf das Unternehmen haben.

Methodik der Szenarioerstellung

Als Denkmodell zur Darstellung der Szenario-Technik kann man sich einen Trichter vorstellen. Ausgangspunkt ist die gegenwärtige Situation mit ihren vorherrschenden Normen, infrastrukturellen Voraussetzungen, Gesetzen und wirtschaftlichen Voraussetzungen, die zum Betrachtungszeitpunkt als relativ bekannt und stabil anzusehen sind.

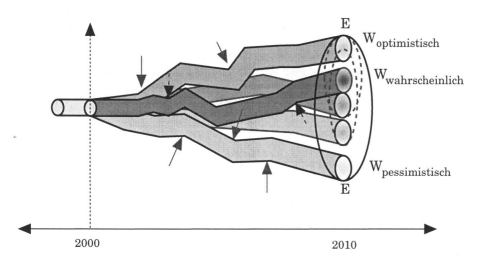

Abb. 31: Szenariotechnik - das Trichterdenkmodell

Ausgangssituation ist demnach der Engpass des Trichters. Die trichterförmige Öffnung für die Zukunft verdeutlicht, dass die zukünftige Entwicklung aufgrund von Unsicherheit und der Komplexität der Zusammenhänge nicht mehr so deutlich bestimmt werden kann. Wie das obige Trichterdenkmodell zeigt, vollzieht sich die Entwicklung nicht linear, sondern wird vielmehr durch etwaige Störereignisse (durch Pfeile angedeutet) beeinflusst.

Somit ergeben sich ausgehend vom Betrachtungszeitpunkt eine Reihe von möglichen **Zukunftsbildern**. Da die potenziellen Störereignisse in ihrer Stärke und Auswirkung nicht genau prognostiziert werden können, behilft man sich der Methodik, mehrere Szenarien zu entwerfen.

Die zu prognostizierende Entwicklung hat **zwei Extremszenarien** (W pessimistisch und W optimistisch) entworfen. Durch eingehende Analyse beider Extremszenarien wird ein drittes Szenario (W wahrscheinlich) abgeleitet. Die so entwickelten Szenarien dienen nun als Grundlage für die Erarbeitung von Handlungsoptionen und Zukunftsstrategien.

Szenarien-Erarbeitung

Man kann folgende acht Phasen der Szenario-Entwicklung charakterisieren:

❑ **Beschreibung und Definition der Ausgangssituation (1. Phase)**
Das Ergebnis soll sein, den konkreten Szenariogegenstand (zum Beispiel Absatzmarkt, Unternehmen, Betriebseinheiten, Produktgruppen etc.) zu formulieren und die Ausgangssituation zu definieren. Zudem werden auch Visionen und Strategien definiert. Es ist wichtig, auch in dieser Phase schon nicht kalkulierbare Aspekte oder auch unbequeme Fragen einfließen zu lassen.

❑ **Analyse der Umfelder und Einflussparameter sowie Attraktoren (2. Phase)**
In der zweiten Phase sollen die Unternehmenskontexte hinsichtlich der **Attraktoren** und **Stakeholder** analysiert und auf ihre gegenseitigen Beziehungen und Verflechtungen zueinander geprüft werden. Die Verflechtungen und Überlappungsbereiche der Umfelder sollten in einer Vernetzungsmatrix herausgearbeitet werden. Als **Unternehmensumfelder** sind beispielsweise folgende Bereiche anzusehen:

○ Bevölkerungsentwicklung, -dichte	○ Volkswirtschaft (Wachstum, Wohlstand)
○ Infrastruktur	○ Gesellschaft und Stakeholder
○ Arbeitsmarkt	○ Umweltbedingungen
○ Beschaffungs- und Absatzmärkte	○ Ökologie, Klima, Ressourcen
○ Wettbewerb	○ internationale Beziehungen (Exportmärkte)

❑ **Ermittlung von Deskriptoren und Trendprojektionen (3. Phase)**
An dieser Stelle soll versucht werden, die vorhandenen Daten und Einflussfelder zu interpretieren, so dass für die Einzelbereiche Deskriptoren (beschreibende Kenngrößen) ermittelt werden können. Der Ist-Zustand des Deskriptors wird nun in einen nächsten Zeithorizont projiziert.

❑ **Konsistente Annahmenbündelung (4. Phase)**
Die verschiedenen Alternativentwicklungen werden untereinander auf Konsistenz und Logik geprüft. Als Ergebnis sollten sich mehrere konsistente Annahmebündel herausbilden, die die Basis für die Szenarioformulierung darstellen.

❏ **Szenarienauswahl und Interpretation (5. Phase)**
Auf Basis der in der vierten Phase ermittelten Ergebnisse der Konsistenzanalyse werden unter Einbeziehung der relativ gesicherten Deskriptoren (3. Phase) und der Vernetzungszusammenhänge die Szenarien ausgewählt, die den konkretesten Bezug zur Problemstellung aufweisen (2-5).

❏ **Identifikation und Wirkungsprüfung von Störereignissen (6. Phase)**
Die in der fünften Phase ausgewählten und interpretierten Alternativszenarien müssen nun darauf hin geprüft werden, wie sie sich beim Auftreten von möglichen Störereignissen verhalten. Störereignisse sollten zur besseren Beurteilung bezüglich ihrer Relevanz und Eintrittswahrscheinlichkeit eingestuft werden.

An dieser Stelle können schon etwaige Krisensituationen simuliert und somit erste Maßnahmenpläne und Handlungsempfehlungen formuliert werden.

❏ **Konsequenzanalyse (7. Phase)**
Innerhalb dieser Phase werden die Schritte eins bis drei rückwärts durchlaufen. Man ermittelt die Vorhersagen zu den Einflussfaktoren sowie Chancen und Risiken auf Basis der Szenarien.

Weil man an dieser Stelle über ein sensibilisiertes Problemverständnis verfügt, können neue Aspekte, Problemfelder und insbesondere Kernkompetenzen erkannt werden. Ferner können szenarioabhängige Prioritäten festgelegt werden, die helfen, ein informationsbezogenes **Frühwarnsystem** zu entwickeln.

Die siebte Phase bildet aufgrund der umfangreichen und weitsichtigen Analyse der Ergebnisse und Konsequenzen, den **Dreh- und Angelpunkt** der Szenariomethode. Es sollte daher ein aussagekräftiger **Berichtsband** erstellt werden, der alle erarbeiteten Aspekte aufzeigt.

❏ **Ergebnistransfer (8. Phase)**
Der in der Vorphase erstellte Bericht soll an dieser Stelle die Grundlage für die Ausgestaltung einer Leitstrategie sein. Alle zukünftigen Entscheidungen und Planungen sollten unter Einbeziehung der Ergebnisse und neu gewonnenen Erkenntnisse getroffen werden.

Der gesamte Szenarioprozess sollte nicht als einmaliges und statisches Planungsmodell betrachet werden. Vielmehr ist es **ein dynamisches evolutives Instrument** der strategischen Planung, das den evolutiven Prozess begleitet. Hierzu müssen die einzelnen Phasen ständig neu durchlaufen werden, wobei die Einzelschritte auch untereinander in Beziehung zueinander gesetzt und auf Plausibilität quer geprüft werden müssen. Neben allen Vorteilen, die sich ergeben, lassen sich aber auch eine Reihe von Nachteilen aufzeigen.

Nachteile der Szenario-Technik

Das Trichterdenkmodell der Szenario-Methode baut vorrangig auf Trendbeobachtungen und Entwicklungstendenzen auf, die Experten auch nur aus Vergangenheitsdaten ermitteln. Es besteht deshalb auch eine Tendenz zur Fortschreibung des Gegebenen.

Als irritierend wird auch oftmals die **Polarisierung der Extremszenarien** (pessimistisch/optimistisch) angesehen. Beide weisen häufig eine sehr geringe Eintrittswahrscheinlichkeit auf. Die Bildung eines wahrscheinlicheren Szenarios, welches aus den Extremszenarien abgeleitet wird, kann sich als falsch erweisen, da beispielsweise kein konkreter Bezug zwischen den Extremszenarien besteht, dieser aber bei der Ableitung eines mittleren Szenarios irrtümlicherweise angenommen wird.

Ferner zeigen sich häufig starke **Schwächen bei der Umsetzung** der Ergebnisse, da eine Prognose der Eintrittszeitpunkte nur unpräzise erfolgt. Strategische Planungsansätze müssen sich in der Wirtschaftspraxis aber an konkreten Zeithorizonten manifestieren.

Ein mittelständisches Unternehmen der Möbelindustrie möchte sich ein Bild der zukünftigen Entwicklungen am Markt machen, um auf dieser Basis die Produktinnovationspolitik zu konzipieren.

Auf welche Weise können Erkenntnisse über zukünftige Entwicklungten ermittelt werden? Nennen Sie Methoden und kennzeichnen Sie grundsätzliche Probleme der Prognose.

Seite 202

1.5 Perspektiven eröffnende Verfahren

Als Perspektiven eröffnende Verfahren lassen sich unterscheiden:

- **Hilfreiche Perspektiven**
- **Open Space**
- **Mind Mapping**

1.5.1 Hilfreiche Perspektiven

Auf einige Perspektivenwechsel und Perspektivenerweiterungen möchte ich noch hinweisen: Besonders hilfreich sind alle Formen der **Spiegelung** und Beobachtung eigenen Verhaltens.

Hierzu zählen die räumlichen Veränderungen (Raum-, Standortwechsel, Arrangementvariationen), Rollen- und Identitätswechsel (z.B. den Charakter, die Sichtweise anderer übernehmen), Rollenspiele und Psychodrama, die **Außenansicht** aus der Vogel- oder Froschperspektive, Zukunftsbilder, Video und Metaphern sowie alle Formen der Reflexion, des Coaching und der Supervision.

Im Wesentlichen fördern analoge und überraschende Techniken relativ mehr Aspekte zutage. Es geht um die Schaffung von (Zeit-)Räumen, in denen Ideen und Sichtweisen sich entfalten können. So sind auch humorvolle Fragen und die Pausengestaltung geeignete Maßnahmen.

1.5.2 Open Space

Als praktisches Vorgehen zur Lösungsfindung in komplexen Strukturen hat sich mittlerweile die **Open Space Methode** *(Petri, 1996)* erwiesen. **Open Space** eignet sich besonders in Phasen der Offenheit mit geringer oder diffuser Struktur des Problemfeldes. Es können hierbei sehr viele Personen in den Prozess integriert werden wobei die Grenzen, Aufgaben und Ziele eines Projektes noch sehr unbestimmt sind.

Ausgehend von einer grobskizzierten **Agenda** werden interessierende Ideen und Probleme auf einem **Marktplatz** präsentiert. Jede Person kann eigene Ideen einbringen oder sich Gruppen anschließen. Es bilden sich spontan und selbstorganisierend verschiedene **Dialoggruppen**, die gegebenenfalls in mehrere Untergruppen aufgeteilt werden, wenn die Anzahl der Teilnehmer das Optimum von acht Personen überschreitet.

In lernenden Gemeinschaften in Aktion (Learning Communities) werden Themen, die in selbstorganisatorischen Prozessen ermittelt wurden, behandelt. Es bilden sich spontane Ordnungen mit oft unerwarteten (emergenten) Lösungen. Als **Regeln** gelten:

❑ Jeder ist die richtige Person.
❑ Wenn es beginnt und endet, ist es die richtige Zeit.
❑ Was auch geschehen mag, es ist o.k.
❑ Wer glaubt, er müsse gehen oder intervenieren, soll dies tun (Gesetz der zwei Füße).

Die **Facilitators** (Ermöglicher) halten sich achtsam im Hintergrund. Sie zeigen sich als Person, sind präsent, ehrlich, lassen es laufen und ziehen sich zurück, wenn alles läuft.

Als **Vorteile von Open Space** lassen sich nennen:

❑ einfach zu organisieren
❑ sehr kostengünstig (z.B. wenige Berater, wenige Mittel notwendig)
❑ wirkt integrierend, Engagement entfaltend
❑ entsteht selbstorganisatorisch
❑ sehr praxisorientiert und konkret
❑ effektiv für kleine bis hin zu sehr großen Gruppen
❑ vermittelt eine teilnehmende Kultur

Open Space eignet sich:

❑ besonders als Startveranstaltung von Veränderungsprozessen
❑ für die Mobilisierung von Energie
❑ für die Ideengewinnung
❑ für alle unbestimmten breiten Problembereiche
❑ zur Gründung von Projekten
❑ zur Konfliktklärung und Verständigung

Open Space ist nicht geeignet:

❑ in konkreten Terminplanungen
❑ wenn schnelle, wohlstrukturierte Problemlösungen erwartet werden
❑ wenn die Betroffenen noch nicht in Metalog Techniken geschult sind
❑ wenn sehr unterschiedliche Voraussetzungen vorliegen

Entsprechend gelten diese Vorteile für klassische Projektteams und Zukunfts-
workshops, wenn mehr strukturierte Problemfelder vorliegen.

1.5.3 Mind Mapping

Das **Mind Mapping** ist eine Methode zur Erfassung und ersten Strukturbildung
in komplexen Problemfeldern. Zu einem bestimmten Thema, das in einem Kreis
eingetragen wird, werden die spontanen Einfälle auf Ästen notiert und Unterpunkte
als weitere Verzweigungen zugeordnet. Auf diese Weise lassen sich »Bilder« eines
Gespräches, eines Dialogs, Metalogs oder Brainstorming aufzeichnen und es werden erste Stoffsammlungen vorgenommen.

Das Mind Mapping (*Buzan 1995*) lässt sich auch mit Strukturhilfen kombinieren,
indem man die acht Stufen des **Lern- und Lösungszyklus** unterlegt und spontane Beiträge in die Kategorien einträgt. Ebenso ist es denkbar, die **Brain Map** - als
Abbild charakterlicher Ausprägungen - zu verwenden.

Die Ideen und Aspekte werden sofort den typischen Merkmalen - perfektionistisch,
kreativ, kognitiv etc. zugeordnet. Die **Mind Map** lässt sich zu einem umfassenden
Patchwork von Themenschwerpunkten und zu einem ganzheitlichen Netzwerk
zusammenfügen.

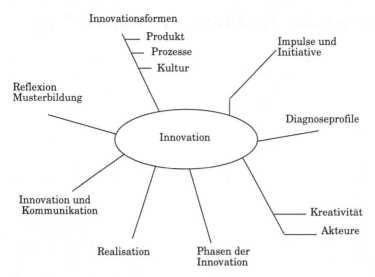

Abb. 32: Mind Map der Innovation

2. Problembewusstsein und Vision

In der zweiten Phase sind die Sichtweisen anzunähern. Probleme und Aufgaben werden beschrieben und zu einem bündigen **Briefing** konkretisiert. Mit diesen Elementen können dann die Roadmaps erstellt werden, die allen Beteiligten Orientierung geben. Auf dieser Basis soll eine **gemeinsame Vision** (Shared Vision) entwickelt werden.

Eine ganzheitliche Feldanalyse (Field Detection) soll ermöglichen, das Unternehmen und die Märkte zu verstehen und sich das System intensiv zu veranschaulichen. Aus der Gesamtheit der Daten wird ein Gesamtbild der systemischen Situation (Figur) gebildet, das zusätzliche Informationen liefert.

Es wird eine gemeinsame Realität aus den individuellen Wirklichkeiten geschaffen und Ideen anderer werden unterstützt. Eine realistische Vision wird entwickelt. Das Aufgabenfeld wird deutlich sichtbar für alle Beteiligten.

In dieser Phase unterscheiden wir:

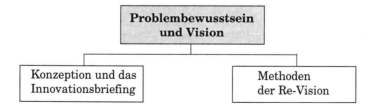

2.1 Konzeption und Innovationsbriefing

Lange bevor eine Lösung dem Nutzer vorgestellt wird, erfolgt die Kreation eines Innovationskonzeptes auf der Basis grober Rahmenvorgaben. Am Anfang kann die Reflexion möglicher Ansprüche sinnvoll sein. Es wird untersucht, wem das Objekt einen Nutzen stiften kann, ein Bedürfnis stillt.

Oder anders gefragt, welchem Bedürfnis wird bisher unzureichend durch Eigen- oder Fremdprodukte entsprochen? Welche latenten Bedürfnisse erlangen Bedeutung? Es wird stufenweise von den **sachlich funktionalen Eigenschaften von Produkten** bis zu den **subtilen, psychologischen Werten und Bedürfnissen geforscht (Laddering)**.

In diesem Zusammenhang lassen sich auch die Zielgruppen (**Kontextmuster**) eingrenzen. Sinnvoll erscheint eine Orientierung an Lebensstilgruppen, als Gruppierungen ähnlichen Anspruchsverhaltens, oder an Bedürfnis- und Wahrnehmungsfeldern und Persönlichkeitsmerkmalen, die als zeitkonstante Größen eine langfristige Orientierungsmöglichkeit schaffen.

Bedürfnisse, Charaktere und **Wahrnehmungsarten** dienen als Ausgangspunkt für die Erfassung möglicher Lösungsfelder und Sichtweisen unterschiedlicher Akteure. In einer dreidimensionalen Matrix sind die in Teil C schon erläuterten Differenzierungsmerkmale veranschaulicht.

Aus der Kombination von **Bedürfnisebene** (z.B. Mobilität), **Persönlichkeitsmerkmalen** (z.B. Perfektionismus) und bevorzugten **Wahrnehmungsarten** (z.B. visuell) können spezifische **Marktcluster** gebildet werden, die sehr individuell angesprochen werden können.

Es wird also nicht von der aktuellen oder beabsichtigten Nachfrage ausgegangen, es werden nicht so sehr sozio-demografische und **Lebensstilbezogene Konsumneigungen** ermittelt, sondern es wird auch hier an **zeitstabilen Mustern** angesetzt, die eine zeithaltige Innovationspolitik ermöglichen.

Ausgehend von den Unternehmens- und Innovationszielen können erste Hinweise zur Persönlichkeit, zum Charakter des Objektes gegeben werden.

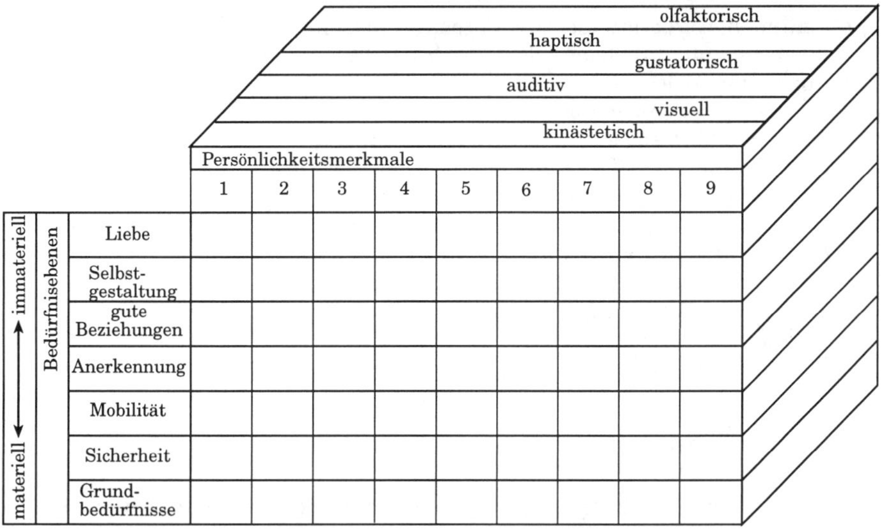

Abb. 33: Bedürfnis-/Merkmalsmatrix

Auch Skizzen zur äußeren Form, Gestaltung und Ausstattung werden vermerkt (**Metaphorik, Collage**). Daraufhin werden die Leistungsmerkmale fixiert: technische Funktion, Material, Technologie. Bei Prozess- und Strukturinnovationen werden die wesentlichen Inhalte der Veränderung skizziert.

Das **Briefing** enthält zudem Hinweise über aktuelle und potenzielle Konkurrenzangebote und Bedürfnissurrogate, aus denen Differenzierungsmöglichkeiten abgeleitet werden können und damit eine **Positionierung**.

Der **Innovationscrew** sollten Hinweise zum bestehenden Programmumfang und -charakter vorliegen. Sinnvoll sind Informationen zu möglichen Marktnischen, Zielgruppen und Positionierungschancen. Wichtig erscheinen auch »interne« Vorstellungen zum Charakter des Innovationsobjektes, zu technischen Möglichkeiten, Qualitätsvorstellungen und der gewünschten ökologischen Qualität.

Schwierig wird die Sichtweise eines aufkommenden Problems, eines Auftrages oder eines Projektstartes anzugleichen. Beobachtet und wahrgenommen wird sehr subjektiv. Eine **Beobachtung** ist eine Feststellung eines bedeutsamen Unterschiedes. Jeder Mensch nimmt dabei andere Unterschiede anders wahr. Das heißt, was für den einen bedeutsam ist, ist für den anderen weniger relevant oder wird ganz anders wahrgenommen.

- Leitlinien, Corporate Identity, Corporate Design
- Potenziale und Problempunkte der Unternehmung
- Innovationsziele
- Charakter der Innovation
- Lukrative Marktnischentrends, Working Fields
- Projektrahmenvorgabe, Interventionsarten
- latente Markt- oder Mitarbeiterbedürfnisse
- Zielgruppenbestimmung nach Lebensstilen und Wahrnehmungsfeldern
- Hinweise zur Rekombination von Vorhandenem
- Leistungs- und Qualitätshinweise
- Ökologische Bewertung, Ausmaß der ökologischen Gestaltung
- Technische Vorgaben
- Zeit- und Kostenbudget

Abb. 34: Innovationsbriefing

Es gilt also, möglichst viele unterschiedliche Meinungen und Wahrnehmungen einzuholen und diese dann in einem offenen Dialog zu einem Bild zu formen.

Dieser Prozess der gemeinsamen Beschreibung der Aufgaben und Problemfelder dient der **Fokussierung** auf das wesentliche **Aktionsfeld**. Aus der Vielzahl möglicher Betätigungsfelder wird versucht, den wirksamsten Ansatzpunkt herauszufiltern (Field Detecting). Danach wird gemeinsam eine **Vision** geformt.

Im **Innovationsprozess** ist entscheidend, über das beobachtete Phänomen (z.B. Umsatzrückgang) eine gemeinsame Wahrnehmung zu erzielen. Einmal muss überhaupt das Hauptproblem ausgefiltert werden und dann ist noch die Sichtweise dieses Problems anzugleichen.

Macht man das nicht, werden bestimmte Phänomene von einzelnen dominanten Personen einseitig ausgewählt. Der **Wahrheit** kann aber nur mit mehreren **Sichtweisen** näher gerückt werden und Personen, die nicht mit ihrer Beobachtung gehört werden, werden den weiteren Innovationsprozess kaum zu ihrer Sache machen und förderlich beeinflussen.

Das liegt daran, dass wir alle ganz andere Erfahrungen gemacht haben und somit **autobiografisch wahrnehmen**, nur erkennen, was in unser Denkschema passt.

Der **Beobachter** bestimmt ganz individuell, wie er beobachtet und was er beobachtet. Der Beobachter macht Unterscheidungen, nicht das beobachtete Objekt legt fest, was und wie beobachtet wird. Ein Stuhl ist zwar in unserem Kulturkreis relativ eindeutig definiert, jeder Beobachter wird aber ein und denselben Stuhl sehr unterschiedlich sehen und bewerten: als formschön, stabil, hässlich, ergonomisch, klein, groß etc.

2.2 Methoden der Re-Vision

Hier geht es um die klare Identifikation der wesentlichen Probleme und darauf basierende Entwicklungen von gemeinsamen Visionen. Vor der Problemlösung steht die genaue Beschreibung der Aufgabe. Dieses **Field Detecting** ist eine wichtige Basis für alle Neuerungsprozesse. Alle Akteure müssen im Dialog zu einer gemeinsamen Beschreibung (**Figurbildung**) kommen und sich auf das Was und Wie vereinbaren (**Commitment**).

Es sollen dargestellt werden:

* **Metaphern und Sprachbilder**
* **Benchmarking und Best Practices**
* **Systemische Organisationsaufstellungen**
* **Dialog als Methode der Verständigung**
* **Vision Picture**.

2.2.1 Metaphern und Sprachbilder

Alle in Phase 1 gewonnenen Informationen werden zu einem Bild geformt. Beispielsweise können für die Beschreibung des Unternehmens, des Teams oder der Kundenbeziehung **Metaphern** genutzt werden. Die Teilnehmer wählen ein anschauliches Beispiel wie Familie, Team, Computer, Organismus, Garten usw. (*Morgan*).

Den anderen wird dadurch die Sichtweise anschaulich dargestellt. In den meisten Fällen ist das Unternehmen durch viele Metaphern zu beschreiben, je nach Sichtweise und Position.

Genauso ist es denkbar, die jeweilige Situation zeichnen zu lassen. Hierbei kommen weitere Informationen zu tage. Letztlich werden die Zeichnungen zu einem Bild geformt.

2.2.2 Benchmarking und Best Practices

Mögliche Verbesserungen können mit dem **Benchmarking** erkannt werden. Dabei werden die Methoden, Praktiken und Strukturen der Unternehmung mit denen der besten Anbieter in der Branche verglichen. Mit den Untersuchungen von **Best Practices** wird der Vergleich auch auf andere Marktbereiche ausgedehnt.

Es geht darum, die effektivsten Realisierungswege für komplexe Problemlösungen zu ermitteln. Problematisch ist, wenn zu konkret, Verhalten anderer kopiert wird oder Inhalte übernommen werden. Es droht dann die Eigenständigkeit und Einzigartigkeit zu verlieren. Trotzdem können die vergleichenden Diagnosen gute Anregungen für verbessernde Veränderungen bieten, ohne dass das »Rad immer neu erfunden« werden muss.

Weitergehende Diagnosen konzentrieren sich auf so genannte **Best Patterns** (*Bergmann, 1999*). Hier werden aus dem Vergleich gelingender und weniger gelingender Prozesse, die erfolgreichen Muster selektiert. Basis der Diagnose sind alle natürlichen und sozialen Systeme (Vgl. E 2).

In acht wesentlichen Bereichen werden zentrale Orientierungsmuster zusammengefasst. Es handelt sich dabei um die Bereiche: Visionen/Rahmen/Orientierung/Interaktion/Gestaltung/Prozesse/Strukturen/Lernen (Abschnitt E 2).

2.2.3 Systemische Organisationsaufstellungen

Jede Organisation wie Unternehmen, Teams und Abteilungen kann als ein soziales System betrachtet werden, in dem Persönlichkeiten interagieren. Die kommunikativen Handlungen in der Organisation prägen den spezifischen Charakter und die Leistungsfähigkeit des Systems.

Die innere Struktur wirkt wie eine ungeschriebene Ordnung auf alle Akteure und führt oft unbewußt zum kontraproduktiven, ineffektiven und für die Betroffenen oft sehr nachteiligen Erscheinungsformen wie **Mobbing**, Ausgrenzung, schwelenden Konflikten u.ä.

Mit der **Organisationsaufstellung** wird versucht, die unsichtbaren Strukturen sichtbar und fühlbar zu machen. Alle Teilnehmer versuchen sich in einem abgegrenzten Feld so zu positionieren, wie sie auch in der Organisation ihre Rolle spielen und mit anderen Zusammenarbeiten.

In diesem »Tanz der Akteure« (*Bergmann*) wird gemeinsam versucht, die »reale« Konstellation zu finden. Wenn die Aufstellung gelungen ist, kann oft direkt geprüft werden, wo problematische Beziehungen und Strukturen auftreten. Durch filmen und fotografieren, aber auch durch das Nachspielen mit Figuren können die Erlebnisse festgehalten, reflektiert und diskutiert werden. Es ergeben sich fast immer

❏ Ansatzpunkte zur **Konfliktlösung**
❏ **Impulse** für die Neuordnung der Organisation
❏ neue **Ideen** und
❏ eine **Atmosphäre größeren Vertrauens** und gesteigerter Kooperationsbereitschaft.

2.2.4 Dialog als Methode der Verständigung

Der Dialog kann als lebendige Gegenseitigkeit verstanden werden, indem die Erkenntnis der Beteiligten erweitert und ergänzt wird. Im Dialog wird versucht, über die bloße Verständigung hinauszugehen, die monologische Zuspitzung und die polemisch, kämpferische Rhetorik zu vermeiden, in dem jeweils die Sichtweise der anderen aufgegriffen, inhaltlich gewürdigt und lernend weiterverarbeitet wird.

Dieses »erste« Gespräch ist an bestimmte **Voraussetzungen** gebunden (*Buber 1997, S. 293ff.*):

❏ Vollständige **Akzeptanz** und respektvolle Würdigung der anderen Teilnehmer
❏ »Rückhaltlose« **Kommunikation**, in die alle Wahrnehmungen, Emotionen und Überzeugungen eingebracht werden
❏ **Wahrhaftigkeit** und Authentizität
❏ **Engagement** und Interesse
❏ **Bemühen** um **Verständigung**
❏ **Kooperation** statt Dominanz und Konflikt.

Als Regeln gelten:

❏ Jede(r) spricht nur für sich selbst.
❏ Es spricht immer nur eine Person.
❏ Der Dialog bestimmt die Richtung.
❏ Der Moderator achtet auf die Einhaltung der Regeln.

Der Sinn:

Es soll eine bewusste Achtsamkeit innerhalb einer Gruppe ermöglicht und unterstützt werden.

Den Teilnehmern wird ermöglicht, zu lernen, wie sie gemeinsam denken können und das nicht nur in einem analytischen Sinne, sondern indem eine gemeinsame Sensibilität erreicht wird, in der die Gedanken, Emotionen und entsprechenden Aktionen nicht nur zum Einzelnen gehören, sondern allen gemeinsam zugänglich werden. Es entsteht ein **Flow of Meaning** (*Senge*).

Die Komponenten:

Einladung: Die Teilnehmer müssen die Wahl haben, sich zu beteiligen und sie müssen sich sicher fühlen, sich voll einbringen zu können.

Generatives Zuhören ist die Kunst, die Geschwindigkeit der geistigen Wahrnehmung so zu verlangsamen, sodass Raum entsteht, außer den Worten auch deren Bedeutung aufzunehmen.

Den Beobachter beobachten: Wenn wir die Gedanken beobachten, die unsere Sicht der Welt steuern, dann beginnen wir, uns zu transformieren. Dialog soll eine Umgebung entwickeln, in der die Teilnehmer ihre Gedanken und die der Gruppe betrachten können.

Annahmen zurückstellen: Dialog - Sitzungen fordern die Teilnehmer dazu auf, voreilige Schlüsse zurückzustellen, ihre Sichtweisen nicht anderen aufzudrängen und ihre eigenen Gedanken nicht zu unterdrücken oder zurückzuhalten. Im Willen, voreilige Schlüsse zurückzustellen, ist das Vertrauen enthalten, dass die eigenen tiefsten Überzeugungen, wenn sie wertvoll sind, der Kritik von anderen widerstehen werden und wenn nicht, dass man selbst stark und offen genug sein wird, sie zu überdenken.

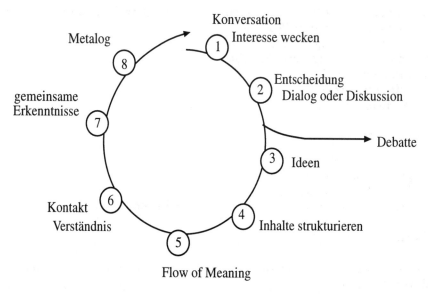

Abb. 35: Dialog oder Diskussion/Debatte

Mit Abschluss der zweiten Phase im **Lern- und Lösungszyklus** liegen gemeinsame Problem- und Situationsbeschreibungen vor, es ist somit eine gemeinsame Figur gebildet. Zudem haben die beteiligten Akteure eine Vision als wünschenswerten Zustand kreiert.

Besonders analoge Methoden können einen neuen Referenzrahmen entstehen lassen und alle individuellen Eindrücke und Gefühle an die Oberfläche bringen. Es bleibt kein **Unfinished Business** übrig, sodass alle Akteure in den Entwicklungsprozess emotional und kognitiv integriert sind.

Nach Durchlauf der Dialoge ist das Aufgabenfeld abgesteckt. Auch hier wird ein **Briefing** der wichtigsten Ziele, Budgets, Zeitbedarf usw. erstellt.

Dann gilt es, auf dieser Basis eine realistische Vision zu entwickeln, die den Rahmen öffnet und Engagement entfacht.

Nehmen Sie als Ausgangspunkt Ihrer Betrachtungen ein aktuelles Problemfeld, wie den Straßenverkehr, das Image von Parteien, den Öffentlichen Personenverkehr, die missliche Lage einer Unternehmung oder anderes.

Versuchen Sie in einer Gruppe von am Thema Interessierten, die Awareness zu erhöhen und den multiplen Realitäten Geltung zu verschaffen.

Was sind dabei wichtige Regeln des Dialogs?

Versuchen Sie dann, Field Detecting zu betreiben, also sich auf die wichtigsten Ansatzpunkte sinnvoll zu einigen. Formen Sie ein gemeinsames konkretes Bild der Situation. Entwickeln Sie Methoden der gemeinsamen Figurbildung.

Vermeiden Sie in den kreativen Aktionsmodus zu verfallen. Sie müssen das Problem nicht lösen, sondern nur entdecken und beschreiben.

Seite 202

2.2.5 Vision Picture

Eine bewährte Methode, um in der Gruppe und individuell sowohl Situationen zu beschreiben als auch Visionen und Ziele zu konkretisieren und sichtbar zu machen, basiert auf der **Brain Map** (Vgl. Kap. C 2) und enthält deshalb auch logisch stringente sowie emotional bildhafte Elemente, integriert, also digitale und analoge Vorgehensweisen. Wir nennen sie **Vision Picture**.

Die Teilnehmer erhalten etwa 20 Minuten Zeit, ihre aktuelle Situation und ihre Visionen bildlich darzustellen und daraufhin konkret verbal ihre Ziele in der betreffenden Organisation und in dem speziellen Team, Projekt, Workshop o.ä. zu formulieren.

Bei diesen Zielen soll darauf geachtet werden, dass sie nach Inhalt, Zeit, Ausmaß genau bestimmt werden, aus eigener Kraft erreichbar und positiv formuliert sind, denn hierin sollen sich die kleinen Schritte zur Vision zeigen.

Wenn jeder Teilnehmer dieses Bild individuell erstellt hat, wird in der Gruppe die Zielbildung im Dialog überprüft und gemeinsam ein konkreter Zielsatz formuliert. Zudem können sich alle Akteure an anderen Leitbildern orientieren und sukzessive ein Bild der gesamten Organisation formen. Die Figurbildung als gemeinsame Situationsbeschreibung und Vision wird damit praktisch erreichbar.

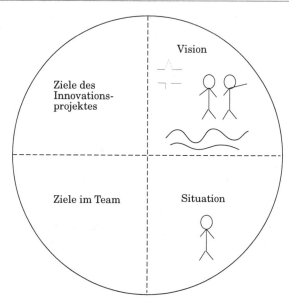

Abb. 36: Vision Picture

Wenn das Lösungsfeld hinreichend beschrieben ist und eine faszinierende Vision entwickelt wurde, dann steht dem Engagement der Akteure nichts mehr im Weg. Eindrücklich zeigen das die Erfahrungen mit der Softwareentwicklung im Internet für die Programme **Linux** und **Jini**.

Die Chance, als Experte an der Optimierung von Software mitwirken zu können, veranlasste viele Programmierer, ohne monetäre Entlohnung an dem Prozess engagiert teilzunehmen. Vorraussetzung für das Gelingen des **Open Source Development** ist die vertrauensvolle Weitergabe der spezifischen Programmiercodes, die damit auch für die Wettbewerber offensichtlich werden. Trotzdem empfinden etablierte Anbieter wie Microsoft, diese Vorgehensweise als Bedrohung.

Ein traditionsreiches und erfolgreiches Großunternehmen der Elektronikbranche hat in Marktanalysen deutliche Defizite in der Corporate Identity und dem Corporate Image festgestellt. Mitarbeiter, Aktionäre und Kunden erkennen eine zu konservative, bürokratische Kultur und eine zu zögerliche Innovationspolitik. Die Herausforderungen im Zeichen der neuen Technologien und der Globalisierung werden zwar als Chancen begriffen. Das Unternehmen wirkt aber zu starr und unflexibel.

Das Top-Management hat sich entschlossen, Sie mit der Projektleitung »Das vitale Unternehmen« zu betrauen. Mit den Stakeholdern soll gemeinsam eine Bestandsaufnahme erfolgen und es sollen erste sinnvolle Entwicklungsansätze für die Unternehmensphilosophie, die Umstrukturierungen und die interne und externe Kommunikation gefunden werden.

Wie gehen Sie vor? Welche Methoden wenden Sie an?

Seite 202

Der **perzeptive Modus** mit der Erhöhung der **Awareness** und der Beschreibung der Aufgabenfelder und Visionen findet hier seinen Abschluss und mündet in der dritten Phase in den **kreativen Modus**, wo Energie mobilisiert sowie Lösungswege und Ideen entwickelt werden. Wenn ein gemeinsames Thema und eine Vision gefunden wurden, entsteht daraus fast von selbst ein »Flow« (*Czikzentmihaly*), der die Teilnehmer vitalisiert.

Erläutern Sie, was unter folgenden in diesem Kapitel behandelten Begriffe zu verstehen ist:

○ Stakeholder	○ Open Space
○ Früherkennung	○ Mind Mapping
○ Kreislauf der Erkenntnis	○ Vision
○ Balanced Scorecard	○ Re-Vision
○ Umfelddiagnose	○ Metapher
○ Trendforschung	○ Benchmarking
○ Beobachtung	○ Best Practise
○ Szenen und Milieus	○ Dialog
○ Delphi-Methode	○ Vision Picture
○ Szenario Methode	

Seite 202

E. Kreative Phasen des Innovationsprozesses

Hier beginnt fließend der kreative Modus. Nachdem die Aufgabe, die Vision und die Situation aus allen Blickwinkeln betrachtet wurden und eine klare Figur vor dem Grund erscheint, beginnt die Kreation verschiedener Lösungswege, die Planung und die Realisation.

Kreative Phase des Innovationsprozesses	Mobilisierung und Lösungskreation
	Planung und Strukturierung
	Handeln/Aktivität

1. Mobilisierung und Lösungskreation

Zunächst geht es um die Mobilisierung von Energie, die Öffnung des Prozesses für diverse Optionen und Möglichkeiten sowie die Entfaltung von Akzeptanz und Engagement. Im folgenden wird die Ideengewinnung beschrieben:

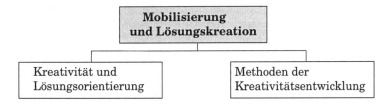

1.1 Kreativität und Lösungsorientierung

Kreativität beschreibt die Fähigkeit, Neues in Form von Ideen und Erkenntnissen zu formen bzw. zu finden. Die **Kreation** von Ideen kann kaum direkt angestrebt werden. Neues zögert, wo es erwartet wird. Vielmehr ist ein geeigneter Kontext zu schaffen, in dem die Ideengewinnung wahrscheinlicher wird. Kreiern ist damit kein rein zufälliger jedoch ein sehr unvorhersehbarer Prozess.

Eine zu strenge Zielausrichtung führt eher nicht zum Ziel, da Menschen in angstfreier, lockerer, wenig zielstrebiger Stimmung besser zu Assoziationen in der Lage sind. Die Idee entspringt einer plötzlichen Verknüpfung von Wissenselementen.

Der Schriftsteller *Harry Mulisch* stellte in seinem Roman „Die Prozedur" fest »Alle großen Erfindungen gehen auf unsinnige Ideen zurück«. *Einstein* fragte sich: »Wie sieht die Welt aus, wenn ich auf einem Lichtstrahl sitze?« Und *Friedrich Nietzsche* formulierte »Man muss noch Chaos in sich haben, um einen tanzenden Bär gebären zu können.« Innovationen sind Ordnungsstrukturen, die aus Chaos geboren werden.

Eine andere Sicht auf die Dinge im Sinne eines **Perspektivenwechsels**, die anregende Unterhaltung im Dialog oder die offene **Reflexion** finden gute Voraussetzungen zur Ideengewinnung. Neues kommt durch das risikoreiche Ausprobieren von Unterschieden zustande.

Erkenntnis stammt von Erkennen. Erkennen können Menschen insbesondere das, was sie kennen. Neue Erkenntnisse resultieren dann aus der geänderten Gewohnheit, aus der **Lockerung der Wahrnehmungsroutine**.

So ist kürzlich eine **kreative Lösung** zur Wiederaufrichtung des schiefen Turms von Pisa erkannt worden. Diese Idee entstammt einer Kinderzeichnung, auf der das Abtragen des Erdreichs auf der Seite zu sehen ist, die der Neigung des Turms abgewandt ist. Die betreuenden Ingenieure haben diese besondere Idee ausprobiert und erzielen verblüffend positive Ergebnisse. Der Turm richtet sich langsam wieder auf. Alle vorher versuchten und zum Teil sehr aufwendigen Konzepte schlugen fehl.

Vertikales und laterales Denken

Kreatives Denken und Arbeiten gewinnt mit der lateralen Methode. Dieser von Edward de Bono entwickelte Ansatz stellt eine Ergänzung zum vertikalen Denken dar. Nachfolgend sind die wesentlichen Unterschiede aufgeführt:

Vertikales Denken	Laterales Denken
○ ist analytisch und logisch	○ ist provokativ und evokativ
○ ist selektiv	○ ist generativ
○ bietet oder entwickelt Denkmuster	○ verändert bestehende Muster oder induziert neue
○ sucht eine Richtung, indem es andere Richtungen ausschließt	○ sucht keine Richtung, aber versucht, neue Möglichkeiten zu eröffnen
○ nutzt das Negative, um Möglichkeiten auszuschließen	○ kennt kein Negatives
○ der beste Ansatz, das Optimum wird gesucht	○ es werden immer neue Ansätze gesucht, auch wenn ein vielversprechender gefunden wurde
○ sucht nach der richtigen Lösung, läuft über geregelte Bahnen	○ sucht vielfältig, nutzt informelle Wege
○ entwickelt jeden Schritt aus dem vorherigen und ist fest mit ihm verbunden	○ kann Sprünge machen und den Zwischenraum später füllen, manche Schritte müssen falsch sein, um eine richtige Lösung zu erreichen
○ verspricht zumindest eine Minimallösung	○ erhöht die Chancen für eine Maximallösung, macht aber keine Versprechungen
○ verbindet Informationen zu Strukturen	○ zerlegt alte Strukturen, um Information freizusetzen

1.2 Methoden der Kreativitätsentwicklung

Die meisten Kreativitätstechniken nutzen das Konzept des Lateralen Denkens und sind eine gute Gelegenheit, dieses zu trainieren.

Als Methoden der Kreativitätsentwicklung sollen dargestellt werden:

- **Brainstorming**
- **Sustainable Brief Solution Talk**
- **Umkehr-Technik**
- **Force-fit-Spiel**
- **Attribute Listing**
- **Brainwriting (Methode 6-3-5)**
- **Assoziationen**
- **Verbale Checklisten der Kreativität**
- **Synectics**
- **Kreativitätskreise (Problemlösungsgruppen)**
- **Morphologische Diagnose**

1.2.1 Brainstorming

Beim Brainstorming öffnen die Denkanreize, die durch Ideen anderer entstehen, den Rahmen der eigenen Ideenansätze. Eine erfolgreiche Nutzung von Kreativitätstechniken setzt geeignete Rahmenbedingungen für den Zeitraum ihrer Anwendung voraus. Wichtige **Regeln** aus dem Brainstorming dazu sind:

- ❏ Der Verzicht auf Beurteilung und Kritisieren fremder Ideen
- ❏ Ein unzensiertes Vorbringen eigener Ideen, besonders verrückter, verwirrender oder alberner Ideen
- ❏ Die Anerkennung dieser Grundregeln für die Dauer des kreativen Prozesses.

1.2.2 Sustainable Brief Solution Talk

Gute Ideen brauchen nicht eigens kreiert zu werden. Anregungen bis hin zu Lösungen sind oft direkt nutzbar. Die Konkurrenten am Markt oder aus anderen Branchen, die eigenen Mitarbeiter, Kunden, Lieferanten, ungenutzte Patente, eigene Ideen der Vergangenheit usw. können Ideen beisteuern. Dazu dient der **Sustainable Brief Solution Talk** (*Bergmann 1997, 1999*). Ein Dialog, der zu **Dauerhaften Kurzzeitlösungen** (DaKuzel) führen soll.

Hinter diesem komplizierten und paradox anmutenden Begriff verbirgt sich eine theoretisch fundierte, aber einfach und schnell handhabbare Methode der kreativen Problemlösung. Ein Lösungsmoderator kann damit bis zu 80 Personen begleiten. Das Vorgehen folgt dem **Lern- und Lösungszyklus**.

Der Moderator achtet darauf, dass die Gruppe die einzelnen Phasen in genügendem Umfang durchläuft, sodass alle Beteiligten genügend mitwirken konnten. Zeichen von Widerstand (Ausscheren, Protest, Konflikte etc.) werden als Indikatoren genutzt, das bestimmte Aspekte übergangen wurden oder das Timing nicht stimmt.

Es wird zwar langsam und behutsam begonnen und jeweils geschaut, dass alle Phasen sinnvoll beendet wurden, aber die Lösungsorientierung beschleunigt den Prozess zusehends.

Der Moderator lässt die Akteure sich selbst organisieren und Methoden frei wählen. Es gelten aber die folgenden **Regeln**:

○ Jeder muss jederzeit genügend Gelegenheit bekommen, seine Ansichten und Gefühle einzubringen.
○ Jeder trägt für das Gelingen die volle Verantwortung: „Heinzelmenschen Prinzip".
○ Ursachen und Schuldige suchen ist untersagt.
○ Lösungen aus der Vergangenheit und anderen Bereichen suchen, Muster des Gelingens erkennen.
○ Nach jedem Schritt reflektieren.

Jeder Schritt bildet wiederum einen Zyklus. Hier wird nicht nach Ursachen, Gründen und Schuldigen für ein Problem gesucht, sondern konsequent an Lösungen gearbeitet. Weil Probleme sozial konstruiert werden, kann man ebenso Lösungen kreieren. Vier **Schritte** sind dazu notwendig:

○ Beschreibung des Problems im Dialog
○ Suche nach einer Situation, in der dieses oder ähnliche Probleme schon einmal gelöst waren (bei anderen oder in der eigenen Vergangenheit)
○ Erkennen der Unterschiede zwischen problematischer und problemfreier Situation. Bildung von Orientierungsmustern als Lösungsbestandteile
○ Anwendung und Multiplikation der Muster.

1.2.3 Umkehr-Technik

Bei dieser Technik wird die vorliegende Problemstellung in ihr Gegenteil verkehrt und zur Grundlage eines **Brainstorming** gemacht. Da dabei häufig unsinnig erscheinende Fragestellungen entstehen, fällt es leichter, spielerisch mit der Thematik umzugehen und die eigenen Einfälle unzensiert einzubringen.

Eingefahrene Sichtweisen werden verlassen, da durch die Umkehrung von der eigentlichen Frage abgelenkt wird. In der zweiten Phase werden die so gewonnenen Ideen auf die ursprüngliche Problemstellung bezogen und für die Gewinnung von Lösungsansätzen genutzt:

Zeit: ca. 50 min
Material: Flipchart oder Pinnwand, Stifte, ggf. Karten
Teilnehmer: für Einzel- und Gruppenarbeit geeignet

Ablauf:
- ❑ Problemstellung
- ❑ Sammeln von Spontanlösungen
- ❑ Umkehrungen der Problemstellung sammeln, eine der Möglichkeiten wird ausgewählt

15 min. **Brainstorming** zu der ausgewählten, umgekehrten Problemstellung zu jeder gefundenen **Brainstorming** - Idee wird eine Umkehrung gesucht, die als Lösungsansatz für die Ausgangsfrage dienen kann.

1.2.4 Force-fit-Game

Bei dieser Technik werden Worte genutzt, die nicht mit der Fragestellung in direkter Beziehung stehen, um **Laterales Denken** (Querdenken) anzuregen. Diese Reizworte werden gedanklich mit der Problemstellung in Verbindung gebracht. In diesem Spannungsfeld entstehen neue Ideen.

Wie der Name schon sagt, wird diese Technik als Spiel durchgeführt. Die Teilnehmer werden in zwei Teams aufgeteilt und bestimmen jeweils für die andere Gruppe einzelne Begriffe mit deren Hilfe Lösungsansätze für die Fragestellung gefunden werden sollen.

Zeit: ca. 30 min.
Material: Flipchart oder Pinnwand, Stifte, ggf. Karten
Teilnehmer: ab 6 Teilnehmer

Ablauf:
Es werden zwei gleich starke Teams gebildet und es wird ein Schiedsrichter und Protokollführer bestimmt.

Das erste Team nennt einen Begriff, der möglichst wenig Bezug zur Problemstellung hat. Das andere Team hat 2 Minuten Zeit, anhand dieses Begriffes Lösungsideen für die Fragestellung zu entwickeln. Gelingt es ihm, mindestens einen Vorschlag zu machen, dann erhält es einen Punkt und dieses Team stellt den nächsten Begriff für das andere Team.

Anderenfalls geht der Punkt an das erste Team und dieses darf einen weiteren Begriff nennen usw. Die Vorschläge werden für die spätere Auswertung protokolliert. Die Schiedsrichterperson entscheidet, ob ein Lösungsansatz geeignet ist und leitet das Spiel.

Das Spiel sollte nicht länger als 30 Min. dauern.

1.2.5 Attribute Listing

Hierbei werden alle Eigenschaften und Merkmale eines Objektes oder einer Lösung aufgelistet. Dann werden die einzelnen Attribute systematisch analysiert, in dem überlegt wird, wie das Merkmal auch anders gelöst, erzeugt oder genutzt werden könnte.

Zum Beispiel kann ein Tisch in Hinsicht auf Form, Farbe, Material, Gebrauchsnutzen, Verwendungsort sozialer Nutzen usw. beschrieben und daraufhin mögliche Variationen entwickelt werden.

Beispiel Tisch:

Attribute	Mögliche Varianten
Massives Holz	Metall, Linoleum, Einlage, Materialkombination anderer Hölzer
Kantige Form	Formbare, veränderbar durch Nutzer
Metallbeschläge	Steckverbindungen
Esstisch	Schreibtisch, Konferenztisch oder Kombination aus allem
Gebrauchtmöbel	Skulptur im Raum

1.2.6 Brainwriting (Methode 6-3-5)

Für diese **schriftliche Variante des Brainstorming** gelten alle Regeln ebenfalls. Es wird ein **Schreibgespräch** inszeniert, bei dem 6 Personen drei neue Ideen innerhalb von 5 Minuten erstellen und dann an weitere Personen weiterreichen bis alle Teilnehmer zu allen Lösungen Stellung genommen haben.

In diesem Tauschzyklus werden sehr viele Ideen generiert und angereichert. Alle Teilnehmer arbeiten für sich, werden aber durch die anderen »Zettel« inspiriert.

Ablauf:

❑ Problemdefinition
❑ 6 Personen bringen 3 Ideen zu Papier
❑ Die Ideen wandern im Tauschzyklus zu allen Teilnehmern
❑ Reflexion der Lösungen
❑ Dialog und Auswertung.

1.2.7 Assoziationen

Assoziationen sind mentale Verbindungen zwischen Ideen, Dingen und Erkenntnissen. Im Wesentlichen sind diese Assoziationen durch drei Phänomene ausgelöst: Die Erinnerung an eine Begebenheit durch ein Symbol oder Ereignis, die Ähnlichkeit der Form, Farbe, Inhalt sowie der Gegensatz.

Bei freier Assoziation werden zu einem Startwort oder Satz weitere Begriffe und Gedanken notiert. Bei der regulären Assoziation wird der Zusammenhang zum vorgehenden Wort gefordert.

Beide Vorgehensweisen eignen sich besonders zur Ideenfindung in einer Gruppe, wenn gemeinsam eine noch sehr offene Problemstellung besteht. So können z.b. Gruppen- oder Teamnamen, Markenbezeichnungen, Slogans u.ä. sehr gut hiermit kreiert werden.

Vorgehen:

❏ Initialsatz oder -wort aufschreiben, das mit dem Problem zu tun hat.
❏ Wortassoziationen spontan bilden
❏ Assoziationsserien auf Lösungsansätze überprüfen

1.2.8 Verbale Checklisten der Kreativität

Mit der verbalen Checkliste nach Osborn werden existierende Lösungen (Produkte, Konzepte, Systeme) kritisch reflektiert. Insbesondere geht es darum, immer wieder eine Situation zu schaffen, in der die Lösung ursprünglich auf Aktualität und Sinn überprüft wird. Die wesentlichen Kriterien oder Fragen sind hier aufgeführt:

○ Modifizierung möglich? Farbe, Form, Ton, Gestalt, etc.
○ Kombination möglich? Ideen, Zwecke, Elemente, Sortimente, Akteure
○ Neue Nutzenbereiche denkbar?
○ Verstärken? Hinzufügen, mehr Zeit, mehr Material etc.
○ Reduzieren? Leichter, kürzer, konkreter?
○ Neue Anordnung möglich?
○ Umdrehen: Neue Perspektive, Rollentausch, Umkehrung
○ Ersetzen: andere Akteure, Orte, Zeiten, Atmosphäre
○ „Lösung" definieren
○ Durchspielen der Variationsmöglichkeiten in der verbalen Checkliste
○ Sichtung der möglichen Veränderungen
○ Konkretisierung von Verbesserungsvorschlägen
○ Ergänzung oder Veränderung der ursprünglichen Lösung

1.2.9 Synectics

Synectics ist eine weitere **Form des Gruppen-Brainstormings**. Die Ideen sollen hierbei aus der kreativen Verknüpfung von Objekten, Begriffen und Produkten entstehen. Die persönlichen, direkten und symbolischen Analogien erzeugen überraschende Perspektiven. Die Teilnehmer an **Synectic** Dialogen werden zu Kritik und emotionalen Äusserungen eher angehalten. Es soll eine spannungsreiche Atmosphäre geschaffen werden.

Vorgehensweise:

- ❏ Problemidentifikation
- ❏ Zielsetzung, bisherige Lösungsansätze
- ❏ Formulierung erster Vorstellungen und Assoziationen zum Problem
- ❏ Auflistung der Ziele und Vorstellungen
- ❏ Spontane Analogiebildung, Kritik und weitere Anknüpfungen
- ❏ Vorläufige Fixierung einer Lösung
- ❏ Weitere Durchläufe bis zu konsensfähigen Lösungsansätzen

Ca. 8 Teilnehmer

Dauer: ab 10 Minuten bis 1 Stunde

1.2.10 Kreativitätskreise (Problemlösegruppen)

Ähnlich wie bei Qualitätskreisen setzen sich hier kleine Arbeitsgruppen zusammen, um Lösungen und Verbesserungen zu erarbeiten. Die Gruppen können verschiedene Formen von Kreativitätsmethoden verwenden, finden durch die Bildung der speziellen Teams einen geeigneten Rahmen für innovative Lösungen abseitig der Arbeitsroutine.

Die Kreativitätskreise können in allen Bereichen und Ebenen etabliert werden und dienen zur schnellen und kontinuierlichen Verbesserung und Problemlösung vor Ort.

1.2.11 Morphologische Diagnose

Die morphologische Diagnose setzt sich im Prinzip aus zwei Checklisten zusammen, die eine **Matrix der Möglichkeiten** oder Formen ergeben. So können zum Beispiel Attribute von Produkten (Vgl. Attribute Listing) mit verschiedenen Funktionsvarianten (verbale Checkliste von Osborn) zusammengebracht werden.

Es ergeben sich in der Matrix dann alle möglichen Kombinationen. Ein ähnliches Vorgehen soll von Autoren von Soap Operas und Groschenromanen genutzt werden. Sie kombinieren die Dimensionen Akteure (alter Mann, Gärtner, weise Frau, Tochter, Junge, H. Kohl) mit verschiedenen Funktionen (Mörder, Kommissar, Kneipier, Geliebte) und stoßen so zu immer neuen Variationen vor.

Der Kreativitätsforscher de Bono hat das so genannte Laterale Denken favorisiert. Viele Kreative bauen auf diesem Ansatz ihr Denken und Handeln auf.

Nennen Sie die Unterschiede zwischen vertikalem und lateralem Denken.

Seite 202

Auf der Basis des lateralen Denkansatzes wurden zahlreiche Kreativitätsmethoden entwickelt.

> Kreativitätstechniken werden in sehr unterschiedlichen Bereichen eingesetzt. Eigentlich dient Kreativität der Problemlösung und ist insofern von Produktion, über die Organisation bis zum Ansatz im privaten und öffentlichen Sektor einsetzbar. Beschreiben Sie sinnvolle Kreativitätsmethoden für
>
> ○ die Entwicklung eines Markennamens oder Logos,
> ○ der Entwicklung von Veränderungsinitiativen in einer Organisation und
> ○ der Verfahrensinnovation in der Produktion.

Seite 202

2. Planung und Strukturierung

Nachdem in der dritten Phase verschiedene Lösungsideen und Realisierungswege entwickelt werden, gilt es sie jetzt zu bewerten, zu selektieren und nach Prioritäten zu ordnen. Die Phase 4 dient der Vorbereitung der Realisation und weist somit einen strukturierenden bzw. bündelnden Charakter auf.

Hier werden die Handlungsoptionen (Kontingenz) bewertet und ausgewählt. Aus der Komplexität sinnvoller Aktionen werden im Dialog wenige effektive bestimmt.

Alle Planungsmethoden wie Investitionsrechnungen, Planungsrechnungen, **Portfolioplanungen** und Interventionspläne finden hier ihre Anwendung. Auswahlentscheidungen und die konkrete Planung von Realisierungsschritten (**Milestones**) stehen im Vordergrund. Ich konzentriere mich dabei auf qualitative Verfahren.

Bevor einzelne Methoden der Planung und Auswahl vorgestellt werden, sollen einige Hinweise zur sinnvollen Gestaltung von Entscheidungsprozessen gegeben werden:

Die Planung muss offen und flexibel gestaltet werden, um den im Zeitablauf entstehenden Veränderungen gerecht werden zu können. Zudem ist insbesondere von den Innovationsmanagern auf dialogorientierte, möglichst hierarchiearme Gesprächsabläufe zu achten.

Die schon gelernten Orientierungsmuster und Erfolgsspielregeln, die in der Phase sieben eines jeden Prozesses systematisiert werden, kommen hier als Planungsgrundlage zum Einsatz. Es handelt sich dabei um zeitstabile und situationsunabhängige Muster des Gelingens (Best Patterns): Ich möchte im Folgenden kurz erläutern, welche **Best Patterns** als Orientierung dienen können und wie man sie findet.

Folgende Aspekte stehen im Vordergrund:

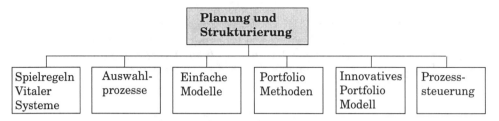

2.1 Spielregeln Vitaler Systeme

Das Konzept der Spielregeln Vitaler Systeme beinhaltet ökonomische, ökologische, soziale und individuelle Einflussfaktoren und verbindet diese zu einem ganzheitlichen Erfolgsbegriff der Zukunftsfähigkeit. Neben den rein monetären Erfolgsgrößen messen wir den so genannten weichen Faktoren, wie der Entwicklung vertrauensvoller sozialer Sphären und der Gestaltung positiver Images, eine große Bedeutung zu.

Diese Outputgrössen müssen in einem stimmigen Verhältnis zum Input in Form von Investitionen und persönlichem Engagement stehen. Das Erfolgsmaß macht vor allem Sinn für Akteure, die einen ganzheitlichen und dauerhaften Erfolg anstreben. Rein monetär kurzfristige Zielsetzungen bedingen eventuell andere Spielregeln.

Best Patterns vs. Best Practices

In der Studie »Das zukunftsfähige Unternehmen« (*Bergman / Meurer / Pradel 1999*) haben wir unterscheidende Merkmale (Muster) gefunden, die in vitalen, zukunftsfähigen Unternehmen branchenübergreifend zu erkennen sind. Im Gegensatz zu **Benchmarking** oder **Best Practice** - Untersuchungen wird hier nicht der Versuch unternommen, die Verhaltensweisen erfolgreicher Unternehmen zu kopieren und diese nahezu 1:1 in das eigene Unternehmen zu implementieren.

Es geht vielmehr darum, die grundlegenden - vom jeweiligen Unternehmenskontext unabhängigen - erfolgreichen Muster zu identifizieren (**Best Patterns**). Bezogen auf ein konkretes Unternehmen erhöhen sie als Spielregeln im Management die Wahrscheinlichkeit, dass sich ein Unternehmen im oben beschriebenen Sinne erfolgreich weiterentwickelt.

Folgende acht **Spielregeln Vitaler Systeme** wurden auf Basis der Untersuchungsergebnisse als erfolgskritische Faktoren formuliert. Sie haben einen nachhaltig positiven Einfluss auf die Unternehmensentwicklung.

Zukunftsfähige Unternehmen...

○ entwickeln im Dialog mit möglichst allen Stakeholdern erreichbare **Unternehmensvisionen**
○ formulieren klare **Unternehmensleitlinien** und kommunizieren diese
○ besitzen die Fähigkeit, sich in turbulenten Umfeldern zu **orientieren** und effektiv zu planen
○ knüpfen vertrauensvolle interne und externe **Kommunikationsbeziehungen**
○ zeichnen sich durch ein hohes Maß an Hierarchiefreiheit, Pluralität und **Selbst-Organisation** aus
○ schaffen langlebige **Produkte** und Dienstleistungen mit immateriellen Werten
○ treffen durch ein hohes Mass an **Partizipation** effektive Entscheidungen
○ begreifen Probleme als Anlässe zum **Lernen** und verbessern kontinuierlich ihre Lern- und Problemlösefähigkeit.

Eine differenzierte Darstellung der Spielregeln finden die Leser in Kap. F 2.

Zwei Visualisierungsinstrumente haben sich in unseren Forschungen als sehr anschaulich erwiesen: Metaphern und Sprachbilder, die sich besonders zur Beschreibung des Lebensgefühls in Unternehmen eignen, sowie das **Re-Vision-Profil** (Grafik in Abschnitt F 2) der Zukunftsfähigkeit, in dem die **Spielregeln Vitaler Systeme** zusammengefasst sind. Die einzelnen Akteure können sich so über ihre Sichtweise verständigen und zudem entstehen weitere interessante Informationen für die Diagnose.

Einen deutlichen Nachholbedarf brachte die Studie bei der Entwicklung zukunftsweisender innovativer Ansätze und zukunftsorientierter Planungsinstrumente zutage. Viele Unternehmen konzentrieren sich zwar sehr stark auf ihre **Kernkompetenzen**, vernachlässigen dabei jedoch stark die **Visionsentwicklung** und Zukunftsplanung.

Zudem werden die Visionen größtenteils im Führungskreis und weniger in Rückkopplung mit den Mitarbeitern und weiteren Stakeholdern erarbeitet. So wird kreatives Potenzial verschenkt und die Akzeptanz zur Umsetzung innovativer Maßnahmen ist eher gering einzuschätzen (Umsetzungsfrust).

2.2 Auswahlprozesse

Auswahlprozesse stehen im Mittelpunkt dieser Phase vier. Wenn als Ergebnis eines kreativen Prozesses brauchbare Alternativen vorliegen, wird ein Kreislauf der Erkenntnis initialisiert. Ausgehend von den Zielen und Erwartungen werden die einzelnen Lösungsmöglichkeiten (Produktideen, Interventionskonzepte) einem Auswahlprozess unterzogen.

Auch zunächst verworfene Beiträge sollten, sozusagen über die »Trostrunde« (**Wild Card**), wieder ins Rennen kommen dürfen, da sich die Beurteilungssituation ebenfalls im Wandel befindet und neue Erkenntnisse hinzutreten.

Die bewusste Hervorhebung unterschiedlicher Erfolgs- beziehungsweise Misserfolgszuschreibungen (**Attributierungen**) kann wesentliche Lerneffekte erzeugen, in denen notwendige Neuorientierungen ermöglicht werden.

In der **Produktentwicklung** werden erste Skizzen von Modellentwürfen auf technische Realisierung, Nutzenstiftung und Image-Verträglichkeit untersucht. Computer-Simulationen können einen wesentlichen Beitrag zur Beurteilung von Varianten, Formen und Materialien leisten, bevor aufwendige **Prototypen** erstellt werden müssen.

Auch lassen sich schon im Vorfeld Funktions- und Leistungsmerkmale mit späteren Anwendern durchspielen. Elektronisch archivierte Erkenntnisse und Grundstrukturen sind nutzbar, um eine genaue Anpassung an technologische Anforderungen zu erreichen.

Prozess- und **Strukturinnovationen** werden im Dialog auf Machbarkeit und Angemessenheit überprüft. Konkrete Interventionen werden entworfen und in ihrer Bedeutung eingeschätzt.

Die Methoden und Kriterien der Auswahl sind dem jeweiligen Konkretisierungsgrad der Entwicklung anzupassen. Insbesondere ist darauf zu achten, dass nicht die den Werthaltungen und Vorlieben der Entscheider entspringenden Verfahren angewendet werden. Denn jede Entscheidungsstufe verlangt adäquate Methoden und Kriterien, die sich insbesondere aus der Informationssituation ergeben.

Jegliche Neuorientierung beginnt unter Verwendung unscharfer, **kreativer Verfahren** und in aufgelockerten, möglichst hierarchiefreien Strukturen, da konventionelle Denkkategorien durchbrochen werden müssen. Wenn sich im Entscheidungsprozess keine grundsätzlichen Alternativen herausbilden, sind geradezu kontroverse Meinungen zu induzieren, um in einem dialektischen Vorgehen zu verbesserten Lösungen fortschreiten zu können.

Prototypen, Modellbau, Experimente

Lediglich die vorselektierten und technisch realisierbaren Varianten werden sodann in Funktionsmodellen und **Prototypen** erstellt. Es bleibt abzuwarten, inwieweit multi-sensuelle Präsentationen (**Cyberspace**) die aufwendige Konstruktion von Erstversionen ersetzen können und so ein Produkterlebnis vor der Produkterstellung ermöglichen.

Benutzer können in computererzeugte dreidimensionale Welten versetzt werden und mit simulierten Objekten interagieren. Komplexe Phänomene, wie insbesondere Designobjekte lassen sich experimentell und probeweise berechnen, durchkonstruieren und demonstrieren. Dabei werden vor allem Material und Energie gespart, vielleicht aber auch neue Bedürfnisfelder erzeugt.

Bei **Prozess-** und **Strukturinnovationen** wird im Prinzip wieder ein ähnlicher Prozess durchlaufen. Auch hier wird experimentiert und erprobt, welche Vorgehensweise und welche Strukturveränderungen eine sinnvolle Entwicklung einleiten könnten.

2.3 Einfache Methoden der Auswahl von Alternativen

Die verschiedenen Lösungsalternativen gilt es hier mit bestimmten Kriterien vergleichend zu bewerten. Die **Kriterien** sind ausgehend von den Zielvorstellungen und den situativen Gegebenheiten interaktiv zu bestimmen. Ideen werden dann auf ihre **Übereinstimmung** mit den **Zielen** und **Visionen** überprüft und daraufhin hinsichtlich ihrer Effektivität bewertet.

Bei allen Auswahlentscheidungen ist der subjektive Einfluss nicht zu umgehen. Vielmehr können sinnvolle Entscheidungen nur dann erwartet werden, wenn viele unterschiedliche Sichtweisen und Meinungen einfließen.

Als einfache Methoden zur Auswahl von Alternativen sollen unterschieden werden:

* **Punktbewertungsmodelle**
* **Wertanalyse**
* **Ideenbewertungsmatrix**.

2.3.1 Punktbewertungsmodelle

Die Auswahlentscheidungen werden in der Regel mit Nutzwertanalysen oder Scoring-Modellen (Punktbewertungsverfahren) durchgeführt. Dabei werden wesentliche Kriterien aus relevanten Bereichen gewichtet und die Lösungsansätze von zumeist mehreren Personen auf Skalen bewertet.

Die Schrittfolge:

❑ Zusammenstellen der Alternativen
❑ Bestimmung der Ziele und Kriterien
❑ Gewichtung der Kriterien
❑ Bewertung der Alternativen
❑ Bestimmung des gewichteten Gesamtpunktwertes
❑ Qualitative Auswahl.

Es können weitere Zwischenschritte eingefügt werden. So ist zum Beispiel an eine Elimination nicht zieladäquater oder qualitativ nicht ansprechender Alternativen zu denken. Auch ist der qualitativen Reflexion der Auswahl besondere Beachtung zu schenken, um auch sehr außergewöhnlichen Beiträgen eine Chance zu eröffnen und die Ziele und Kriterien sowie das Vorgehen zu überprüfen.

Jeder Auswahlprozess sollte alle acht Schritte eines Lösungszyklus durchlaufen, um eine hohe Qualität und die Integration aller Akteure zu gewährleisten und Lerneffekte zu erzielen.

Bei Produktentwürfen wie auch bei Konzepten und Projekten können folgende Kriterien eine sinnvolle Auswahl ermöglichen (*Bergmann 1997*).

Sustainability (Nachhaltigkeit):

❑ Ökologisch: Langlebig, werthaltig, reversibel bzw. reparierbar, modular, immateriell, syntropisch

❑ Ökonomisch: wirtschaftlich, langfristig, nutzvoll

❑ Sozial: fair, kommunikativ, verständigungsorientiert

Lösungs- und Prozessorientierung:

❑ Innovativ

❑ Einfach realisierbar, funktional

❑ Problemlösend, konkret und prägnant

Integration / Kommunikation:

❑ Beziehungsorientiert

❑ Dialogorientiert

❑ Interkulturell

❑ Verständlich, präsentabel

Ästhetik:

❑ Gestaltqualität in der Gesamterscheinung

❑ Multisensualität, Sinnlichkeit

Nutzungsqualität:

❑ Benutzerfreundlich, verständlich, angemessen

❑ Gebrauchsfähig

❑ Nützlich

❑ Anpassungsfähig

❑ Berücksichtigt grundlegende Normen sowie soziale und ökologische Standards

Kriterium	Gewichtung	Punktwertung	Score
a	0,10		
b	0,05		
c	0,20		
d	0,15		
e	0,05		
f	0,05		
g	0,05		
h	0,10		
i	0,16		
j	0,04		
	1,00		

Abb. 37: Punktbewertungstabelle

2.3.2 Wertanalyse

Im Anschluss an Produktbewertungsverfahren werden in der betrieblichen Praxis oft Wertanalysen vorgenommen. Die Wertanalyse dient der Suche nach kostengünstigeren, einfacheren, umweltgerechteren, flexibleren Lösungen, ohne dass der Nutzen, die Gebrauchstauglichkeit, das Image und andere Werte der Alternative gemindert werden.

Es werden folgende **Schritte** in einem Team durchlaufen:

❑ Auflistung aller Funktionen und dazugehörigen Elemente
❑ Überprüfung der Funktionsträger auf mögliche Effizienz und Effektivitäts-
   reserven
❑ Erarbeitung von Alternativen
❑ Abgleich dieser Ideen mit den Wertkriterien
❑ Auswahl der günstigsten Lösung
❑ Austausch und Implementierung der Lösung
❑ Reflexion der Auswahl und des Prozesses.

2.3.3 Ideenbewertungsmatrix

Ein weiteres Verfahren zum Auswählen von Lösungsideen stellt die sogenannte Ideenbewertungsmatrix dar. Es werden zwei Dimensionen gegenübergestellt, in denen mehrere Kriterien verdichtet werden. Auf der Ordinate wird die Verträglichkeit mit Zielen und Bedingungen des Unternehmens eingeschätzt. Auf der Abszisse wird unter Kreativität, die Attraktivität der Idee bewertet. (*Majaro in Higgins/Wiese*)
Diese grafische Methode lässt sich besonders gut im Team verwenden. Die Hauptkriterien können auch hierbei aufgegliedert werden, um ein genaueres Bild zu erhalten.

Kriterien der Verträglichkeit:

❑ Übereinstimmung mit Zielen und Visionen
❑ Produktionsmöglichkeiten
❑ Finanzaufwand
❑ Imagebeitrag
❑ Personelle Ressourcen
❑ Kompetenzen

Kriterien der Kreativität:

❑ Originalität
❑ Innovationshöhe
❑ Flexibilität
❑ Schutzfähigkeit
❑ Anwendernutzen
❑ Realisierbarkeit

Nachdem hier einfache Auswahlentscheidungen skizziert wurden, gilt es jetzt, die Bewertung anhand von Erfolgsfaktoren und Orientierungsmustern im Rahmen der Portfolio-Methoden zu beschreiben.

Probleme sind oft komplizierter Natur. Sie können kaum ursächlich erklärt werden. Lösungen sind aber nicht immer genauso kompliziert. Oft sind sie unabhängig von Problemen auffindbar, wenn nur die Sichtweise etwas verändert wird.

Wie kann man die Möglichkeiten und Perspektiven erweitern?

Gehen Sie dabei auch auf Kreativitätsmethoden ein, die Sie anwenden würden.

Seite 202

2.4 Planen mit der Portfoliomethode

Komplexe Entscheidungen bedürfen einer ebenso komplexen Methode.

Ein in Praxis und Wissenschaft etabliertes Modell zur strategischen Unternehmensplanung ist die Portfolio-Analyse. Der Ursprung des Portfolio-Konzeptes liegt in der Finanzwirtschaft, wo bei der Zusammenstellung von Wertpapier-Portfeuilles - im Hinblick auf Risikostreuung und Gewinnmaximierung - nach diesem Konzept vorgegangen wird, um eine optimale Mischung der Anlagen zu erzielen.

Übertragen auf die Innovationsplanung wird ausgehend von den Unternehmenszielen eine ausgewogene Konstellation der **Strategischen Geschäftseinheiten** (SGE) eines Unternehmens unter Gewährleistung eines bestimmten Liquiditätsniveaus (Finanzmittelfreisetzung und Finanzmittelverbrauch) und unter Berücksichtigung der leistungswirtschaflichen Rahmenbedingungen (Produktion und Absatz) bestimmt.

Es wurden nachfolgend behandelt:

* **Voraussetzungen der klassischen Portfolio Methode**
* **Vorgehensweise in der Portfolio Methode**.

2.4.1 Voraussetzungen der klassischen Portfolio Methode

Als Voraussetzungen der klassischen Portfolio Methode lassen sich nennen:

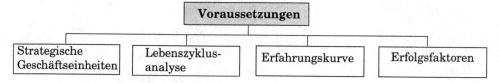

2.4.1.1 Strategische Geschäftseinheiten

(SGE) Strategische Geschäftseinheiten repräsentieren in der Regel »sinnvolle« **Produkt - Markt - Kombinationen**, die im Rahmen des strategischen Planungsprozesses eigenständig zu analysieren und zu planen sind, wobei eine sinnvolle Abgrenzung der Geschäftseinheiten häufig sehr schwer fällt (z. B. *Köhler 1991; Meffert 1986; Becker 1992 und Hopfenbeck 1998*).

Die Analyse einer SGE konzentriert sich auf zwei Komponenten: vom Unternehmen direkt beeinflussbare Faktoren (Stärken und Schwächen der Unternehmung) und vom Unternehmen nicht oder sehr indirekt beeinflussbare Faktoren (Chancen und Risiken der Umwelt).

Diese Komponenten werden in der für die Portfolio-Analyse typischen Darstellungsform in einer zweidimensionalen Matrix verknüpft, in der die jeweiligen **Strategischen Geschäftseinheiten** positioniert und mittels geeigneter Bewertungslisten analysiert werden. Aus dieser Positionierung sollen schließlich Strategieempfehlungen (strategische Stoßrichtungen) abgeleitet und Ziel-Portfolios entwickelt werden.

Theoretisch untermauert wird das klassische Portfolio-Konzept durch das Modell des **(Produkt-) Lebenszyklus**, dem **Erfahrungskurveneffekt** und der empirischen **Erfolgsfaktorenforschung**:

2.4.1.2 Lebenszyklusanalyse

Das Lebenszyklus-Modell geht von der Annahme aus, dass zwischen dem biologischen Leben und dem ökonomischen Produkt-»Leben« die Analogie »des Gesetzes des Werdens und Vergehens« besteht. Charakteristisch für einen (idealtypischen) Produktlebenszyklus ist die Annahme einer glockenförmigen Umsatzkurve über alle Phasen:

○ Einführungsphase	○ Wachstumsphase
○ Reifephase	○ Rückgangsphase

Das Lebenszyklus-Modell liefert somit einen Umsatzverlauf für ein Produkt (Produktgruppe, SGE) in Abhängigkeit von der Zeit und dient vornehmlich zur Klassifizierung strategisch relevanter (zeitlicher) Phasen.

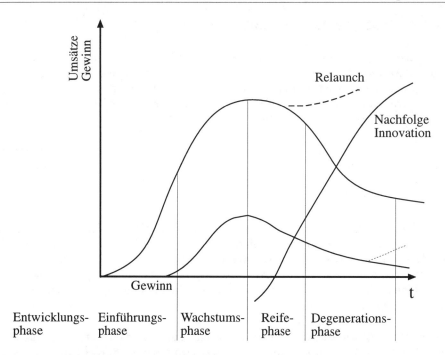

Abb. 38: Lebenszyklus von Innovationen

Die Lebenszyklusanalyse ist ein Konzept, das von der Annahme ausgeht, dass die zeitliche Entwicklung eines Objektes in charakteristische Phasen unterteilt werden kann und einen glockenförmigen Verlauf nimmt, d.h. es wird von einer begrenzten Existenz des Objekts ausgegangen. Produkte, Unternehmen, Marken und Projekte unterliegen einem Lebenszyklus. Umsatz und Gewinn werden in Abhängigkeit von der Zeit dargestellt.

Die Lebenszyklusanalyse kann man in sechs Phasen einteilen

❑ **Einführungsphase:**

  ○ endet, wenn der Stückgewinn des Produkts positiv wird
  ○ Neugier der Käufer (sind die Einführungsanstrengungen d. M. erfolgreich gewesen)
  ○ gelingt es, ein „marktreifes" Produkt zu transformieren?
  ○ Investition / Werbung / Verkaufsförderung / u.s.w.
  ○ eventuelle Verluste (die Höhe ist abhängig von der Preispolitik)
  ○ monopolistische Marktstruktur

❑ **Wachstumsphase: (Umsatzboom)**

  ○ bis zum Wendepunkt der Absatzmengenkurve, d.h. die Absatzmengen steigen nicht mehr progressiv an
  ○ Bekanntheitsgrad steigt

- ○ zu diesem Zeitpunkt können Konkurrenzunternehmen mit Nachahmung auftreten
- ○ differenziertes Angebot
- ○ starke Expansion des Marktes
- ○ nach überproportionalen Umsatzzuwächsen stabilisiert sich die Zuwachsrate (pendelt sich über längere Zeit auf einem bestimmten Prozentsatz ein)

❑ **Reifephase:**

- ○ bis zum zeitlichen Maximum des Stückgewinns
- ○ eine weitere absolute Marktausdehnung bei gleichzeitigem Absinken der Umsatzrate
- ○ Rückgang der Umsatzrentabilität
- ○ starker Wettbewerb

Das Ende dieser Phase ist relativ schwer zu erkennen (Problem z.B. konjunkturelle Einflüsse können eine Stagnation vortäuschen).

❑ **Marktsättigung:**

- ○ gekennzeichnet durch sinkende Stückgewinne, durch i.d.R. sinkende Preise und steigende Werbekosten, Ende des absoluten Umsatzmaximums.
- ○ Umsatzkurve erreicht ihr Maximum und sinkt
- ○ Grenzumsatz (U') wird negativ
- ○ Abgrenzung zur Degeneration ist nicht eindeutig

❑ **Degenerationsphase:**

- ○ erzielbare Absatzmenge nimmt stetig ab.
- ○ Lebenszeit des Produktes ist beendet.
- ○ Gründe:
  Substitutionsgüterbefriedigung,
  technischer Fortschritt,
  gesetzliche und wirtschaftliche Maßnahmen

2.4.1.3 Erfahrungskurve

Der Erfahrungskurveneffekt basiert auf der empirisch belegten Annahme, dass die realen (preisbereinigten) Stückkosten eines Produktes um einen relativ konstanten Prozentsatz von 20 - 30% zu fallen scheinen, wenn sich die in der Zeit kumulierte Produktionsmenge verdoppelt. Die Kostensenkung wird dabei durch die konsequente **Nutzung von Lern-, Losgrößen- und Innovationseffekten** u. a. erzielt und hat somit potenziellen Charakter.

Der hyperbolische Zusammenhang (bei linearer Skalierung) zwischen kumulierter Produktionsmenge und realen Stückkosten ist Basis für die Prognose von (langfristigen) Kosten-, Preis- und damit Gewinnentwicklungen. In der Theorie wird unterstellt, dass die Entwicklung der Gesamtkostenkurve und die gesamte Produktionsmenge sich in Abhängigkeit voneinander verhalten.

Durch die fortlaufende Produktion bestimmter Erzeugnisse erwerben, nach Aussage des Erfahrungskurven-Konzeptes, die Unternehmen zunehmende Erfahrungen, die ihnen umfangreiche **Möglichkeiten zur Kostensenkung** eröffnen. Entsprechend dient die produzierte Menge als Indikator für die gewonnene Erfahrung und damit für Kostensenkungsmöglichkeiten.

Der Erfahrungskosteneffekt fällt bei relativ kleinen Mengen, die für zersplitterte Märkte typisch sind, wenig ins Gewicht. Festzuhalten bleibt, dass der grundsätzlichen Tendenz von Lerneffekten eine unbestrittene Bedeutung zuzumessen ist.

2.4.1.4 Erfolgsfaktoren

Erfolgsfaktoren sind Schlüsselgrößen, die den Unternehmenserfolg determinieren sollen. Zur Formulierung von Erfolgsfaktoren werden zumeist empirische Untersuchungen zugrunde gelegt, in denen mittels statistischer Analysen (Korrelations- und Regressionsanalysen) nach Gesetzmäßigkeiten zwischen den Determinanten (Einflussvariablen) und den Erfolgsgrößen als abhängige Variable gesucht wird.

In der wohl bekanntesten Untersuchung dieser Art, dem PIMS-Projekt wurde so u. a. ein positiv korrelierter Zusammenhang zwischen dem Marktanteil einer SGE und dem erzielten ROI beziehungsweise dem erreichten Cash-flow ermittelt. Die Erfolgsfaktoren finden in den Bewertungen der Unternehmens- beziehungsweise Umfeldkomponente des Portfolios ihre Anwendung.

Das **PIMS-Projekt** ist ein US-amerikanisches Programm der Strategieforschung bzw. Erfolgsfaktorenforschung. Spezifische Zielsetzung des PIMS-Programms ist die großzahlige, empirische Erforschung der **Laws of the Market Place**. Es ist die umfassendste systematische Untersuchung zwischen strategischen Variablen des Unternehmens und der Realisierung von Unternehmenszielen.

Den Ergebnissen der PIMS-Analyse zufolge kommt dem Marktanteil eine zentrale Bedeutung für die Gewinnerzielung, den **Return of Investment** sowie den **Cash-Flow** zu. Dies gilt sowohl für den eigenen absoluten Marktanteil als auch für den sogenannten relativen Marktanteil, der das Verhältnis des eigenen Marktanteils zum Marktanteil des Hauptkonkurrenten ausdrückt.

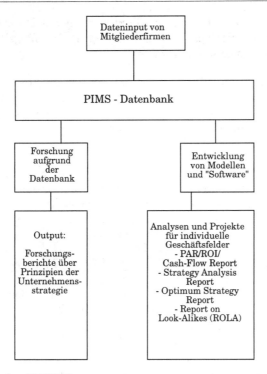

Abb. 39: Struktur des PIMS-Programms

PIMS kann als das wohl umfangreichste empirische Projekt im Bereich der strategischen Planung angesehen werden. Das Konzept betrachtet die Wirkung von Einflussfaktoren auf die Rentabilität der einzelnen Beobachtungsgegenstände. Das PIMS-Projekt hat nun versucht, empirisch nachzuweisen, welche Bedingungen den Erfolg zum Beispiel eines Produkts ausmachen.

Die breit angelegte empirische Untersuchung stützt sich weltweit auf nahezu 450 Unternehmen (erstes Halbjahr 1988) mit über 3000 strategischen Geschäftseinheiten. Für jede der Einheiten werden im Jahr rund 200 Angaben erhoben. Diese Informationselemente werden, so sie relevant und in sich logisch sind, in eine **Datenbank** übernommen.

2.4.2 Vorgehensweise in der Portfolio Methode

Die Portfolioanalyse verbindet in einer zweidimensionalen Matrix die Erfolgspotenziale, strategischer Geschäftseinheiten in Abhängigkeit von strategisch relevanten Faktoren (strategische Erfolgsfaktoren), mit relativen Mengeneinheiten, bezogen auf andere Wettbewerber.

Die vertikale Dimension ist ein nur indirekt zu beeinflussender Faktor und bezieht sich auf die **Chancen und Risiken** einer Strategischen Geschäftseinheit (SGF).

Die horizontale Dimension besteht aus Faktoren, die das Unternehmen direkt beeinflussen kann (z. B. relativer Wettbewerbsvorteil). Sie spiegelt die **Stärken und Schwächen** des Unternehmens wieder.

In der zugrundeliegenden **SWOT-Analyse** werden die Stärken (Strenghts) und Schwächen (Weaknesses) der Unternehmung in bezug auf alle Bereiche wie Innovationspotential, Produktion, Finanzen, Marktstudien usw. untersucht und der Betrachtung von Risiken (Threats) und Chancen (Opportunities/ Options) im Umfeld gegenübergestellt.

Es geht darum, das Unternehmen für die schwachen Signale der Veränderung (**Weake Signals**) zu sensibilisieren, die wesentlichen Aktionsfelder zu identifizieren (**Field Detection**) und die Möglichkeiten zu bewerten.

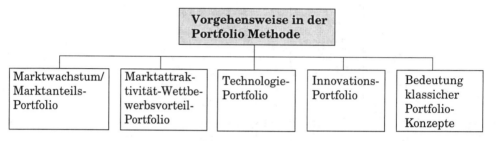

2.4.2.1 Marktwachstum / Marktanteils - Portfolio

In der Portfolio - Analyse der Boston Consulting Group sind dies Faktoren »Marktwachstum«, als Ausdruck der Entwicklung eines Marktes und »relativer Marktanteil«, als Ausdruck der Wettbewerbsposition eines Geschäfts des Unternehmens relativ zur Konkurrenz. Auf der senkrechten Achse wird das erwartete jährliche Marktwachstum angegeben, während die waagerechte Achse die Höhe des relativen Marktanteils wiedergibt.

Die einzelnen Kreise repräsentieren den »Standort« des jeweiligen SGF im Portfolio, wobei die Kreisfläche die Umsatzbedeutung der jeweiligen SGF innerhalb des Unternehmens symbolisiert. Die so positionierten SGF lassen sich in vier Arten unterscheiden:

❏ Stars:

Fördern, Investieren

○ überdurchschnittliches Marktwachstum
○ theoretisches Potential zu einer dominierenden Marktposition
○ großer Finanzmitteleinsatz mit geringen Finanzmittelüberschüssen
○ Geschäfte der Zukunft
○ sofortige Reinvestition der Finanzüberschüsse zum Halten bzw. Ausweiten des Marktanteils ist notwendig
○ oft geringe Bedeutung, da relativ kleine Märkte, die erschlossen werden müssen
○ Umsätze häufig relativ klein
○ oft sinnvoll in Märkte zu investieren, die stark wachsen und in denen das Produkt einen relativ hohen Marktanteil besitzt.

❑ Fragezeichen (Question Marks o. Problem Child)

Selektiv vorgehen, Nischen suchen
- ○ geringe Marktanteile mit hohem Marktwachstum
- ○ Risiko, da hoher Finanzmittelbedarf
- ○ Möglichkeit zur Marktausweitung
- ○ häufige Konstellation: Innovation von Nischenanbietern, Marktführer ziehen nach oder akquirieren (Stichwort für Marktführer: Distributionsmöglichkeiten - hohe Glaubwürdigkeit)

❑ Milchkühe (Cash Cows)

Position halten, ernten
- ○ kaum wachsende bzw. stagnierende Märkte mit guter Marktposition
- ○ Hauptquelle für Gewinn und Liquidität des Unternehmens
- ○ liefern Finanzüberschüsse, die zum Aufbau der Nachwuchsgeschäfte nötig sind.
- ○ essentielle Bedeutung
- ○ typische und wichtige Marketingaufgabe
- ○ MA. Gewinne = Überproportionale Gewinnsteigerung
- ○ MA. Verluste = schnell wachsende Verluste

❑ Arme Hunde (Poor Dogs)

Desinvestieren liquidieren
- ○ niedriges Marktwachstum, niedriger Marktanteil
- ○ kaum Finanzüberschüsse
- ○ jede Investition könnte in einer „Cash-trap" Falle landen (= kein Gewinnrückfluss)
- ○ es werden jedoch Kapazitäten ausgelastet
- ○ die Einstellung der Produkte kann hohe Folgekosten haben
- ○ Produktpolitische Funktion beachten

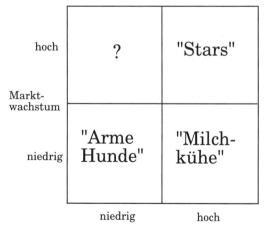

Abb. 40: Marktwachstum/Marktanteils-Portfolio

Vorteile des Portfolio sind:

❏ Anschaulichkeit
❏ leichte Operationalisierung
❏ leichte Handhabung
❏ hoher Kommunikationswert
❏ empirische Relevanz der Schlüsselfaktoren

Nachteile können genannt werden:

❏ Die 4 Quadranten Politik ist zu wenig differenziert
❏ Reaktionsmöglichkeiten der Konkurrenz sind nicht berücksichtigt
❏ Zweidimensionalität zu wenig, da Unternehmen vielfache Interessen haben
  (Umweltpolitik, Beschäftigungspolitik, u.s.w.)

Die dargestellte Portfolioanalyse wurde in vielfacher Weise modifiziert und weiterentwickelt, wie die folgenden Darstellungen zeigen.

2.4.2.2 Marktattraktivität-Wettbewerbsvorteil-Portfolio

McKinsey setzte bei der Entwicklung des **Marktattraktivität-Wettbewerbs-vorteil-Portfolio** an der Kritik der gewählten Achsenbezeichnung an. Die Schlüsselfaktoren, die den strategischen Erfolg einer Unternehmung determinieren, werden nicht durch zwei Globalgrößen ausgedrückt, sondern sind Konglomerate ganzer Einflußgrößenbündel, wobei sowohl quantitative als auch qualitative Faktoren berücksichtigt werden.

Wieder werden Marktinformationen den Unternehmensfaktoren gegenübergestellt.

Marktattraktivität	- Marktwachstum und Marktgröße
	- Marktqualität
Markt:	- Versorgung mit Energie und Rohstoffen
Risiken/Chancen	- Umweltsituation
	- Marktrisiken
rel. Wettbewerbsvorteile	- rel. Marktposition
	- rel. Produktionspotenzial
Unternehmen:	- rel. Forschungs- u. Entwicklungspotenzial
Stärken/Schwächen	- rel. Qualifikation der Führungskräfte und Mitarbeiter
	- rel. Finanzposition

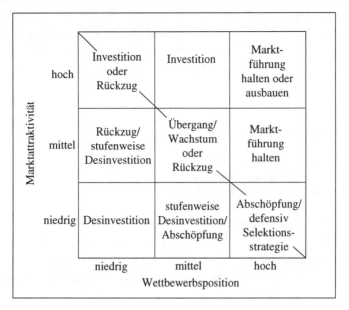

Abb. 41: Marktattraktivitäts-/Wettbewerbsvorteile-Portfolio

2.4.2.3 Technologieportfolio

Das so genannte **Technologieportfolio** stellt die Technologie statt des Marktes in den Vordergrund. Es wurde besonders für Unternehmen entwickelt, die sich auf Basisinnovationen und die Forschung und Entwicklung konzentrieren. Das Portfolio soll dazu dienen, neue Technologien in ihrer Bedeutung für die Unternehmenszukunft zu bewerten.

Die **Technologieattraktivität** beschreibt die Möglichkeiten der Entwicklung des Unternehmens, wenn er sich dieser Technik widmet. Es werden Chancen und Risiken, Anwendungsmöglichkeiten und Perspektiven erörtert. Diese Dimensionen sind kaum vom Unternehmen beeinflussbar. Die **Ressourcenstärke** soll aufzeigen, inwieweit sich das Unternehmen, diese Technologie im Vergleich zum Wettbewerb zu Nutze machen kann.

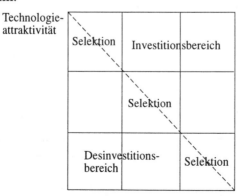

Abb. 42: Technologieportfolio

Es ergeben sich auch hier verschiedene **Normstrategien** aus der kollektiven Bewertung diverser Subkriterien durch die Mitglieder des Auswahlgremiums. Allenfalls in der Verwendung verschiedener Portfolios und unter Beachtung der Regeln eines qualifizierten Dialogs können die Ergebnisse als brauchbar und nützlich erscheinen.

2.4.2.4 Innovationsportfolio

Dieses Portfolio bezieht neben der Technologie auch marktstrategische Gesichtspunkte mit ein. Die Dimensionen Innovationsattraktivität und relative Innovationsstärke sind aus dem *McKinsey* Portfolio abgeleitet.

Unter **Innovationsattraktivität** soll bewertet werden:

- ❑ Das Problemlösungspotential einer Innovation
- ❑ Das Entwicklungsrisiko
- ❑ Das Vermarktungs- und Diffusionspotential (Akzeptanz, Nutzen) und
- ❑ Die Marktentwicklungschancen

Mit der **relativen Innovationsstärke** werden beschrieben:

- ❑ die Wandlungsfähigkeit
- ❑ die Prozesskompetenz
- ❑ das Implementierungspotential
- ❑ die Image- und Unterscheidungsfähigkeit.

Auch diese Dimensionen werden rein subjektiv in Expertendialogen ermittelt. Das Modell bietet eine gute Visualisierung und Gesprächsgrundlage zur Einschätzung von Innovationschancen.

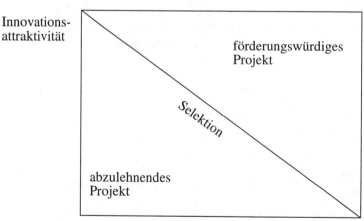

Abb. 43: Innovationsportfolio

2.4.2.5 Bedeutung der klassischen Portfolio-Konzepte

Die Entwicklung des Konzeptes vom Boston-Portfolio über zahlreiche Varianten bis zum umfassenden Portfolio-Management belegt seine Bedeutung im strategischen Planungsprozess. Die **Anschaulichkeit** der Darstellung, die relativ **einfache Handhabung** und die guten **kommunikativen Eigenschaften** zählen zu den nachweisbaren Vorteilen der Portfolio-Analyse.

Demgegenüber können jedoch auch einige methodische **Kritikpunkte** angeführt werden:

- Durch Konzentration auf bestehende Geschäftsfelder fehlt die Möglichkeit, neue Geschäftsfelder zu integrieren und zu bewerten. Es fehlen somit Hinweise auf Innovationsfelder.
- Innovative Projekte können kaum bewertet werden, weil sie schon einen Markt haben müssen, um im Portfolio registriert werden zu können.
- Die inhaltliche Ausrichtung auf bestimmte Resultate vernachlässigt die Bewertung der Vorgehensweisen, das Wie.
- Die **Zweidimensionalität** der Analyse und Aggregation der Schlüsselgrößen.
- Die **statische Betrachtung** in turbulenter Umwelt.
- Die indirekte Berücksichtigung der Konkurrenten (keine Abbildung von Reaktionen).
- Das Ergebnis ist stark von **subjektiven Einschätzungen** (z. B. bei Abgrenzung der SGE, Bewertung und Auswahl der Schlüsselgrößen) abhängig.
- Alle **Positionierungen** sind eher »unscharf«, es existieren zum Teil widersprüchliche Ergebnisse, die nur im Dialog vieler Experten harmonisiert werden können.
- Mögliche **Interdependenzen der Schlüsselgrößen** können nicht berücksichtigt werden.

Zudem stellt sich die Frage, ob die Märkte als Basis der Portfolio-Analyse eine noch hinreichende Bewertungsgrundlage darstellen:

- Die **Märkte sind zu klein** und zu unvollständig. Sie antizipieren die Geschehnisse nicht.
- Die **Märkte sind nicht transaktionskostenfrei** und es bilden sich Präferenzen.
- Die **Märkte sind zudem kaum abgrenzbar**, es ist kaum möglich, relevante Märkte zu definieren.
- Auch die **Unternehmen sind quasi grenzenlos** (*Picot / Reichwald / Wigand 1996*).

Die Unternehmen lassen sich immer weniger voneinander abgrenzen. Es existieren engere und weniger enge Bedürfnisse und Beziehungen zwischen den verschiedenen Akteuren. Wie in einem Zwiebelmodell nimmt die Intensität der Identifikation nach außen hin ab, ohne dass eine klare Organisationsgrenze existiert.

Die Positionierung in Relation zum stärksten Konkurrenten (relative Marktanteil beziehungsweise Wettbewerbsstärke) verliert an Aussagekraft:

○ Die **Branchen** vermischen sich (z. B. die Telekommunikation und Neue Medien).
○ Die **Unternehmen** lassen sich **immer weniger von einander abgrenzen** (Kooperationen, Joint Ventures, Allianzen etc.).
○ Die Intensität der Beziehungen zwischen verschiedenen Akteuren variiert.
○ Jeder erfolgreiche Marktteilnehmer kann sich in nahezu jedes Gebiet einkaufen.
○ Die Produkte sind technisch austauschbar und reproduzierbar (**technologisches Patt**).

Die bei der Positionierung zugrunde gelegten Bewertungskriterien sind im Hinblick auf ihre »Gesetzmäßigkeit« zu revidieren:

○ Die Erfolgsfaktoren (Schlüsselgrößen) haben interdependenten Charakter.
○ Die **Erfolgsfaktoren sind nicht kontextneutral** (z. B. branchenabhängig).
○ Die **Erfolgsfaktoren sind zeitabhängig**, ihre Bedeutung variiert im Zeitverlauf.

Wegen der **dynamischen Komplexität** der Kontexte erscheint es höchst problematisch, mit statischen Modellen zu arbeiten. Prognosen sind kaum möglich, Trends und Entwicklungen verlaufen mit abrupten Brüchen unvorhersehbar.

Den diversen Entwicklungen spontan zu folgen erscheint problematisch, weil dann das Image und die Technologie jeweils angepasst werden müssten. Deshalb wollen wir in den drei Prämissen der klassischen Portfolio Analyse zeitkonstante Muster einbauen.

2.5 Das innovative Portfolio Modell

Das **Evolutionsportfolio** kann als Weiterentwicklung klassischer Portfolios gesehen werden. Hier werden die zeitstabilen Konzepte genutzt, um die Stärken und Schwächen einer Unternehmung sowie Kontexte auf Chancen und Risiken zu bewerten. Es werden auch hier stärker gestaltbare (eigene Organisation) von weniger beeinflussbaren Systemen (Kontext) unterschieden.

Als bewertbare Objekte werden die **evolutionären Lösungsfelder** (ELf) verwendet, die an der Kernkompetenz ansetzen. Es kann sich dabei wiederum um Produkte und Organisationen handeln, die die Lösung darstellen. Es sind System-/Kontext-Kombinationen.

Bei dem **Evolutions-Portfolio-Modell** soll von einer zweidimensionalen Betrachtungsweise ausgegangen werden. Hier wird zwischen **Kontextattraktivität** als Dimension auf der Ordinate und **Entwicklungsfähigkeit** der Unternehmung als Dimension auf der Abszisse unterschieden.

Als wesentlicher Unterschied gilt hier die Suche nach metasystemischen und relativ zeitkonstanten Größen. Deshalb wird das Problem einer statischen Betrachtung umgangen. Die Muster ermöglichen auch, marktunabhängig Bewertungen vorzunehmen. Es wird kein konkreter Wettbewerber zum Vergleich herangezogen. Die Zielgruppen werden aus Kontextmustern gebildet.

Die potenziellen Kundengruppen können nach der angesprochenen Bedürfnisebene (Sicherheit, Selbstgestaltung etc.), ihren bevorzugten Wahrnehmungsmustern (kinästhetische, visuelle etc.) und ihren typischen Persönlichkeitsmerkmalen (Brain Map) differenziert werden.

Es werden dann die speziellen Kundengruppen im Hinblick auf ihre Perspektiven bewertet und überprüft, wie weit die eigene Unternehmung in der Lage ist, zu diesen Unternehmen gute Beziehungen aufzubauen und weiterzuentwickeln.

Auf der **Ordinate** wird die **Kontextattraktivität** bewertet:

❑ Wahl der Muster attraktiver Kontexte.
❑ Auswahl metasystemischer Marktsegmente nach Bedürfnis- und Persönlichkeits- und Wahrnehmungsmustern.
❑ Einschätzung von wahrscheinlichen Zukünften. (Hier werden also verschiedene Szenarien für attraktive Marktteilnehmer ermittelt).
❑ Bedienung vielfältig, differenzierter Zielgruppen / Nutzenstiftung.
❑ Kommunikation von Werten für die verschiedenen Rezipienten.
❑ Qualität der Kommunikationsbeziehung (System - Kontext).

Auf der **Abszisse** wird die **Evolutionsfähigkeit** der **Evolutionären Lösungs-felder** auf der Basis der Orientierungsmuster und Spielregeln bewertet. Hier wird also die Fähigkeit gemessen zur:

❑ Multistabilität,
❑ Wahrnehmung von Neuigkeiten und Soft Factors,
❑ ganzheitlichen Erkennung der Kontextentwicklung,
❑ Evolution, zur lernenden Organisation,
❑ Entwicklung marktgerechter Problemlösungen,
❑ Integration von Vielfalt in einer starken Identität,
❑ Problemlösung
❑ Entwicklung guter Binnenbeziehungen.

Ziel ist es, die Evolutionsfähigkeit von Unternehmen und Organisationen zu bewerten, ihr Evolutionspotenzial zu erhöhen und durchhaltbare Lösungen (**Sustainable Solutions**) zu entwickeln.

Bewertet werden alle - vom Kontext wahrnehmbaren - Problemlösungsangebote und / oder Beziehungen des Unternehmens, hier zusammenfassend als **Evolutionäre Lösungsfelder** (ELf) (Solution Points) bezeichnet, hinsichtlich (zukünftiger) **Kontextattraktivität** und (interner) **Evolutionsfähigkeit**.

Die Identifikation von ELfs dient als mögliche Zielpositionierung. Es wird ein wünschenswerter Zustand formuliert. Die aktuellen **Strategischen Lösungsfelder** (SLf) können in Relation gebracht werden, um eventuelle Gaps zu ermitteln. In der unten stehenden Grafik ist ein Evolutionsportfolio beispielhaft aufgezeigt. Die Innovationsobjekte erfahren eine zeitstabile und situationsunabhängige Bewertung.

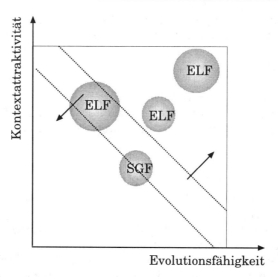

Abb. 44: Das Evolutionsportfolio

Die **konkrete Bewertung** erfolgt auch hier mit einem Scoring Modell.

Projekte, Strategien und Produkte können nach den acht genannten Spielre-
gelbereichen bewertet werden. Auf diese Weise wird ein direkter Abgleich mit der
Unternehmensstrategie vollzogen. Konkret wird das Projekt von mehreren Personen im Entscheidungsgremium in Ratingsskalen eingeschätzt. Die Oberpunkte
lassen sich dann in folgende Subkriterien unterteilen:

❑ Vision: Markenstärkung, Imagebeitrag, Entwicklungspotenzial
❑ Rahmen: Strategie, Leitlinien, CI, Budgeteinhaltung
❑ Orientierung: Mustererkennung, Zukunfts- und Trenderkenntnis, Regionale
  Markterkundung, Technologieeinschätzung
❑ Struktur: Organisationsentwicklung, Projektorganisation
❑ Prozess: Prozessdesigns, Wie-Wissen, Methoden
❑ Interaktion: PR Kontakte, Netzwerke, interne Kommunikation
❑ Gestaltung: Designimpulse, Produktinnovationen, Ökologie, CD
❑ Lernen: Reflexion, Personalentwicklung, Weiterbildung, Wissensmanagement,
  Lernende Unternehmung

Jeweils wird bewertet, inwieweit ein Vorhaben einen Beitrag in den jeweiligen
Bereichen leistet.

In ähnlicher Form wird auch die **externe Chancenbewertung** vorgenommen. Hier
werden die Kontextmuster auf ihre Attraktivität im Dialog bewertet.

Als Ergebnis liegen Ansätze vor, die die Unternehmensentwicklung fördern und mit
hoher Wahrscheinlichkeit Resonanz im Kontext erzeugen.

In einem Kreativitätsprozess einer Werbeagentur wurden für eine neue Kampagne verschiedene Ideen entwickelt.

Wie können sinnvolle Ideen selektiert werden?

Erläutern Sie die Verfahren der Selektion von Ideen.

Seite 202

Neben den einfachen Verfahren der Ideenselektion existieren aufwendige und komplexe Portfoliomodelle.

 Ein italienisches Textilunternehmen betreibt weltweit unterschiedliche Marken in verschiedenen Marktniveaus. Für diese Marken müssen saisonal und strategisch sinnvolle Betätigungsfelder ausgewählt werden. Zudem ist das gesamte Unternehmen sinnvoll fortzuentwickeln.

Wozu dienen in diesem Zusammenhang die Portfolio Methoden?

Nennen Sie Probleme und Mängel der Anwendung insbesondere bezogen auf die Innovationspolitik.

Seite 203

2.6 Prozesssteuerung

Im Rahmen von Innovationsprozessen, insbesondere wenn es sich um kontinuierliche F & E Prozesse handelt, sind auch routinisierte Abläufe anzutreffen, die den Einsatz von Regelungs- und Planungsmethoden und -techniken ermöglichen. Nach der Auswahl der **Innovationsmöglichkeiten**, gilt es, die Realisierungsschritte (**Milestones**) zeitlich und inhaltlich vorzuplanen.

Hier kann auch die wohl strukturierte **Netzplantechnik** verwendet werden. Diese Methode dient zur inhaltlichen und zeitlichen Strukturierung. Einzelne Vorgänge führen zu bestimmten Ereignissen oder Ergebnissen. Diese Ergebnisse sind Systemkomponenten oder Aufgabenmodule.

Die einzelnen Vorgänge sind strukturell zu erfassen und sinnvoll zusammenzufassen. In einer komplexen Optimierung wird die optimale Reihenfolge und Parallelarbeit ermittelt und damit ein **kritischer Pfad** bestimmt, der die kürzeste Dauer des Projektes ermöglicht.

Für die Erstellung solcher komplexen Netzpläne sind wohlstrukturierte Informationen Voraussetzung. Insofern können nur **Routineprozesse** gestaltet werden, für die genügend Erfahrung vorliegt.

Für überraschende, kreative, flexible Abweichungen ist keine Möglichkeit gegeben. Die kreative Phase muss diesem Prozess vorausgehen. Die eingeplanten **Puffer** werden schon durch technische, soziale, logistische, klimatische Pannen und Probleme (Materialmangel, Streik, Wetter) aufgebraucht.

Zudem wird die **Handlungsautonomie** zwingend auf ein Mindestmaß reduziert. Netzpläne eignen sich somit vor allem für Bauprojekte, Planung von Großveranstaltungen und Routine Module von Innovationsprozessen.

Es werden bestimmt Resultate vorgegeben, die vielleicht in dialogorientierten Gruppen erarbeitet wurden, und im Sinne eines **Fortschrittscontrolling** den Erfolg überprüft. Im Unternehmen können dann auch Hinweise zur Art des Vorgehens und der Methodenwahl gegeben werden. Mit Externen werden in der Regel nur erzielbare Ergebnisse ausgehandelt, die gegebenenfalls zu Präsentationsterminen diskutiert werden.

Es ist seit Adam Smith hinlänglich bekannt, dass die Arbeitsteilung und Spezialisierung enorme Effizienzvorteile erzeugt. In Innovations- und Entwicklungsprozessen (und nicht nur hier) bedingt die Aufteilung von Tätigkeiten aber auch ein hohes Maß an **Koordination** und **Abstimmung**. Insbesondere mit der Prozesssteuerung wird versucht, die unterschiedlichen Akteure und Aktivitäten auf das Innovationsziel zu bündeln.

Neben der Prozessgliederung, die schon durch die o.g. Modelle aufgezeigt wurden, dienen Rahmenvorgaben als wirksamer Ansatz. Das **Innovations-** bzw. **Designbriefing** enthält dabei Vorgaben von Zielen, Zielgruppen, Zeit- und Kostenbudgets, technischen, sozialen und ökologischen Standards und Regeln usw. In diesem Rahmen können die Akteure dann relativ eigenständig arbeiten.

3. Handeln, Aktivität

Verwirklichen, Umsetzung, Implementierung, Realisation und Arbeitsvorbereitung sind hier die typischen Begriffe. Es geht um das handelnde Verwirklichen, die sichtbare Aktivität zur Veränderung. Zum Beispiel werden Produkte konstruiert und Varianten entwickelt.

Oder die geplanten Interventionen zur Veränderung der Kultur und Organisation werden realisiert. Wichtige Voraussetzung für gelingende Realisierungen ist die **Verknüpfung von Denken und Handeln**. Diejenigen, die Konzepte und Programme kreieren und planen, sollten verpflichtet werden, auch an der Verwirklichung teilzunehmen. Eine Innovation ist erst nach der erfolgreichen Implementierung perfekt.

Zwei wesentliche Innovationsalternativen, die Produkt- und die Prozessinnovation, wollen wir in der Darstellung unterscheiden:

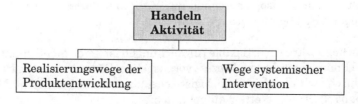

3.1 Realisierungswege in der Produktentwicklung

Als Realisierungswege in der Produktentwicklung sind zu behandeln:

- **Konstruktion und Detailgestaltung**
- **Wertanalyse/Markt-/Produkttests**
- **Fertigungsvorbereitung/Marktcoaching**
- **Fertigung/Vertrieb**

3.1.1 Konstruktion und Detailgestaltung

Erst nach der intensiven Vorprüfung wird der Prototyp im Detail ausgearbeitet und alle Fertigungsunterlagen, wie Arbeitspläne und Stücklisten, werden vorbereitet.

In einigen elektronischen Produktbereichen fällt die Konstruktion mit der Entwicklung zusammen (Software), sodass hier automatisch ein simultanes und integriertes Vorgehen angelegt ist. Datenbank- und Expertensysteme können den Konstruktionsprozess erheblich erleichtern.

In CAD-Systemen sind Konstruktionsprinzipien hinterlegt und können Erfahrungen anderer eingespeist werden. Zugleich lassen sich die Daten in die Fertigungs- und Logistikbereiche überspielen und dienen dort als Steuerungs- und Dispositionshilfen.

3.1.2 Wertanalyse / Markt- und Produkttests

Spätestens in diesem Stadium spaltet sich der Designprozess in interne und externe Belange auf. In den technischen Abteilungen werden wertanalytische Optimierungen vorgenommen, um alle Kosteneinsparungspotenziale auszuschöpfen und die Erfüllung der Funktions- und Qualitätsanforderungen (**Quality Function Deployment**) zu überprüfen.

Das Qualitätsmanagement begleitet die gesamte Programmentwicklung und kann wesentliche Impulse zur bedürfnis- und technologiegerechten Gestaltung geben. Quality Function Deployment beinhaltet im Prinzip die Organisation der intensiven Interaktion zwischen Produzent und Nutzer und ermittelt dabei die evidenten und latenten Ansprüche der Kunden, die sich aus dem aktuellen Programm ergeben.

Ein weiterer bedeutender Bereich ist die **ökologische Produktgestaltung**. Wege sind hier durch die syntropische Gestaltung angezeigt. Es wird versucht, langlebige Werte zu erzeugen, die einen dauerhaften Nutzen bieten. Dem entropischen Prozess der Zerstreuung und Vermüllung wird mit Aktivitäten zur Immaterialisierung und der Emissions- und Ressourcenreduktionen entgegengewirkt.

Besonders die Reduktion der Materialintensität spielt dabei eine große Rolle (*Schmitt-Bleek*). Bei Dienstleistungen steht die wertige, auf dauerhafte Beziehungen ausgerichtete Kommunikation im Vordergrund.

Viele Vorschläge kommen in der Regel aus den Öko- und **Qualitätszirkeln** der einzelnen Bereiche. Diese Defizite werden der Designentwicklung als Pflichtenheft unterlegt. Es wird versucht, die Dringlichkeit der Problemlösung festzustellen und daraus die Anregungen für die Produktentwicklung zu systematisieren. Diese Erkenntnisse können zur Verbesserung vorhandener Angebote oder zur grundsätzlichen Neuentwicklung anregen.

3.1.3 Fertigungsvorbereitung / Marketcoaching

Wie notwendig eine frühzeitige integrative Entwicklung zwischen den Bereichen Technik, Design, Marketing und Logistik ist, wird insbesondere während der Fertigungsüberleitung deutlich. Schon in der Phase der Produktkonzeptionierung scheint eine intensive Zusammenarbeit geboten, um spätere Anlaufprobleme zu minimieren.

Die Umsetzungsplanung ist dabei kontinuierlich aus dem ursprünglichen Designkonzept als einfaches und robustes Orientierungsinstrument zu entwickeln. In den Logistikabteilungen werden die Beschaffungsteile disponiert und die Materialwirtschaft wird organisiert. Die Verantwortlichen der Arbeitsvorbereitung bemühen sich um die Schulung des Personals, die Erstellung der Fertigungsunterlagen sowie auch die technische Ablaufplanung.

In den Marketing- und Vertriebsabteilungen werden die **Marktplanungen** vorgenommen. Diese meint vor allem das **Preismanagement**, eine Bestimmung geeigneter **Absatzkanäle** und die Planung der **Kommunikationskonzepte**. Daraufhin lässt sich eine erste vorläufige Erfolgsplanung erwarten.

Für die einzelnen Teilmärkte und Zielgruppen werden - soweit eine differenzierte Marktbearbeitung vorgesehen ist - spezifische Konzepte entwickelt. Mit den Kunden wird intensiv an der Optimierung der Abläufe gearbeitet und letzte Verbesserungen und Anpassungen vorgenommen (**Marketcoaching**). Eventuell sollen Preisstaffelungen (Preisleiter) für Angebotsvarianten erarbeitet werden, um mehrere Marktniveaus und Gebrauchsintensitäten abdecken zu können.

Diese Differenzierungen müssten sodann mit der **Kommunikations-** und **Distributionsplanung** sowie auch im Gesamtrahmen abgestimmt werden. Günstige Einstiegsangebote werden beispielsweise werblich einfacher, aber - im Sinne der Gestaltungskonzeption - kommuniziert und über breitere Absatzkanäle angeboten.

Dabei ist insbesondere auf die innere Konsistenz und Konsequenz im Marktauftritt zu achten. Negative Image-Effekte können den Absatzerfolg preisgünstiger Angebote überkompensieren und im Extremfall das **Corporate Image** nachhaltig beeinträchtigen.

In der Wertschöpfungskette von den Lieferanten bzw. Vorproduzenten über Hersteller bishin zu Händlern (Provider) und Konsumenten entstehen diverse soziale Systeme, jeweils in und zwischen den Unternehmen und Akteuren. Alle Unternehmen sind bemüht, ihre Identität zu erhalten, und wollen aber auch Wirkung auf andere erzielen.

Sie müssen also einen Ausgleich zwischen Selbsterhaltung und Kontaktaufnahme suchen. Es werden Rollen und Funktionen ausgehandelt und es entstehen Machtgrundlagen, je nach Attraktivität und Eigenständigkeit des Angebots. Diejenigen Teilnehmer, die die glaubhafteste Geschichte ihrer Unverzichtbarkeit, Alleinstellung, der sinnvollen Komplexitätsreduktion und Attraktivität erzählen können, gewinnen die **Marketingführerschaft**. Sie prägen damit den anderen ihre Konzeption auf.

Den Herstellern erwächst Einfluss aufgrund der Innovationspolitik, der Markenstärke oder aus Kooperationen.

Die Händler verfügen über die Gestaltung des attraktiven Regalplatzes (Point of Sale). Sie können dort den Kunden direkt beinflussen und Informationen einholen. Zudem können sie ihr Sortiment flexibel verändern und wichtige Standorte besetzen (*Ahlert 1985, Bergmann 1988*).

In Verhandlungssystemen und durch kommunikative Handlungen werden diese Machtbasen nur nutzbar, wenn sie der anderen Seite glaubhaft erscheinen. Es bilden sich über die Zeit verschiedene Kommunikationskreise der gegenseitigen Beinflussung und Deutung. Zwischen den Unternehmen bilden sich spezifische soziale Systeme im Marktkontakt aus.

Gemeinsam werden Wirklichkeiten kreiert, die das Distributionssystem als Ganzes prägen. Es sind förderliche (koevolutive) und konfliktäre (kollusive) Beziehungssysteme denkbar, je nachdem, welches Niveau die Interaktionen erreichen. Kollusive Relationen können durch systemische Interventionen verbessernd verändert werden. Koevolutive sind zu stabilisieren und weiterzuentwickeln.

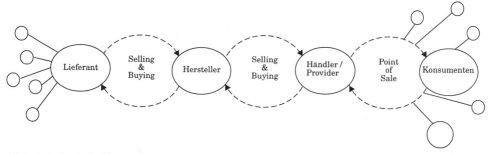

Abb. 45: Soziale Systeme in der Wertschöpfungskette

Das **Designmanagement** sollte maßgeblichen Einfluß auf die Art der Vermarktung nehmen und die Einhaltung der grundsätzlichen Designleitlinien überwachen, damit der langfristige Erfolg gesichert wird. Das soll aber nicht heißen, dass nur aufwendige und hochpreisige Konzepte forciert werden.

Grundsätzlich ist auch ein **Massmarketing** für Designprogramme realisierbar. Man denke beispielsweise an den erfolgreichen Marktauftritt von Swatch, die gerade das günstige Preisniveau zur weltweiten Durchsetzung ihrer Innovation gewählt haben. Trotzdem aber sollte das definierte Präsentationskonzept eingehalten werden, um das langfristige Designkonzept nicht zu gefährden.

3.1.4 Fertigung /Vertrieb

Der Designprozess mündet in die Programmbetreuung, die Fertigung und Vermarktung über den Lebenszyklus der Produkte und Programme. In permanenter Entwicklungsarbeit werden kontinuierlich Verbesserungen auf der Basis neuerer Erkenntnisse erarbeitet und Impulse für Neuentwicklungen gegeben. Hier wird das **Marktcoaching** kontinuierlich fortgeführt.

Es seien hier Hinweise und Verbesserungsvorschläge aus dem **Total Quality Management**, aus der **Früherkennung von Trends** und aus **Markterfahrungen** (Kunden) genannt, die in das **Lernsystem** der Organisation einfließen sollten.

3.2 Wege systemischer Intervention

Im Rahmen der systemischen Intervention sollen betrachtet werden:

- **Vorgehensweise**
- **Interventionsformen**

Soziale Systeme tendieren zur Selbsterhaltung und sind deshalb durch gezielte Impulse, Provokation und weitere Formen der Störung aus ihrem Gleichgewicht zu bringen.

Soziale Systeme bilden sich aus Kommunikation. Somit verändert eine andere Form der Kommunikation beziehungsweise eine veränderte Sprachwahl die Systeme auch. Probleme entstehen aus Kommunikation und können auch nur durch Kommunikation in Lösungen verwandelt werden.

Insbesondere überraschende Elemente wie **Provokation**, **Paradoxien**, Unerlaubtes, Freches und Unerwartetes ergeben Möglichkeiten der Variation und Beeinflussung - ein **Servo-Effekt** entsteht, der ein einfaches Umsteuern ermöglicht. Agieren besteht in systemischer Perspektive hauptsächlich in kreativ mitfühlender Kommunikation: Zuhören, Sprechen, Gesten, Nicht-Sprechen usw.

Zentrale Aufgabe ist deshalb, die permanente Suche nach **Veränderungsmöglichkeiten**, also die Einleitung von Ordnungsbrüchen, um dem abnehmenden Grenznutzen der Effizienz-Optimierung zu entgehen. Geordnete Systeme entstehen aus der ins Gleichgewicht geratenen Kommunikation über Regeln und Normen, Vorschriften, Verhaltensweisen oder Strukturen.

Sie wehren sich vehement, ihre eingespielte Strukturform zu verlassen, aber sie können durch subtile, oft spielerische und überraschende Impulse und ein vielfältiges Repertoire der Interventionen zur Entwicklung veranlasst werden.

Levels of System

Besonders zu beachten bei den systemischen Interventionen sind die verschiedenen **Levels of System** (*Nevis 1988*). Es gilt in jedem Fall zu prüfen, welche Personengruppen mit zum relevanten Kontext der Problemfelder gehören. Es ist zum Beispiel relativ sinnlos, Kommunikations- und Konflikttrainings mit Teams durchzuführen, wo der Konflikt strukturell von höherer oder anderer Stelle verursacht wurde.

Gerade die sozialen Architekturen dienen dabei zur sinnvollen Grenzziehung und Klärung. **Levels of System** sind nicht als Hierarchiestufen zu verstehen, sondern beschreiben die Stufen vom Einzelakteur über Gruppen bis zum Gesamtunternehmen oder gar darüber hinaus. Die Interventionsformen sind den **Levels** anzupassen.

Zentrale Medien der Organisation, Planung und des Management sind **Impulse** (Visionen, Projekte), der **Rahmen** (Strategie, Budgets, Ziele, Leitlinien) und die **Atmosphäre** (Foren, Raumgestaltung, Zeiträume etc.). In der Realisierungsphase geht es zentral darum, die physischen, gedanklichen wie sozialen Räume zu gestalten, die eine verbessernde Veränderung ermöglichen können.

Soziale Räume kreieren Akteure durch Timing, Sprache, atmosphärische Steuerung aber auch durch die Bildung von Strukturen wie Teambildung und Themenwahl.

Zu den physischen Raumgestaltungen gehören die Auswahl der Standorte, Gebäude, Sitzordnungen oder auch Inneneinrichtungen.

3.2.1 Vorgehensweise

In einer Abfolge von Verstehen, Öffnen und Lernen werden soziale Systeme durch Sprache verändert. Führung und Beratung gelingt im Dialog.

In einem **ersten Schritt** einer solchen **Unit of Work** erscheint Wahrnehmen und Beobachten, das Entdecken der Kultur durch Diagnose der Sprache eines sozialen Systems angemessen. Es geht um Verstehen, Vorfühlen, um Entdecken und Aufdecken der **heimlichen Spielregeln**, Mythen und Usancen.

Die Kunden sind die Kundigen im System. Mit ihrer Hilfe gelangt man unter die Symbolebene, indem die für das System typischen Geschichten erforscht werden. Es sind die **Legenden** und **Heldensagen**, die das System zusammenhalten aber auch erstarren lassen.

Es wird das Spektrum erweitert, die aktuelle Beziehungskonstellation betrachtet und die Widersprüche und Mehrdeutigkeiten zur Problembeschreibung genutzt. Es wird hier vornehmlich nach den Ressourcen des Systems gefragt, um daraus Potenziale zu entwickeln.

Der **zweite Schritt** dient der Öffnung durch Sprache, dem Erzeugen neuer Möglichkeiten und Chancen. Es wird auf der Basis einer ganzheitlichen Wahrnehmung der Möglichkeitssinn entfaltet. Da Probleme zumeist in einer zu engen Sichtweise begründet liegen, werden hier durch Perspektivenwechsel neue Wege und Lösungen aus **Stereotypen** des Handelns und Denkens aufgespürt. Hilfreiche Geschichten, **Metaphern** und Sprachbilder lösen Assoziationen und Phantasie aus.

Zirkuläres Fragen und gezieltes Stören dienen der Veränderung und leiten zu spielerischem und kreativem Umgang mit der Situation an. Die Sprache erschafft Welt, Chancen und Auswege. Veränderung wird durch überraschende, das System »störende« Sprachwahl ausgelöst, es wird modelliert und ausprobiert, weniger desselben praktiziert und plötzlich bildet sich aus **emergenten Prozessen** (vgl. Emergenz im Minilex) die neue Sichtweise, Lösung oder Chance.

In einem **dritten Schritt** können die entdeckten Lösungswege dann in praktisches Handeln überführt und gelernt werden. Dabei ist es nicht wichtig, dass der intervenierende Akteur vollends inhaltlich verstanden wird oder gar in allem recht hat, sondern es soll eine Situation erzeugt werden, die den Beteiligten sich besser verstehen und das Richtige wahrscheinlicher eintreten lässt.

Die Aktivitäten dazu sind öffnende Fragen und Perspektivenwechsel, Austausch und Erweiterung von Sichtweisen, Zirkularität, also das Aufzeigen von Wechselwirkungen, Hypothesenbildung, respektloser Umgang mit Themen und alten Mustern, Neugier, Achtung unterschiedlicher Temperamente und Persönlichkeiten, Ressourcen- und Lösungsorientierung sowie Kundenorientierung. Die **Problemträger** oder **-wahrnehmer** sind die Experten. Sie tragen alle Ressourcen und Möglichkeiten in sich.

3.2.2 Die Interventionsformen

Die Interventionen erfolgen als Beratung oder Management. Dabei sind das Intervenierende, das zu Verändernde und das Aktionssystem zu unterscheiden. Die Akteure entstammen einem spezifischen Kontext, beeinflussen soziale Systeme wie Teams, oder Organisationen und formen damit zugleich ein Interventionssystem bestehend aus denen, die intervenieren und denen, die beraten werden.

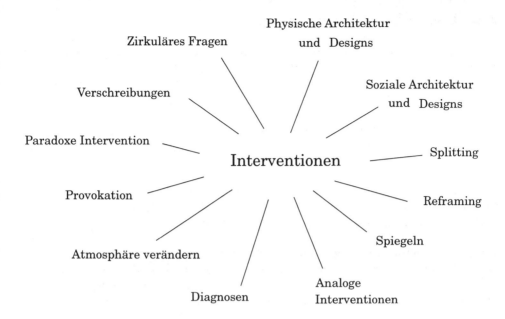

Abb. 46: Mind Map der Interventionsarten

Die **Architektur der Interventionen** beschreibt den allgemeinen Rahmen, in dem ein Veränderungsprozess ausgelöst werden soll, Design und Handwerk beschreiben die spezifische Ausgestaltung (Königswieser / Exner). Beispielsweise werden strukturelle Vorkehrungen getroffen und spezielle Projekt- und Steuerungsgruppen organisiert.

In diesen Gruppen können dann diverse **Techniken**, **Methoden** und **Aufgaben** gewählt werden: Einsatz von analogen Interventionen und Sprachbildern, Sprache und Metaphern, **paradoxe Interventionen**, zirkuläres Fragen oder die Wahl von physischen Räumen und **Atmosphären**.

Es werden behandelt:

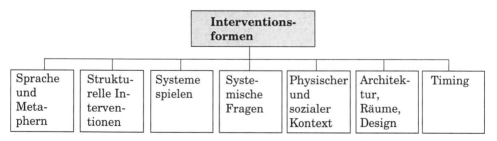

3.2.2.1 Sprache und Metaphern

Das Fragen, Zuhören und Kreieren bedarf dabei der Aufnahme der jeweilig genutzten Sprache. Die intervenierenden Akteure schleichen sich geradezu in das System hinein, versuchen die Sprache zu übernehmen und verändern achtsam und hilfreich aus dem Hintergrund die Szenerie.

Sie betätigen sich wie hilfreiche Geister ohne Aufsehen im System zu erzeugen und achten auf die Fähigkeit und Chance, immer wieder metasystemisch zu reflektieren.

Jede Form der **Kommunikation** löst bei den Zuhörern sehr unterschiedliche, persönlichkeitsspezifische **Assoziationen** aus. Sehr schnell können unerwartete Effekte resultieren, die den Veränderungs- und Lernprozess beeinträchtigen.

Insofern ist behutsam mit den Interventionen umzugehen. Auch der Einsatz von Methoden und Aktionen ist kontextbezogen und individuell differenziert vorzusehen. Es gibt nicht die gute Methode für alle Zwecke und Menschen. Vielmehr liegt ein besonderer Wert in einer vielfältigen und spielerisch kreativen Vorgehensweise.

Die aktuell gebräuchliche Sprache zeugt oft von einer Chronifizierung und festen Statik spezifischer Probleme. Begriffe verdinglichen Prozesse und Verhalten, können es damit anschaulich machen, verfestigen die Beziehungen und Handlungen aber oft wie »einbetoniert«. Mit der Einführung neuer Schlüsselwörter kann dann eine bewusste Mehrdeutigkeit zur **Auflockerung** führen.

Das Wort Reform meint etwas ähnliches wie Innovation, klingt aber für viele politisch und wird deshalb die Zurückhaltung fördern. Die Worte Lösungs- oder Lernwerkstatt erzeugen dagegen Zustimmung und Engagement.

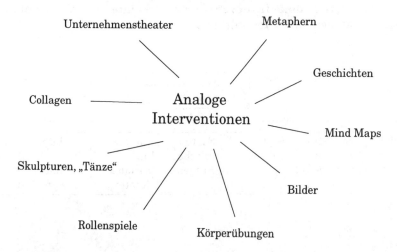

Abb. 47: Analoge Interventionen

3.2.2.2 Strukturelle Interventionen

Für die strukturellen Interventionen haben *Königswieser* und *Exner* den treffenden Ausdruck soziale Architektur und Design gewählt. Zu diesen vorprägenden **Rahmengestaltungen** gehören die grundsätzlichen Kontrakte zwischen Interveneuren und dem jeweiligen zu verändernden System beziehungsweise der Auftraggeber.

Zudem werden alle Gruppenbildungen und Organisationselemente dazu gezählt wie Entwicklungs- und Dialoggruppe, **Projektteam, Sounding Board, Coachings, Trainings, Workshops, Reflecting Teams** und die Zusammenarbeit mit der Geschäftsleitung. Es werden Rollen und Funktionen, Zeitpläne, Budgets und die Ziele und Wertmaßstäbe definiert.

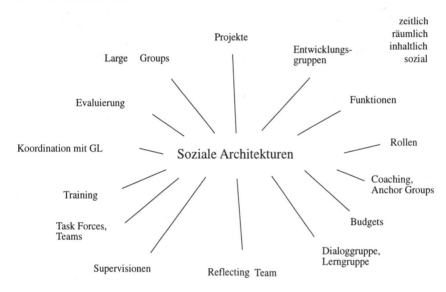

Abb. 48: Soziale Architekturen

In Innovationsprojekten erscheint es sinnvoll, die oft große Projektgruppe in reflektierenden Lerngruppen, in Anchor Groups, wo der persönliche Austausch unterstützend wirkt und in spezielle Task Forces zu unterteilen.

Eine Lenkungs- oder Entwicklungsgruppe koordiniert das Veränderungsprojekt und stimmt das Vorgehen mit der Geschäftsleitung ab. Begleitend treten das Projektcoaching und Reflecting Team hinzu, die Unterstützung gewährleisten, Konflikte aus neutraler Position regeln können und das Lernen des Lernens ermöglichen.

Das Design formt sich aus der Grobstruktur, in der das »Was« und »Wer« bestimmt wird. Hier dominiert das »Wie«, also die Prozesse und die Vorgehensweise. In diesem Buch sind diese Methoden und Wege den einzelnen Schritten im Veränderungsprozess (also den Kapiteln) zugeordnet, in denen sie besonders geeignet erscheinen.

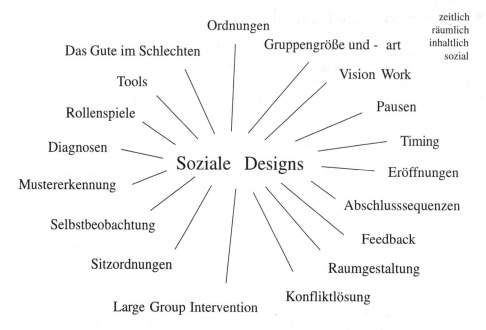

Abb. 49: Soziale Designs

3.2.2.3 Systeme spielen

Realisieren, Verwirklichen und Umsetzen kann man am besten in Aktion üben. Da jede Intervention ungeahnte Reaktionen auslösen kann, ist Vorsicht geboten. So erweist es sich als geeignet, Simulationen und Spiele auch computerunterstützt zu nutzen, um Wirkungen eigenen Handelns zu erproben.

In Systemspielen (*Manteufel / Schiepek*) können die Dynamik und Komplexität sozialer Systeme realitätsnah miterlebt, gestaltet und verändert werden.

Im so genannten **Knowledge Networks** finden sich Wissensarbeiter, um gemeinsam die Informationsflut besser handhaben zu lernen, wie kooperativ gelernt werden kann und neue Lösungen entstehen. Als virtuelle Konferenzen gestalten sich die Projekte ressourcenschonend und effektiv. Die Reflexion durch andere Teilnehmer ermöglicht **Double Loup und Deutero Learning**.

Die Spieler können im Spiel Kompetenzen erwerben und erleben sich selbst in typischen Alltags- und Entscheidungssituationen. Es wird die Konstituierung sozialer Systeme beobachtet, wie Rollen, Funktionen und Strukturen entstehen und es werden die Wirkungen eigener Aktionen erkannt.

3.2.2.4 Systemisches Fragen

Mit zirkulären Fragen (*Schlippe / Schweitzer*) werden die Akteure veranlasst, das normale Interaktionsverhalten zu verlassen und von einer Metaebene aus, neue Perspektiven zu gewinnen. Im Grundsatz werden Fragen nach den Kreisläufen der Beziehung gestellt und die Beobachtung einer Beobachtung erfragt. Also zum Beispiel:

❑ Für wen ist das, was das Team tut, ein Problem?
❑ Was denken Sie, wie die Kunden die Beziehung zwischen Ihnen und Ihren Mitarbeitern sehen?
❑ Wie wirkt wohl ihr Führungsstil auf Frau Y?

Die zirkulären Fragen lassen sich unterscheiden in:

❑ Unterscheidungsfragen (Unterschiede, Vorher/Nachher, Rangfolgen)
❑ Wahrnehmungsfragen (Erfolgskriterien, Verschlimmerungen) und
❑ Möglichkeitsfragen (Wunderfrage, Perspektiven).

Es wird die Situation beschrieben und daraufhin kreativ an Lösungen gearbeitet, um dann über den Prozess zu reflektieren.

Abb. 50: Zirkuläres Fragen

Neue Möglichkeiten können auch durch **paradoxe Interventionen** eröffnet werden. Hierbei wird gegen die gewohnte Erwartung gearbeitet. Im Zentrum steht das Paradox der Veränderung: »Werde, der du bist.« oder »Du kannst nur so bleiben, wenn du dich änderst.« Verblüffend wirken z. B. Fragen, wie der gegenwärtige Zustand noch verschlimmert oder vergrößert werden kann (**Verschlimmerungsfragen**):

»Wie könnte das Problem noch vergrößert werden?« Oder es werden die Akteure verpflichtet, die Ursache für Probleme immer in einer Person, Abteilung oder Ursache zu suchen (**Symptomverschreibung**): »Der Müller ist immer an allem schuld.«

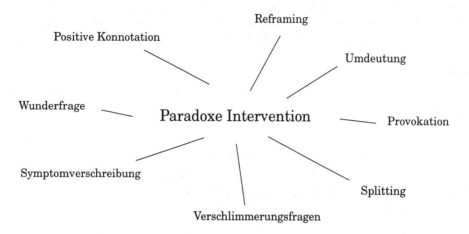

Abb. 51: Paradoxe Interventionen

Es wird dann den Beteiligten selbst die einseitige Zuschreibung deutlich. Beispielsweise entbehrt es nicht einer gewissen Ironie, wenn Ursachenzuschreibungen umgedreht werden:

Ich bin verärgert, weil die Kunden übertrieben reklamieren - Die Kunden reklamieren, weil ich übertrieben verärgert bin. Durch dieses Umdenken wird ein neuer Rahmen, eine überraschende Perspektive eröffnet, die aufzeigt, was die Probleme mit dem eigenem Verhalten zu tun haben könnten.

3.2.2.5 Physischer und sozialer Kontext

Entwicklungsprozesse in Unternehmen sind neben den Rahmensetzungen stark von der physischen und sozialen Atmosphäre bestimmt. Sie beeinflusst die Wahrscheinlichkeit von Ereignissen und die Tonalität von Persönlichkeiten.

Atmosphäre ist als Ganzheit der physischen, psychischen und sozialen Einflüsse auf die Situation zu verstehen. Atmosphäre beschreibt die Beziehung von Kontextqualitäten und menschlichem Befinden.

Atmosphären vermitteln die Umfeldreize zu den Sinnen, sind somit gestaltbare Transmitter in der sozialen Sphäre, die wesentlich zum Gelingen beitragen können.

Die Architektur, die Räume, die Zeiträume alle Sinnesfaktoren wie auch die Sprachstile, Riten und Umgangsformen beeinflussen den Charakter der Kommunikation und der Beziehungen und damit die Eigenart des sozialen Systems. Sitzordnungen,

Zeitpläne, **Interior Design**, Luftqualität und Sprachregelungen bedingen sich gegenseitig, sind zumeist typisch für das soziale System, weil sie es stabilisieren und konstituieren.

3.2.2.6 Architektur, Räume und Design

Architektur und Innenarchitektur können als beeinflussende Aktionsfelder verstanden werden genauso wie Farben, Gestik und Kleidung. Die Kultur einer Unternehmung, die Verhaltensmuster und die Räume, in denen agiert wird, beeinflussen sich gegenseitig. Was passiert, ist maßgeblich von den räumlichen Gegebenheiten abhängig.

Die Räume wiederum werden von Personen gestaltet, geplant und genutzt, die in spezifischer Weise miteinander kommunizieren und so die Kultur prägen. Alle Komponenten wie Klima, Räume und Kommunikation können von jedem Akteur variiert und beeinflusst werden.

Die Bedeutung eines **Corporate Design** liegt in der Stabilisierung des Gewohnten und der Leit- und Orientierungsfunktion zu Neuem. In verstaubtem Mobiliar sind ebensolche Gedanken wahrscheinlich. Frischer Wind verändert die Situation und gewohnte Rituale werden gestört.

Als konkretes Gestaltungsmittel eignet sich z.B. eine erfahrungswissenschaftliche Theorie, das chinesische **Feng – Shui**, eine Lehre zur sinnvollen Farb- und Raumgestaltung. Hier werden implizite Regeln zu explizitem Wissen über die sinnvolle Gestaltung von Räumen.

3.2.2.7 Timing

Eine wichtige Maßnahme ist das **Timing**. Oft muss zunächst die Geschwindigkeit aus gewohnten Prozessen genommen werden. Schlendern ist nicht nur Luxus, sondern Entschleunigung ermöglicht auch die genauere Wahrnehmung. Mit gezielten Verzögerungen kann notwendige Zeit zum Verändern beschafft werden. Die schnellen Abläufe resultieren aus der Effizienz des Bekannten und Erfahrenen.

Um umzusteuern bedarf es der bremsenden Störung. Um wahrzunehmen, bedarf es des Zuhörens. Deshalb sind offene **Zeit-Räume** zu bilden, in denen Lösungen erwachsen können. Zum Timing gehört auch, die richtigen Zeitpunkte für die Einführung der Innovationen zu wählen, um günstige Stimmungslagen zu nutzen.

Genauso sind auch **geeignete Zeitpunkte** (Kairos) für das Ausscheiden von alten Lösungen und der sinnvolle Ersatz zu bestimmen. **Effektivität** bedeutet, das Richtige richtig und zum rechten Zeitpunkt tun. Reines Effizienzdenken verhindert Innovationen. Insgesamt kann eine gewisse Zeitvielfalt sinnvoll sein. Phasen, in denen sehr schnell realisiert wird, wieder andere Abschnitte, in denen bewusst entschleunigt wird. So entsteht ein hohes Maß an Zeitsouveränität.

Ehemalige Staatsbetriebe wie die Post AG, die Telekom usw., aber auch große Konzerne bedürfen der Restrukturierung, Veränderung und Flexibilisierung. Durch Anordnung, Planung und Kontrolle sind die verbessernden Veränderungen oft nicht zu erreichen.

Wie können Sie systemisch sinnvoll in einer solchen Unternehmung intervenieren?

Nennen Sie Methoden und Problembereiche.

Seite 203

Nicht nur starre Bürokratien auch technoide Denkweisen lassen Innovationen oft scheitern.

Besonders deutsche Unternehmen gelten als technoid und wenig markt- und serviceorientiert. Produkte mit ausgezeichneter Technik, hoher Qualität und rational überzeugenden Funktionen erreichen trotzdem oft ihre Kunden nicht.

Warum müssen Innovationen durch stimmiges Marketing begleitet werden?

Seite 203

Nachdem die Möglichkeiten der Realisierung vorgestellt wurden, geht es in Kapitel E 1. um die Wirkung der Lösungen. Es wird der Frage nachgegangen, wie sich die Beteiligten und Betroffenen mit den Veränderungen arrangieren, welche Widerstände und Konflikte auftauchen und wie sie überwunden werden können.

In der Firma **Elsbett** haben die Eigner und Ingenieure einen mit Pflanzenöl funktionierenden Dieselmotor entwickelt. Es entstand nach jahrelanger intensiver und kreativer Arbeit ein Dreizylinder, der mit allen Arten von Pflanzenöl läuft. Pflanzenöl kann günstig angebaut werden, ist weder explosiv noch giftig. Der Brennstoff ist CO_2 neutral und emissionsarm. Dieses Produkt mit nahezu unschlagbaren Vorteilen, einer blendenden Ökobilanz und Effizienzgewinnen für die Nutzer konnte sich am Markt nicht durchsetzen. Alle maßgeblichen Großserienhersteller lehnten das patentierte und mit internationalen Forschungspreisen gewürdigte Konzept ab. Nur wenige zufriedene Käufer wurden bisher direkt von der Fa. Elsbett beliefert. Vorerst muss diese Innovation als gescheitert gelten.

1. Warum haben die etablierten Autoproduzenten das Konzept nicht aufgegriffen? Was hindert die Autoproduzenten womöglich an der Kooperation mit Elsbett?

2. Wie kann ein Konzept für ein Joint Venture in den Umrissen aussehen?

3. Was muss zu einem überzeugenden Produktkonzept im Hinblick auf die möglichen Nutzer des Fahrzeugs hinzukommen?
Wie könnte die Innovation in Zukunft erfolgreich auf dem Markt gebracht werden?

Seite 203

Ein weiteres kompliziertes Problemfeld entsteht, wenn neben der Wirtschaft auch noch politische Akteure hinzukommen.

Innovationsprojekt Transrapid:

Der Transrapid gilt als Innovation im Transportsektor. Er ist verbrauchsarm, schnell, leise und ermöglicht häufige Stopps und Starts. In Deutschland existieren gerade aufgrund der Wiedervereinigung einige schlecht verbundene Regionen. Das Konsortium benötigt inländische Referenzprojekte, um das System global anbieten zu können.

Innovationshemmnisse:

Welche Hemmnisse und Marktwiderstände tauchen dabei auf. Wie könnte diese Innovation am Markt durchgesetzt werden? Wie können die Stakeholder überzeugt und für das Projekt gewonnen werden?

Systemische Problemlösung:

Erläutern sie Ihr Vorgehen auch unter Verwendung der Systemik, wobei sich Verständigung in sozialen Systemen lediglich kontextuell beeinflussen lässt.

Seite 204

Mit der Realisation wird der kreative Modus angeschlossen.

Erläutern Sie, was unter folgenden in diesem Kapitel behandelten Begriffe zu verstehen ist:

○ Kreativität
○ Brainstorming
○ Kreativitätsmethoden
  – Sustainable Brief Solution Talk
  – Umkehrtechnik
  – Force-Fit-Game
  – Attribute Listing
  – Brainwriting
  – Assoziationen
  – Synectics
  – Kreativitätskreise
  – Morphologische Diagnose
○ Planung

○ Milestones
○ Spielregeln vitaler Systeme
○ Best Patterns
○ Punktbewertungsmodell
○ Wertanalyse
○ Portfolio
○ Strategische Geschäftseinheiten
○ Erfahrungskurve
○ Erfolgsfaktoren
○ Marktattraktivitäts-/ Wettbewerbsvorteile Portfolio
○ Market-Coaching
○ Levels of System
○ Interventionen

Seite 204

F. Reflektive Phasen des Innovationsprozesses

Der reflektive Modus wird nach der Verwirklichung erreicht. Zunächst gilt es, die Zufriedenheit und Akzeptanz zu erkunden. Daraufhin wird durch Reflexion gelernt und das Projekt abgeschlossen.

Reflektive Phase	Kontakt
	Lösung und Lernen
	Abschluss und Loslösung

1. Kontakt

Diese Phase stellt eine Besonderheit dar. Nach der aktiven Veränderung der Situation geht es hier um das **Wahrnehmen** und **Registrieren** dessen, was sich wie verändert hat. Dabei wird rational und emotional die neue Situation erfasst.

In der **Produktentwicklung** kann das die erste Reaktion wichtiger Kunden auf die Neuerung sein. In der **Organisationsentwicklung** werden die Reaktionen der von der Umstellung Betroffenen registriert. Im Sport wäre dies der Moment nach dem erfolgreichen Torschuss (sowohl des eigenen wie der des Gegners).

Gelungene wie misslungene Veränderungen werden hier erfahren. Insofern wird überprüft, ob zu Beginn angestrebte Ziele erreicht werden konnten. Genauso gilt es das Scheitern, Misserfolge, **Konflikte**, **Widerstände** und Hemmnisse zu diskutieren.

Wir konzentrieren uns in dieser Phase auf folgende Aspekte:

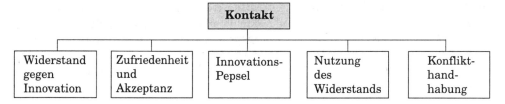

1.1 Widerstand gegen Innovationen

Grundsätzlich wird jede Veränderung bei der überwiegenden Zahl von Betroffenen als unangenehm empfunden und deshalb zumindest affektiv abgelehnt. Auch Menschen, die sich durch eine Innovation ihr Situation verbessern können, erkennen diesen Vorteil oft nicht, oder halten ihn für unsicher.

Das Neue wirkt oft wie ein angsterzeugender Dämon. Es bedarf entscheidender Erneuerer mit klaren Selbstbewusstsein, um eine Innovation durchzusetzen. So formulierte kürzlich der Innovationsexperte *Staudt*: »Innovation im Konsens ist Nonsens«.

Eine Veränderung wird fast immer als Störung des Gewohnten erlebt. Störung wird in systemischer Hinsicht als wirksame Form der Veränderung bezeichnet. So entdeckte schon Schumpeter große **Beharrungswiderstände** auch in modernen Unternehmen und die Beschreibung von Innovationsprozessen ist immer eine Geschichte der Erneuerung und der Bedenken gegen sie.

Widerstände in Veränderungs- und Lernprozessen

Bei allen Veränderungs- und Lernprozessen tauchen verschiedene Widerstandsformen auf. Ein Prozess ohne Widerstand, also ein zu glatter Durchlauf muss sogar als bedenklich gelten. Menschen verändern das Gewohnte ungern, weil das neue Unsicherheiten evoziert und Ängste auslöst. Insofern wird mit verschiedenen Reaktionen versucht, die Veränderung abzuwehren, bis sich eine deutliche Verbesserung durch eine neue Situation abzeichnet.

Die Ausblendung und Heraufsetzung der Wahrnehmungsschwelle (Desentization) dient als Schutz vor Information Overload. Nur offensichtlich dienliche Informationen werden selektiert. Mit der Verdrängung (Deflection) soll von den Störinformationen abgelenkt werden. Verdrängung ist geschickte Ablenkung und Vermeidung.

Bei der Projektion (Projection) werden andere als Verursacher von Problemen genannt. Eine kritiklose Annahme (»Fressen«) beschreibt die Introjektion. Bei der Retroflexion werden Gedanken und Gefühle für sich behalten und sublimiert. Auch das konfluente Verhalten, also das scheinbar einfache Akzeptieren und Bejahen kann eine Form des Widerstandes sein. Hier wird die Ablehnung nicht gezeigt, das Problemfeld gar nicht ernsthaft durchdacht. Es liegt opportunistisches Verhalten vor. Wider besseres Wissen wird nicht interveniert.

Lösungen der Widerstände sind mit folgenden Ansatzpunkten zu finden: Vor allem muss eine angstfreie Atmosphäre geschaffen werden, in der alle Akteure Fehler zugeben können und für Hinweise auf Mängel mehr gelobt als getadelt werden. Alle Akteure sind intensiv mit in Entscheidungsprozesse einzubeziehen (Partizipation). Es sind zudem multiversale Darstellungsweisen und Dialogformen zu entwickeln. Eine neutrale Moderation und Konfliktlösung aus der Perspektive zweiter Ordnung (vgl. Systemik) kann zudem Widerstände und reaktantes Verhalten auslösen.

Hauschildt (1997, S. 125ff) schildert klassische Beispiele von Widerständen gegen bahnbrechende Erneuerungen, die heute als Selbstverständlichkeit betrachtet werden (z.B. Diesel-Motor, Rechenmaschine von Konrad Zuse, Diffusion des Glühlichts u.a.).

Widerstände entstehen oft auf der Folgestufe der Wertschöpfungskette. Einflussreiche Händler können sich gegen Innovationen sperren, solange der Innovator keine alternativen Distributionswege findet.

In der Wertschöpfungskette entstehen zahlreiche soziale Systeme zwischen den Institutionen, die durch geeignetes Relationship-Marketing kultiviert werden können. Es gilt hierbei, eine stimmige Kommunikation zu etablieren, die Neuerungen kooperativ akzeptierbar machen.

Widerstände können aber auch wirksame Mittel und Indikatoren gegen bedenkliche Erneuerungen sein. Ein Veränderungsprozess ohne Hemmnisse, Diskussion und Widerstände kann sogar als bedenklich gelten.

Zu glatte Abläufe deuten oft darauf hin, dass bestimmte Personen gar nicht angehört werden, ein Innovationsprozess von wenigen dominiert wird und wichtige Aspekte unberücksichtigt bleiben. Deshalb wird heute versucht, alle Betroffenen (**Stakeholder**) in die Entscheidungsprozesse mit einzubeziehen.

Die Erkenntnisse erweitern sich, das Projekt wird eher akzeptiert und es entfaltet sich Engagement. So werden bspw. Großprojekte im öffentlichen Sektor einvernehmlich beschlossen nachdem **Mediatoren** den Ablauf begleiteten. Dabei wird nach sogenannten **Win/Win Lösungen** gesucht, die allen Seiten einen Vorteil bieten können.

Auch Veränderungsprozesse in Organisationen oder Produktentwicklungsprozessen werden eher unter Mitwirkung vieler Experten mit unterschiedlichen Sichtweisen realisiert. Hohe Qualität und Dauerhaftigkeit können dann die Ergebnisse auszeichnen.

Die Firma Sony hatte in den 80er Jahren einen sehr leistungsfähigen Videostandard entwickelt. Trotz seiner deutlichen Vorteile hat sich der VHS Standard durchgesetzt. Diese Entwicklung hat zu einer schweren Krise geführt, die Sony aber sinnvoll nutzen konnte.

Was ist eine Innovationsfalle und wie kommt man heraus?

Seite 204

1.2 Zufriedenheit und Akzeptanz

Alle Innovationen haben eins gemeinsam. Für das Unternehmen stellt sich die Frage, wie das Produkt vom Verbraucher oder wie die Prozess- oder Strukturinnovation von den Mitarbeitern angenommen wird. Verständlicherweise ist es für die Unternehmen am günstigsten, dass die Innovation schnell von dem Konsumenten adoptiert wird. Aber bis zur Annahme (Adoption) durchläuft die Innovation laut *E. M. Rogers* fünf Phasen:

Wahrnehmung → Interesse → Bewertung → Probieren → Adoption

Eine Untersuchung bezüglich Produktinnovationen durch Rogers ergab folgendes Ergebnis: Interessant ist dabei, dass nur jeder 40. Konsument schnell das Produkt annimmt und somit als Innovator gilt.

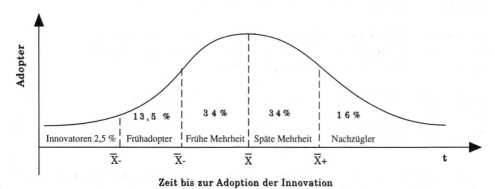

Abb. 52: Adoption von Innovationen durch die Gesellschaft

Flops und Risiken

Innovationen bergen für jedes Unternehmen auch ein nicht zu unterschätzendes Gefahrenpotenzial. Gerade Pionierunternehmen bewegen sich auf dünnem Eis. So liegt die Floprate bei diesen Unternehmen bei deutlich über 50 Prozent. Beispiele sind das »Videosystem 2000«, »Top Job«-Waschverstärkertuch von Procter & Gamble oder diverse Zeitungsprojekte (z.B. »Leute« von Gruner & Jahr oder TV Produktionen und Formate z.B. »City Express der ARD«).

Der Hauptgrund für die hohe Flopgefahr liegt in den sich verändernden Rahmenbedingungen:

○ Produktlebenszyklen und die verfügbaren Entwicklungszeiten werden kontinuierlich kürzer
○ Fragmentierte oder gesättigte Märkte
○ Hohe Kosten für die Neuproduktentwicklung
○ Fehlendes Venture-Kapital
○ Gesellschaftliche und staatliche Beschränkungen
○ Nicht nur ein gutes Produkt ist wichtig, sondern auch ein stimmiges Marketing
○ Kurze Entwicklungszeiten
○ Innovationen erzeugen das Risiko, die erreichte Position zu verlieren und mit dem Neuen eine verschlechternde Veränderung zu bewirken sowie die Notwendigkeit, Neues lernen zu müssen.

Die Zufriedenheit mit und die Akzeptanz einer Innovation hängt eng zusammen mit den Erwartungen, die vorher geäußert wurden. Enttäuscht wird derjenige, der sich vorher täuschen ließ. Zufriedenheit ist damit ein relativer Maßstab, da sie auch vom erreichten Niveau abhängt. Je zufriedener die Akteure sich fühlen, desto schwieriger ist es, Akzeptanz für Neuerungen zu finden.

Zufriedene Kunden oder Mitarbeiter sind zudem relativ neuerungsfeindlich, da sie meinen, mit der Innovation etwas Wertvolles aufgeben zu müssen.

Insofern sind Innovationen einfacher aus Beschwerden, Reklamationen, Fehlern und Flops und bei unzufriedenen Akteuren durchzusetzen.

Innovationen sollen über die Zufriedenheit und Akzeptanz hinausgehen und Einstellungen und Verhalten verbessernd verändern. Dazu ist eine gewisse **Faszination** und **Begeisterung** für die Neuerung notwendig.

Wie kann Zufriedenheit und Akzeptanz gemessen werden? Es existieren dazu:

• **Ereignisorientierte Verfahren der Zufriedenheitsmessung**
• **Merkmalsorientierte Bewertung der Zufriedenheit**.

Diese Verfahren sind auch im Zusammenhang anwendbar (*Meister / Meister 1999*).

1.2.1 Ereignisorientierte Verfahren der Zufriedenheitsmessung

Soft Factors, die die Prozessqualität bestimmen, können mit ereignisorientierten Methoden besonders gut ermittelt werden:

❑ **Beobachtung:** Offene oder verdeckte Beobachtung der Personen in der Nutzungssituation. Sehr aufwendiges Verfahren mit Interpretationsbedarf aber auch ungefälschten Informationen.

❑ Die **Lob- und Beschwerdeanalyse** gibt Auskunft über positive und negative Erlebnisse der Beteiligten (Kunden, Mitarbeiter). Problem: In der Regel geben nur wenige Personen Auskunft. Deshalb müssen Möglichkeiten der einfachen Information gegeben werden.

❑ **Sequenzielle Ereignistechnik**: Hier werden Probanden an bestimmten Kontaktpunkten (besonders wichtige Bereiche, wo die Dienstleistung sichtbar wird, z. B. Service Point der Bahn) gefragt, wie sie die Leistung erlebt haben.

❑ **Kritische Ereignistechnik**: Hier schildern Personen besonders positive und negative Erlebnisse im Zusammenhang mit der Innovation. Es können so dominante Wirkungen der Neuerung ermittelt werden.

1.2.2 Merkmalsorientierte Bewertung der Zufriedenheit

Merkmalsorientierte Verfahren eignen sich besonders zur Verarbeitung quantitativer Daten.

❑ **Analyse des Globalurteils**: Befragung von Personen hinsichtlich ihrer allgemeinen Zufriedenheit mit einer Innovation. Es ergeben sich in der Regel nur sehr allgemeine Hinweise.

❑ **Frequenz-Relevanz Analyse**: Hier werden Problembereiche vorgegeben, die von den Akteuren beurteilt werden sollen. Nachteilig ist die starke Fokussierung auf negative Bereiche.

❑ **Conjoint Analyse**: Beurteilungsobjekte werden hier in eine Rangfolge gebracht, um den Lösungsbeitrag zu werten.

❑ **Multiattributverfahren**: Hier werden mit Hilfe einer Liste Bedeutungs- und Eindruckswerte aus Sicht der Probanden ermittelt und zu Globalurteilen verdichtet.

Die Feststellung der **aktuellen Zufriedenheit** reicht nicht aus. Begleitend sollte nach möglichen Ansatzpunkten deutlicher **Verbesserungen** gefahndet werden. Zum Beispiel kann danach gefragt werden, wie eine ideale Innovation aussehen müsste, was zur Zufriedenheit fehlt und unter welchen Umständen, die Innovation akzeptiert werden kann. Zudem ist immer auf die schon erreichten Verbesserungen hinzuweisen, da diese oft in Vergessenheit geraten oder als selbstverständlich angesehen werden.

Der Stand der Zufriedenheit ist permanent zu überprüfen. Das ist die Basis für kontinuierliche Verbesserung und die lernende Entwicklung.

1.3 Innovations-Pepsel

Problemerzeugende Pseudolösungen (PePseL) sind Lösungsstrategien, die aus einem Problem mehrere Neue machen. An anderer Stelle habe ich ausführlich typische Pepsel (*Bergmann 1997 und 1999*) vorgestellt. Ohne Aussicht auf Vollständigkeit möchte ich hier auf einige typische Pepsel im Innovationsmanagement hinweisen:

○ Gemeinsame Vision und Leitlinien fehlen
○ Engagement und Unterstützung des Top Managements fehlen
○ Perfektionismus und Angst vor Fehlern
○ Fehlendes Prozessdesign
○ Aktionismus
○ Starre inflexible Strukturen
○ Zu wenig Raum zum ausprobieren und experimentieren
○ Zu viel desselben, Effizienz- statt Effektivitätsorientierung
○ Zu viel Kopie, zu wenig eigenständige Entwicklung
○ Mangelnde Reduktion der Komplexität, Verzettelung
○ Zu geringe Bewußtheit über den Kontext (Märkte, Kunden, Technologien, Bedürfnisse)
○ Innovationsfalle: zu schnelle Neuentwicklung, die vom Markt nicht in entsprechender Weise gewürdigt wird. Überforderung der Beteiligten und Betroffenen mit zu hoher Innovationsdynamik und -vielfalt
○ Technologiephilie, also eine zu starke Konzentration auf technisch elegante Systeme, ohne entsprechenden Nutzen
○ Wenig stimmige Atmosphäre mit kreativen Anreizen

○ Zu stringente Rahmenvorgaben mit engen Budgets und starren Plänen
○ Mangelnde Integration der Akteure
○ Zu geringe Vielfalt der Akteure, Methoden und Wege
○ Trennung von Idee / Konzept und Realisation
○ Wenig ansprechendes und unpassendes Design der Lösungen
○ Mangelnde und unpassende Kommunikation intern und nach aussen
○ Mangelnder Kontakt zum Markt
○ Zu wenig im Nutzen der Käufer gedacht
○ Finanzierung nicht gesichert oder Gießkannenprinzip
○ Zu wenig Unterschiede zu bekannten Lösungen
○ Kein Risikobewusstsein
○ Coaching, Supervision und Reflexion fehlen
○ Team Building zu sehr verordnet, keine Selbstorganisationsspielräume
○ Vernetzungsbasis zu gering, zu wenig Kooperation, Relations fehlen
○ Erfahrungen und Erkenntnisse werden nicht genutzt und nicht weiterentwickelt
○ Problemanalyse statt Lösungsorientierung usw.

Ein **Fragebogen** ermöglicht, die eigene Innovationsfähigkeit zu überprüfen:

Innovationstest (31 Fragen)

0 = überhaupt nicht; 1 = in geringem Maße; 2 = überwiegend; 3 = in sehr hohem Maße

Unternehmensvision

- Existiert eine klar formulierte Unternehmensvision?
- Werden die Mitarbeiter in den Prozess der Visionsentwicklung integriert?

Unternehmenskultur (-leitlinien)

- Sind klare Unternehmensleitlinien mit allen Mitarbeitern vereinbart worden?
- Wird im Unternehmen offen und vertrauensvoll miteinander kommuniziert?
- Werden Coaching, Supervision oder Mentoring als Reflexionsmöglichkeit genutzt?

Organisation

- Können Sie Ihr Unternehmen als eher flache Hierarchie bezeichnen?
- Wird die Organisation den Erfordernissen der zu bearbeitenden Projekte flexibel angepasst?
- Werden Aufgaben und Verantwortlichkeiten im Unternehmen weitestgehend delegiert?
- Können Sie und Ihre Mitarbeiter Projekte im Unternehmen selbstorganisatorisch und selbstverantwortlich durchführen?

Lernen

- Haben Sie den Eindruck, Zweck Ihres Unternehmens ist es, Probleme zu lösen und kontinuierlich zu lernen?
- Besteht die Bereitschaft und die Gelegenheit, Prozesse und Abläufe zu reflektieren und kritisch zu hinterfragen?
- Nutzen Sie Kritik von Kunden und Lieferanten und zur kontinuierlichen Verbesserung?

- Gibt es genügend Gelegenheit zum Ausprobieren neuer Ideen?
- Haben Sie den Eindruck, neue Ideen und innovative Ansätze stoßen auf breite Zustimmung und Unterstützung?
- Werden Feler toleriert und als Anlass zum Lernen angesehen?
- Erhalten alle Mitarbeiter Möglichkeiten zur Weiterbildung und beruflichen Entwicklung?
- Werden Entwicklungsmöglichkeiten von den Mitarbeitern angenommen und selbstverantwortlich genutzt?

Marketing

- Konzentriert sich Ihr Unternehmen auf die wesentlichen Kernkompetenzen?
- Besitzt Ihr Unternehmen eine starke Unternehmensidentität (Corporate Identity) und kommuniziert diese?
- Beobachten Sie die Entwicklung Ihrer wichtigsten Absatzmärkte und Ihrer grössten Konkurrenten?
- Lassen Sie sich in Ihren Marktaktivitäten coachen?
- Sind Ihnen die wichtigsten Zielgruppen Ihres Unternehmens bekannt?
- Haben Sie den Eindruck, Ihre Kunden stehen im Mittelpunkt aller Unternehmensaktivitäten?

Leistungen/Produkte

- Helfen Ihre angebotenen Leistungen (Produkte, Dienstleistungen), konkrete Kundenbedürfnisse zu befriedigen und Probleme dauerhaft zu lösen?
- Haben Ihre Produkte neben dem materiellen Wert einen immateriellen Wert (z.B.: positives Image)?
- Erwarten Sie für Ihre Produkte eine lange wirtschaftliche Lebensdauer?
- Können Sie Ihr Marktangebot in einem Satz klar darstellen?

Finanzen

- Haben Sie den Eindruck, Ihr Unternehmen setzt seine finanziellen Ressourcen eher vorsichtig und gezielt ein?
- Werden finanztechnische Instrumente zur Kontrolle der Geschäftstätigkeit genutzt (z.B. Finanz-Controlling, Budgetierung)?

Kooperationen

- Existieren enge vertrauensvolle Beziehungen mit Geschäftskunden und Lieferanten?
- Kooperieren Sie mit externen Innovationsdienstleistern und Beratungen (z.B. Forschungsinstituten, Marketingagenturen, Unternehmensberatungen oder Ingenieurbüros)?
- Suchen Sie nach Möglichkeiten, durch horizontale Kooperationen und Vernetzung, Ihr Marktangebot zu verbreitern?

1.4 Überwinden und Nutzen des Widerstandes

Es existieren viele verschiedene Möglichkeiten, den Widerstand zu überwinden und zu nutzen, um bessere Innovationen zu realisieren.

Eine Unternehmung wird nicht über Nacht zu einem innovativen Unternehmen. Der Prozess zur Vitalisierung kann durch folgende Maßnahmen beschleunigt werden:

○ **Das Top Management** muss sichtbar und wirksam Innovationsprojekte unterstützen.

○ **Fach- und Macht-Promotoren** sind für die Förderung des Projektes zu nutzen.

○ Den einzelnen Akteuren sollte die Möglichkeit gegeben werden, aktiv und selbstverantwortlich an Innovationsprozessen teilzunehmen.

○ Alle wesentlichen Stakeholder sind zu integrieren.

○ Es ist ein **Klima des Vertrauens** und Fehlerfreundlichkeit zu schaffen.

○ **Innovatives Verhalten** ist zu fördern, zu belohnen und zu lehren.

○ **Orientierungsmuster** innovativen Gelingens sind zu sammeln.

○ Innovationen benötigen genügend **Freiraum** und **Zeit**. Zu enge Zielvorstellungen und Zeitrestriktionen sind zu vermeiden.

○ Die Strukturen sollten genügend **Offenheit** und **Flexibilität** für Neuerungen bieten.

○ Die Kommunikation kann durch **heterogene Teams** bestehend aus internen und externen Akteuren mit unterschiedlichen Charakteren, Meinungen und Kenntnissen verbessert werden.

○ **Experimentierende Akteure** sind zu fördern.

○ Unternehmen und deren Akteure sollten sich die Fähigkeit zur **Selbstüberraschung** kultivieren. Zum Beispiel durch Einladung von Kritikern und »Hofnarren«.

○ Alle sind anzuhalten, ihre **Gewohnheiten**, Sprachweisen und Überzeugungen immer wieder zu **hinterfragen**.

○ **Coaches** und **Mentoren** können den Innovationsprozess insbesondere durch kritische Reflexion förderlich und unterstützend begleiten. Das **Marketcoaching** besteht in der begleitenden Unterstützung von Beratern, die die Innovateure mit Sichtweisen über den Prozess als auch mit allgemeinen Erkenntnissen (Orientierungsmuster) über erfolgreiches Vorgehen versorgen.

○ Die Innovationsmanager sollten den Prozess der Innovation durch **Interventionen** förderlich beeinflussen. Zu schnelle Prozesse, in denen Einzelne ausgeklinkt werden, sind zum Beispiel zu entschleunigen. Oft müssen Prozessschritte wiederholt werden. Paradoxe Interventionen, Perspektivenwechsel, experimentelle Versuche können neue Impulse beisteuern. Wenn zu glatte Durchläufe festgestellt werden, sind Widerstände und Kritik zu erzeugen.

○ Das Innovationsmanagement hat immer wieder **Impulse** für Neuerungen zu geben, den **Rahmen** mit Plänen, Regeln und Zielen zu gestalten und eine stimmige **Atmosphäre** zu entwickeln, die Kreativität und Effektivität ermöglicht.

Das gesamte **Prozessmanagement** besteht in einem Ausgleich von Öffnung und Kreativität sowie Struktur und Effektivität. Wenn Innovationen scheitern, sind oft nicht alle Stakeholder integriert, Kritiker überhört und fast immer ist zuviel Druck ausgeübt worden.

Rational überzeugende Innovationen allein genügen nicht. Oft werden sogar die suboptimalen Innovationen akzeptiert: So scheiterte Video 2000 gegenüber VHS, so kam Apple ins Hintertreffen gegenüber der MS DOS/Windows Welt, so setzte sich die Schreibmaschinentastatur durch, die sich erheblich besser anordnen ließe, so werden Organisationsstrukturen geduldet, die verbesserungswürdig sind, so werden Kundenbeziehungen aufrechterhalten, die Verluste erzeugen usw.

Es ist **Interesse zu wecken** und es sind glaubhafte Geschichten der Verbesserung zu erzählen. Der Nutzen muss spielerisch klar werden und die Innovation sollte ein gutes, Vertrauen erweckendes Gefühl auslösen. Schon am Anfang eines Innovationsprozesses entscheidet sich, ob genügend **Kontakt** (Zustimmung, Begeisterung, Engagement) gebildet werden kann.

1.5 Konflikthandhabung

Konflikte sind ein normaler Bestandteil des sozialen Lebens. Sie können Beiträge zu neuen Erkenntnissen liefern und einige Akteure leben im strukturellen Konflikt. **Widerstreitende Interessen** zwischen Industrie und Handel, zwischen Managern und Mitarbeitern oder zwischen Unternehmern und Gewerkschaften sind nicht lösbar.

Sie können aber als Basis für gute kooperative Übereinkünfte genutzt werden. Konflikte können also dazu dienen, verschiedene Sichtweisen und Meinungen in Entscheidungen mit einzubeziehen.

Die Konflikthandhabung dient dazu, widerstrebende Interessen auszugleichen, deseskalierend zu wirken und allen gleiche Rechte zu gewähren. Besonders müssen die Emotionen kontrolliert werden, um sachliche kooperative Lösungen zu ermöglichen.

Es geht darum

❏ Emotionen zu regulieren, also **emotionale Intelligenz** zu entwickeln,
❏ die Situation und Sichtweisen zu klären,
❏ alle **Standpunkte** zu thematisieren,
❏ **Unterschiede und Gemeinsamkeiten** zu definieren,
❏ Ansätze für einen **Ausgleich der Interessen** zu finden.

Ursachen für Konflikte sind vielfältig. Einige typische Quellen wollen wir nennen:

❏ Verschiedene Ziele der Beteiligten (**Zielkonflikte**)
❏ Unterschiedliche Wahrnehmung der Situation (**Wahrnehmungskonflikte**)
❏ Kommunikationsdefekte und Missverständnisse in technischer und psychologischer Hinsicht (**Kommunikationskonflikte**)
❏ **Machtkonflikte**

Konflikt- / Lösungsansätze:

❏ Alle Seiten zur Sprache bringen. Allen Gelegenheit geben, ihren Standpunkt zu erläutern (Aktives Zuhören).

- ❏ Eine **neutrale Position** integrieren (die sog. Beobachtung zweiter Ordnung in Form eines Moderators, Mediators, Supervisors oder Coaches).
- ❏ Gemeinsamkeiten auch in Teilen der Ziele finden, **Gewinner - Gewinner-lösungen** anstreben
- ❏ **Kommunikationsatmosphäre** verbessern, Dialogtechniken erlernen
- ❏ Technische Voraussetzungen verbessern
- ❏ **Rollenwechsel** und Veranschaulichung anderer Sichtweisen und
- ❏ Typische Konfliktlinien zwischen Persönlichkeitstypen (Vgl. **Brain Map**) thematisieren und damit Empathie und Verständnis wecken
- ❏ Selbstorganisation und Selbstverantwortung ermöglichen
- ❏ Transaktionsanalyse, paradoxe Interventionen, zirkuläres Fragen und Feed back einsetzen (Vgl. *Schulz von Thun*).

Alle Formen von Innovationen als Produkt-, Sozial- oder Kulturer-neuerungen, sind mehr oder minder Widerständen ausgesetzt, weil die Veränderungen Ungewissheiten mit sich bringen und Ängste erzeugen.

Welche Arten von Widerständen gegen Innovationen kennen Sie?

Welchen Nutzen können Sie haben und wie werden sie für den Innovationsprozess sinnvoll genutzt?

Seite 204

»Neophile« Innovateure und »neophobe« Akteure geraten schnell in Konflikt.

Konflikte beruhen auf unterschiedlichen Zielen und Interessen, Machtunterschieden, Rollenmissverständnissen und nicht verständigungsorientierter Kommunikation.

Wie können Konflikte in Innovationsprozessen sinnvoll gehand-habt werden? Geben Sie konkrete Hinweise für Lösungsansätze.

Seite 205

Das Scheitern von Erneuerungsprozessen ist oft auf systematische Mängel zurück-zuführen.

Verbessernde Veränderungen sind oft trotz großer Vorteile nicht zu realisieren, auch wenn sich die beteiligten Fachleute über die Vorgehensweise und die Ziele abgestimmt haben.

Woran scheitern so viele Innovationen trotzdem?

Nennen Sie Beispiele für Innovatons-Pepsel.

Seite 205

Besonders zwischen Industrie und Handel (also im Business-to-Business) kommt es schnell zu Innovationsblöcken.

Ein mittelständischer Möbelhersteller für hochwertige Einrichtungen sieht sich starker Nachfragemacht ausgesetzt. Zunehmend bilden sich starke Kooperationen und Filialsysteme im Einzelhandel. Die Konsumenten beurteilen die Innovationen des Herstellers zum Beispiel auf Publikumsmessen sehr positiv, trotzdem fehlen Stellplätze im Handel.

Worauf kann die Nachfragemacht der Händler beruhen?

Welche Optionen bleiben für den Anbieter, sich der wahrgenommenen Macht zu entziehen?

Wie würden Sie als BeraterIn kontextuell (also indirekt über die Rahmenbedingungen) beim Hersteller intervenieren?

Seite 205

2. Lösung und Lernen

Während in Phase 6 die Ergebnisse wahrgenommen und vorsortiert wurden, werden in dieser Phase 7 des Lern- und Lösungszyklus die Resultate systematisiert.

Es geht um folgende Schritte:

❑ Erkennen und Dokumentieren der Muster
❑ Systematisierung der Muster

Mit der siebten Phase beginnt der reflektive Modus. Das Projekt ist realisiert und die ersten Ergebnisse liegen vor. Das Innovationsmanagement systematisiert die Lösungen und legt damit die Basis für einen Erkenntnisprozess. Die Erfahrungen in Form von **Mustern** und **Regeln** werden hier erkannt und in sinnhaften Zusammenhang gebracht.

Dabei sind nicht die konkreten Planungen, Realisationen und Konstruktionszeichnungen als metasystemische Regeln zu verstehen, sondern die Beschreibung der gelungenen Prozesse und Tätigkeiten, die dazu geführt haben, dass das Produkt/Konzept eine angemessene und anerkannte Lösung darstellt. Insofern werden hier die **Stufen 1 und 2 des Lernens** erreicht. Es werden Vorgehensweisen verbessert und Lernen selbst gelernt.

Mit der so genannten **Mustererkennung** und **Musterbildung** wird über die Erfolgsfaktorenforschung hinausgegangen. Es werden hier die **Best Patterns** (Bergmann) gesucht, die das Gelingen wahrscheinlicher gemacht haben. Es wird also geprüft, welche Unterschiede zu weniger erfolgreichen Projekten identifiziert werden können.

Klassische Soll-Ist Vergleiche, **Controllingsysteme** und Abweichungsanalysen tendieren eher zu einer klaren Ursachenanalyse. Hier erscheint es aber sinnvoller, sich nur auf die Unterschiede zu konzentrieren, weil die wirklichen Gründe und Schuldigen in komplexen Kontexten sowieso kaum auszumachen sind.

Mit dem Kreislauf der Erkenntnis und der Balanced Scorecard haben wir schon im Abschnitt D 1 Basismodelle für Lernsysteme und das organisatorische Lernen vorgestellt. Hier kommen Methoden zum Einsatz, die Erlebtes und Erfahrenes systematisieren helfen und nachvollziehbar machen.

Es geht weniger darum, Soll - Ist Vergleiche und konventionelle Controllingsysteme zum Einsatz zu bringen, da Innovationsprozesse oft einen überraschenden und wenig planbaren Ablauf nehmen.

Gelernt wird eher aus der Mustererkennung, dem Unterscheiden von gelungenen und weniger gelungenen Projekten. Die »analoge« Berichterstattung mit Geschichten, Erlebnisberichten, redundanten Informationen erscheint als angemessene Verfahrensweise, neue Erkenntnisse zu bilden.

Projektgeschichten

Hier werden Erfahrungen aufgezeichnet und mitgeteilt. In jedem Projekt existieren Teams und Akteure, die über spezielle Fähigkeiten verfügen, Methoden erfolgreich ausprobiert und gute Erfahrungen gemacht haben. Daraus kann durch interaktive Beschreibung das Vorgehen auch bei anderen verbessert werden und zwischen allen Beteiligten bildet sich Identität und ein Zugehörigkeitsgefühl aus. Besonders wichtig ist auch, dass sich eine geeignete Atmosphäre formt, in der offen über Fehler und Probleme berichtet werden kann.

Business Stories bilden so die Grundlage für die Mustererkennung. Business Stories sind freie Berichte über Projekterfahrungen, die in Unternehmen zum Beispiel über Intranets verbreitet werden. Bei vergleichbaren Projekten können Akteure die gemachte Erfahrung nutzen, sich aus den Dokumenten vorinformieren und die jeweiligen »Geschichtenschreiber« kontaktieren, um direkt von ihnen zu lernen.

Mikroarts (*Willke 1998 S. 100f*) sind kleine Artikel, die Projektmitarbeiter verfassen, um in sehr prägnanter Form Wissen weiterzugeben. Ein Autor hat eine Idee, Erfahrung oder ein Konzept, dieses gilt es, anschaulich aber kurz darzustellen. Der Artikel wird im Unternehmen publiziert. Der Erfolg des Wissens ergibt sich aus der Nutzung. Weitere Erkenntnisse verbessern den ursprünglichen Beitrag. Im besten Falle kann eine wesentliche Regel oder ein Muster gefunden werden.

Spielregel - Diagnose

Spielregeln sind ausformulierte **Orientierungsmuster**. Diese Muster werden durch Unterscheidung von gelingenden von weniger gelingenden Vorgehensweisen gefunden. Orientierungsmuster werden von sogenannten Stereotypen unterschieden. Die Methode geht über das **Benchmarking** mit der Suche von **Best Practices** hinaus. Hier wird nach **Best Patterns** gesucht, also allgemeingültigen (metasystemischen) Regeln erfolgreichen Vorgehens.

Gefunden werden sie nicht nur aus dem Vergleich erfolgreicher und weniger erfolgreicher Unternehmen und Projekte, sondern auch aus vergleichenden Diagnosen aller Arten von natürlichen und sozialen Systemen. Insofern sind auch Staatensysteme, Ökosysteme und ethnologische Studien interessante Erkenntnisquellen (*Bergmann 1996 / 1999*).

In der folgenden Grafik ist das **Gesamtsystem der Spielregeln** aufgeführt, dass sich an den acht wesentlichen Gestaltungsbereichen Vision, Rahmensetzung, Orientierung, Interaktion, Prozesse, Struktur, Gestaltung, Lernen und Lösen ausrichtet.

Es geht vielmehr darum, die grundlegenden - vom jeweiligen Unternehmenskontext unabhängigen - erfolgreichen Muster zu identifizieren (**Best Patterns**). Bezogen auf ein konkretes Unternehmen erhöhen sie als Spielregeln im Management die Wahrscheinlichkeit, dass sich ein Unternehmen im oben beschriebenen Sinne erfolgreich weiterentwickelt.

Es lassen sich acht Kategorien von Spielregeln (Best Patterns) unterscheiden, die wiederum verschiedene Regeln und Muster als spezielle Ausprägung enthalten. Alle Regeln sind im Zusammenhang zu sehen und anzuwenden. Sie weisen teilweise eine Polarität auf, sodass sie sinnvoll ausbalanciert werden müssen.

So sind beispielsweise öffnende Visionen in einem geregelten Rahmen zu entwickeln. Akteure im Unternehmen benötigen anregende Orientierung und strukturierende Leitlinien.

Die Best Patterns sollen kurz erläutert werden:

❑ Visionen: Öffnende Perspektiven, Unterscheidung, grobe Ziele
❑ Rahmen: Leitlinien, Regeln, Strategien, Identität, Grenzen, Syntropie, Reduktion von Komplexität
❑ Orientierung: schwache Signale erkennen, Muster erkennen, Soft Factors integrieren. Interaktiv planen
❑ Interaktion: Effektive Kommunikation, Kooperation, Synergien, Netzwerke bilden
❑ Struktur: wenig Hierarchie, Selbstorganisation, Teams
❑ Prozess: Partizipation, methodische Integration, Dialoge
❑ Lernen: Lern- und Lösungsorientierung
❑ Gestaltung: Immaterielle Leistungen, Kreisläufe gestalten, Reduktion des Ressourcenverbrauchs

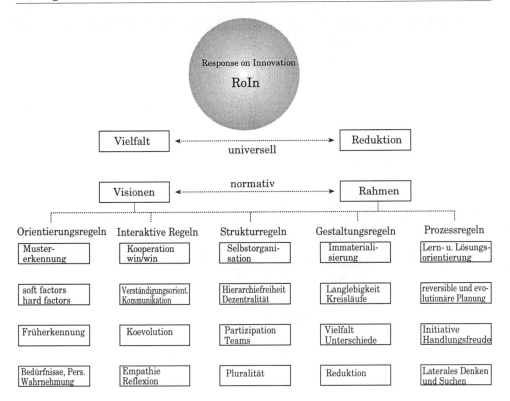

Abb. 53: System der Spielregeln

Mit den nach Innovations- und Managementbereichen aufgeteilten Spielregeln können sodann Unternehmen und Projekte auf ihre Zukunftsfähigkeit untersucht werden. Je mehr sie den verschiedenen Spielregeln entsprechen, desto höher ist die Wahrscheinlichkeit einer dauerhaft positiven Entwicklung. Der so genannte Response on Innovation beschreibt das Verhältnis investierter Erneuerung zum daraus resultierenden Beitrag zur langfristigen Unternehmensentwicklung (*Bergmann / Meurer / Pradel 1999*).

Dabei beschreiben die Regeln weniger, was genau verbessert und kreiert, sondern vielmehr wie erfolgreiche Innovationen erzielt werden können. Unternehmen, die sich der Diagnose unterziehen, können in einem Diagnoseprofil ihre aktuelle Leistungsfähigkeit ablesen und sie erkennen die wirkungsvollsten Ansatzpunkte für innovative Verbesserungen.

Wie sich aus zahlreichen Studien ergibt, ist die Einsicht groß, doch werden wichtige Erfolgmuster nicht angewendet. Aus einer Untersuchung einer EU-Stiftung in Dublin ergab sich z. B. 1999, dass 74 % der Mitarbeiter sich kaum in ihrem Handeln bestärkt fühlen. 67 % klagen über mangelnde Anreize und Weiterentwicklungsmöglichkeiten. 65 % bemängeln fehlende Lern- und Kritikfähigkeit der Chefs und 52 % fühlen sich schlecht informiert. Grundlage waren 5.800 Unternehmen aus dem EU-Raum. Partizipation, Teamarbeit und Selbstorganisation lösen in der Regel große Verbesserungen aus, werden aber kaum realisiert.

Dieses Diagnoseprofil ist grundlegend für die Stufe 2 mit der **ReVision** des Prozesses.

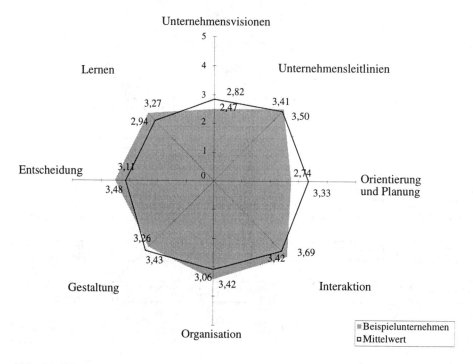

Abb. 54: Diagnosprofil

Die Firma Apple hatte in den 80er Jahren phänomenale Erfolge zu verzeichnen. Sie etablierten einen eigenen Standard neben der IBM /Microsoft Welt, hatte lange vor Windows ein besseres Nutzerprogramm, einfache Bedienführung usw. entwickelt. Trotzdem gerieten sie in den neunziger Jahren in arge Bedrängnis. Die Marktanteile und Umsätze fielen dramatisch. Erst mit dem iMac, dem iBook u.a. ähnlichen Produkten konnte der wieder eingestiegene Gründer der Fa. Apple, Steve Jobs, eine deutliche Trendwende einleiten.

1. Nennen Sie mögliche Unterschiede zwischen der heutigen und der Vorgehensweise in den frühen 90er Jahren!
2. Warum können Benchmarking und die Kopie von Best Practices die Eigenständigkeit gefährden?
3. Beschreiben Sie Muster des Erfolges (Best Patterns) von Apple ausgehend von der neuen Strategie mit iMac etc. aus den Bereichen Innovation und Marketing.

Seite 205

Der dritte Modus im Prozessdesign des Lern- und Lösungszyklus dient dem reflektierenden Lernen. In turbulenten Kontexten kann am besten aus Verhaltensmustern gelernt werden.

Was unterscheidet Orientierungsmuster und Stereotype?

 Seite 205

In turbulenten Umfeldern ist es entscheidend, universelle Orientierungsmuster zu entdecken.

 Da es besonders für Industrieunternehmen kaum möglich ist, den schnelllebigen Trends zu folgen, erscheint die Erkennung zeitstabiler Muster sinnvoll.

Erläutern Sie den Vorgang der Mustererkennung und -anwendung zur Ermittlung von Orientierungsmustern. Geben Sie Hinweise auf spezielle Orientierungsmuster in der werblichen Kommunikation. Abschließend sollen die wichtigsten Begriffe der zukünftigen Innovationspolitik wiederholt werden.

 Seite 205

3. Abschluss und Loslösung

Jedes Innovationsprojekt sollte einen klaren Schlusspunkt finden. Bevor die Aufmerksamkeit weiteren Aufgaben gewidmet wird, ist es entscheidend, kein **Unfinished Business** übrig zu lassen, alle Beteiligten angemessen zu würdigen und das Erfahrene und Gelernte in praktisches Handeln zu überführen bzw. nutzbar zu machen.

Die **Reflexion** des Geschehenen findet nach der Phase 7 mit der Systematisierung der Ergebnisse hier seinen Abschluss.

Es werden folgende Verfahren vorgestellt:

❑ Feed back
❑ Reflexionsmeeting
❑ Coaching
❑ Mentoring
❑ Supervision
❑ Dokumentation.

In der letzten Phase wird der gesamte Innovationsprozesse gewürdigt und rituell beendet. Die erfahrenen Erkenntnisse werden für das grundsätzliche Lernen und die Verbesserung genutzt. Es wird geprüft, ob noch wichtige Aspekte fehlen. Die Beteiligten geben sich **Feed-Back** und mit der Würdigung der Akteure wird das Projekt vollständig zu Ende geführt, um Engagement und Raum für weitere Innovationsprojekte zu schaffen.

Das Produkt oder Projekt ist im Gleichgewicht. Es besteht bezüglich der Frage-stellung zunächst kein Handlungsbedarf mehr. Auf der Basis der erlebten Erfah-rungen kann bei nächsten Aktivitäten mit verbesserten Methoden und Formen der Zusammenarbeit agiert werden.

Im Folgenden sollen einige Methoden der **Reflexion** von Innovationsprojekten vor-gestellt werden. In allen Fällen wird versucht, eine sogenannte **Beobachtung zwei-ter Ordnung** durchzuführen. Am Prozess nicht direkt Teilnehmende unterstützen mit ihrer Aussenbeobachtung die Abläufe noch einmal aus anderer Sicht.

Die systemische Theorie geht davon aus, dass wir alle als Beteiligte das Geschehen beobachten und ganz individuell interpretieren (**Beobachtung erster Ordnung**). Nur wenn wir von außen zuschauen, ist es denkbar, eigene Überzeugungen und Beobachtungen aus einer anderen Perspektive zu betrachten und sinnvoll zu ver-bessern (**Beobachtung zweiter Ordnung**).

Feed-Back als Methode der Abschlussreflexion

Unter Feed-Back versteht man eine Methode zur Spiegelung von Verhalten. Eine Person gibt die Wahrnehmung einer anderen Person oder der Wirkung deren Ver-haltens wieder. Dadurch wird demjenigen, der Feed-Back erhält, die Möglichkeit gegeben, sein Verhalten zu reflektieren und daraus zu lernen.

Feed-Back sollte immer in einer kooperativen und empathischen Haltung gege-ben werden. Jeder Feed-Back Geber muss auch bereit sein, selbst Feed-Back zu er-halten. Eine sachliche und sensible Vorgehensweise, die besonders die positiven Sei-ten würdigt, ist in jedem Falle ratsam.

Varianten:
❑ Circle Feed-Back (im Kreise)
❑ Video Feed-Back
❑ Reflecting Team Feed-Back (Feed-Back durch eine Reflexionsgruppe)
❑ Standardisiertes Feed-Back (z. B. mit strukturiertem Fragebogen)
❑ Blitzlicht (kurzes Zwischen Feed-Back).

Reflexionsmeeting

Teamsitzung, bei der festgefahrene Situationen gelockert und Erfahrungen syste-matisiert werden. Es sind Gespräche mit einer lockeren und offenen Atmosphäre, in denen auch die nachfolgenden Methoden zum Einsatz kommen. Sie bieten Gele-genheit, abseits der wohl strukturierten Projektplanung ohne Zeitdruck die Bezie-hungen zu verbessern und gegenseitig zu lernen (*Schwertl u.a.*).

Coaching

Coaching ist eine Form der Begleitung und Unterstützung von Menschen in Entwicklungs- und Veränderungsprozessen. Der Begriff stammt aus dem Sportbereich und wurde für Managementprozesse fortentwickelt. Das typische **Coaching** folgt dem Lern- und Lösungsprozess in den groben Schritten **Feel** (Bewusstmachen der Situation), **Grow** (Ziele, Situation klären, Optionen entwickeln und Willen bekunden) sowie **Reflect** (*Whitmore*).

Mentoring

Mentoring wird als Führung, Begleitung und Unterstützung in Krisen und deutlichen Veränderungssituationen von Personen bezeichnet. Es wird vornehmlich von erfahrenen Personen ausgeübt, die Newcomern Entwicklungschancen eröffnen und Rückhalt bieten.

Mentoring war ursprünglich eine Methode, um Weisheit zu vermitteln. Odysseus soll seinen Sohn einem Freund namens Mentor für die Zeit seiner langen Abwesenheit zur Seite gestellt haben. Heute gewinnt diese Form der Begleitung für Nachwuchskräfte und neue Mitarbeiter in einem Unternehmen wieder an Bedeutung. Die Neuen sollen sich zurechtfinden, ihre persönliche Entwicklungschancen wahrnehmen können und ihre anderen Sichtweisen für das Unternehmen nutzbar machen.

Supervision

Supervision dient in Innovationsprozessen der Reflexion von Verhalten und der Klärung von Beziehungsstrukturen. Supervisoren übernehmen als Außenstehende die Aufgabe der Impulsgeber und Reflektoren. Typische Verhaltensmuster werden durchgespielt und überprüft.

Dokumentation

Eine besonders wichtige Funktion kommt der **Dokumentation** der Projekte zu Hier wird noch über die in Abschnitt F 2 beschriebenen Formen der Systematisierung von Erfahrungen hinausgegangen. Hier können auch Details und sehr persönliche Dinge genutzt werden.

So zum Beispiel während des Projektes genutzte Roh-Materialien, Geschehnisse, Situationsschnappschüsse und sonstige Ereignisse. Besonders sind auch die Irrwege und Fehler zu reflektieren. Dokumentationen bieten - in welcher medialen Form auch immer - einen guten Einblick in das Geschehene und präsentieren das Projekt nach außen.

Varianten:

- ❑ Protokolle / Verlaufsprotokolle
- ❑ Schriftliche Berichte über das Projekt: Mikroarts, Bücher
- ❑ Grafiken, Organigramme, Kommunigramme
- ❑ Foto und Film
- ❑ Business Stories
- ❑ Präsentationen, Presseberichte
- ❑ Muster und Spielregeln des Gelingens.

Den vollständigen Abschluss finden Innovationsprojekte mit einer rituellen Loslösung. Dies kann in Form einer kleinen Feier, eines Round Table Gespräches oder - wie vom Sport bekannt - in einem körpersprachlichen Ritual („give me five") bestehen. Wichtig ist, kein **Unfinished Business** übrigzulassen.

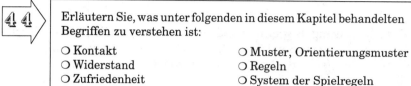

Erläutern Sie, was unter folgenden in diesem Kapitel behandelten Begriffen zu verstehen ist:

- Kontakt
- Widerstand
- Zufriedenheit
- Pepsel
- Konflikte
- Lösung
- Lernen

- Muster, Orientierungsmuster
- Regeln
- System der Spielregeln
- Coaching
- Mentoring
- Supervision

Seite 206

G. Organisation der Innovation und Entwicklung

In diesem Kapitel werden die strukturellen Komponenten der Innovation beschrieben. Es steht die Gestaltung des organisatorischen Rahmens im Vordergrund. Ausgehend von **klassischen Aufbaustrukturen** werden moderne Formen der **organischen Organisation** diskutiert, die besonders die Selbstorganisation und dynamische Weiterentwicklung in einem Unternehmen begünstigen sollen.

Organisationen sind soziale Systeme, die der Lösung von komplexen Problemen dienlich sein sollen. Organisationen dienen als Institutionen der Schaffung von Ordnung.

Innovationen resultieren aus chaotischen und turbulenten Situationen und münden in Ordnungstrukturen. Zum Beispiel wird bei der Produktinnovation zunächst viel **Unordnung** geschaffen, um möglichst auf neue Ideen zu stoßen. Der Prozess resultiert dann in einem geordneten Produkt.

Die **Organisation des Innovationsprozesses** hat diese unterschiedlichen Charakteristika zu berücksichtigen. Zu Beginn müssen größere Spielräume gewahrt werden, sukzessive gilt es, die Komplexität zu reduzieren und damit zu konkreten Ergebnissen vorzustoßen.

Von dem institutionellen Begriff der Organisation ist der funktional-instrumentale des Organisierens abzugrenzen. Unternehmen und Organisationen, Teams und Innovationsprojekte sind Ausprägungen von **sozialen Systemen**. Diese sozialen Systeme sind physikalisch nicht begreifbar. Sie entstehen aus der Kommunikation von Menschen und sind deshalb auch nur durch kommunikative Handlungen veränderbar. Unternehmen sind nicht durch Gebäude, Mitarbeiter oder Produkte gekennzeichnet.

Vielmehr entsteht das Phänomen Daimler Chrysler, Bayer oder IBM durch die Art und Weise des Umgangs, die Gespräche usw. und die Geschichten, die andere (Investoren, Kunden, etc.) über diese Firmen erzählen.

Daimler Chrysler ist von VW hauptsächlich dadurch zu unterscheiden, welche Kommunikation in welcher Form über und in den Unternehmen stattfindet. Die Ergebnisse dieser Kommunikation sind dann Produkte, die Marke, das Image oder die Unternehmenskultur.

Und darin unterscheiden sich dann auch wieder Mercedes Benz und Airbus. Die organisatorischen Strukturen beeinflussen die Kommunikation, sind aber auch deren Ergebnis.

Im Wesentlichen lassen sich Organisationsstrukturen in konventioneller und organischer Form unterscheiden:

Organisation der Innovation	Konventionelle Strukturen
	Organische Organisationsformen

1. Konventionelle Strukturen

Grundsätzlich wird zwischen Aufbau- und Ablauforganisation unterschieden. Die **Aufbauorganisation** stellt den Rahmen für Prozesse dar. Hier werden Positionen, Funktionen und Kommunikationsbeziehungen beschrieben. So können Gruppen, Teams und Abteilungen nach Kundengruppen, nach Sparten und Objekten, nach Aktivitäten (Innendienst, Aussendienst) und Regionen (Inland Süd, Export Benelux) eingeteilt werden. Es geht um:

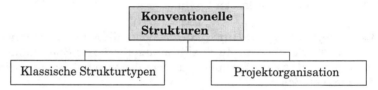

1.1 Klassische Strukturtypen

Zudem existieren in der Literatur (z. B. *Olfert*) verschiedene Strukturtypen, die aus der nachfolgenden Tabelle ersichtlich sind:

Stab-/Linienorganisation	Mehrlinienorganisation	Matrixorganisation	Team- und Projektorganisation
Klassische Pyramide mit beratenden Stäben	Mehrfachunterstellung	Organisation anhand mehrerer Kriterien (Produkte, Funktionen etc.)	Teams- und Projektgruppen
+ Klare Kompetenz Verteilung, einfache Steuerung	+ Entlastung der Leitung, Spezialisierung	+ Direkte Wege, mehrdimensionale Entscheidungen	+ organische Gestaltung motivationsfördernd
– Lange Instanzenwege, Überlastung der Leitung zu komplex, Frustration der Stäbe	– Komplexe Struktur, Konkurrenz der Abteilungen	– hoher Kommunikationsaufwand, Bürokratietendenz, Leitungschaos	– Fehlkoordination Drift und Chaos

Abb. 55: Klassische Strukturtypen der Organisation

Oft wird versucht, die Unternehmen mit Organigrammen übersichtlich zu gestalten. In der Realität bilden sich jedoch in der **Regel informelle Strukturen** heraus. Zudem tendieren die Strukturformen zur Erstarrung und fördern das Ressortdenken.

Die hohe Komplexität aufgrund des Abstimmungsaufwandes lässt die Formalstrukturierung schnell Probleme erzeugen. Die schleichende Bürokratisierung lenkt den Blick ab von der Kunden- und Marktorientierung und reduziert das Engagement der Akteure.

Insbesondere in Innovationsprozessen ist die **Prozessorientierung** vorteilhaft. Die Abläufe, also die »wie« Betrachtung, lässt die Vernetzung deutlicher werden. Es entstehen Freiräume für **Selbstorganisation** und die mögliche Konzentration auf interne und externe Kunden lenkt die Aufmerksamkeit auf wertschöpfende Aktivitäten.

Die Prozessorientierung und mehr organische Strukturierung erscheint für Innovationsprozesse geeigneter, da hier kaum im Vorhinein klar geplant werden kann.

In fast allen Lehrbüchern wird ein Unterschied zwischen **mechanistischen** und **organischen Managementsystemen** gemacht. Zumeist mündet die Darstellung in einer deutlichen Vorteilhaftigkeit der organischen Variante. *Hauschildt* betont dabei die Notwendigkeit, nicht nur traditionskritisch, sondern auch innovationskritisch vorzugehen (*1997, S. 144*).

Wie wir schon bei dem Vergleich von Routine- und Innovationssystemen sehen konnten, haben beide Varianten ihren Platz und ihre Berechtigung.

Mechanistische Systeme werden als wohlgeordnete Bürokratie, mit klaren Zielen und personenunabhängiger Rollenverteilung beschrieben.

Organische eher als problemlösend, organisch wachsend ad personam. Selbstorganisation und geringe Hierarchie (Heterarchie = seitliche Ordnung) dominieren.

Bei einer Bewertung der Orientierungen ist nach *Hauschildt* (1997) immer daran zu denken, dass:

❏ nicht einseitig die Veränderung und das Neue Vorteile erzeugen.
❏ die Realisierung und Überleitung in Routineprozesse wichtig ist.
❏ auch Kooperationen mit externen Partnern organisiert werden müssen.
❏ Innovationen verschiedene Phasen durchlaufen, in denen andere Strukturen erforderlich sind.
❏ mechanistische Routinesysteme auch helfen können, Widerstände zu realisieren, in dem Vertrauen und Orientierung geboten werden sowie gerade durch Routine Freiraum für Neues geschaffen werden kann.

1.2 Projektorganisation

Die Projektorganisation stellt eine Möglichkeit einer offeneren und organischen Strukturgestaltung dar. Mit Projekten können Neuerungen in die bestehende Organisation getragen werden.

Ein Projekt ist ein innovatives Vorhaben, das eine spezielle Zielsetzung und komplexe Aufgabenstellung verfolgt und zumeist zeitlich begrenzt mit eigener Organisationsform realisiert wird (*Litke/Kunow 1998*).

Für Projekte werden in den meisten Fällen spezielle Teams zusammengestellt. Die komplexe Aufgabe erfordert ein flexibles Vorgehen, wobei der Lösungsweg oft unklar, wenig planbar und überraschend verläuft.

In den turbulenten Märkten mit sich schnell verändernden, vielschichtigen Aufgabenstellungen erweisen sich Projekte als **flexible Organisationsform**. Dabei wird ein Projekt nicht nach bestimmten Prinzipien, Methoden und mit festgelegten Strukturen realisiert. Vielmehr werden diese Komponenten je nach Situation gewählt.

Die Projektorganisation ermöglicht abseits der Routine, **neue Elemente** in eine bestehende Organisation zu integrieren und besonders innovative Vorhaben zu bewältigen.

Der **Ablauf von Projekten** sollte auch nach den acht Schritten des **Lern- und Lösungszyklus** organisiert werden. Das Projektmanagement koordiniert und integriert die Akteure, gestaltet das Team, konzentriert die Aufgabenstellung, achtet auf die Einhaltung der Termine und Budgets und organisiert den notwendigen Support.

Projektablauf

Anstoß: **Wahrnehmung des Projektbedarfs**	Offene Wahrnehmung und Beobachtung der Verbesserungsmöglichkeiten. Dialog über verschiedene Sichtweisen und Meinungen.
Re-Vision: **Problembeschreibung** **Visions bildung**	Probleme erkennen, im Dialog genau beschreiben und präzise das Wesentliche definieren. Interaktive Entwicklung einer groben Projektvision und Zielsetzung. Definition des wünschenswerten Zustandes.
Mobilisierung: **Ideen- und Lösungsfindung** **Teambuilding**	Entwicklung geeigneter Ideen und Lösungsansätze mit Kreativitätsmethoden und der Erzeugung einer innovativen gründlichen Atmosphäre. Abrundung des Teams mit Experten und fehlenden Charakteren.

Planung: Ziele, Wege	Aufgaben, Prioritäten Termine Kosten Personal Auswahlentscheidungen
Implemen- tierung: Aktion Verwirk- lichung	Projektsteuerung Intervention zur verbessernden Veränderung
Kontakt:	Projektkontrolle: Soll-Ist Vergleich, Abweichungsanalyse, Zufriedenheitsmessung
Reflexion:	Lerneffekte nutzen, Muster erfolgreichen Vorgehens erkennen: Methoden optimieren, Prozessdesign
Beendigung:	Kein Unfinished Business übrig lassen

2. Organische Organisationsformen

Im Begriff der **Organischen Organisation** ist insbesondere das Prinzip der **Selbstorganisation** angelegt, nach dem sich die notwendigen Strukturen in Form von gemischten Gremien und Projektgruppen selbsttätig durch Austausch- und Anpassungsprozesse nach dem Vorbild natürlicher Systeme gebildet haben.

Das Innovationsmanagement schafft den geeigneten Rahmen und damit die Chance, neue Projekte zu initiieren. Es plant und koordiniert als zentrale **Innovationsplanstelle** alle notwendigen Aktivitäten intern und in Zusammenarbeit mit diversen Kooperationspartnern, greift aber nicht direkt in die Arbeit der Teams ein. Vielmehr legt es im Sinne einer **Metasteuerung** die allgemeinen **Spielregeln** und **Orientierungen** fest.

Organische Organisationen sind besonders in kleineren Einheiten vorstellbar, also in kleinen Unternehmen oder eigenständigen Geschäftseinheiten größerer Konzerne. Die Neuerungsfähigkeit wird bei größeren Unternehmen durch eine sogenannte **Parallelorganisation** erhalten. Einzelne Innovationsteams arbeiten neben der Stammorganisation autonom als innovative Inspirateure und Spezialisten-Teams und zwar im Rahmen gering spezifizierter Vorgaben.

Eine solche Organisationsform kann als »plural« bezeichnet werden. Sowohl bereichs- und hierarchieübergreifende Gruppen als auch Routinestrukturen sind lose verkoppelt und werden nebeneinander toleriert.

Es ist sinnvoll, sich zunächst einige der wesentlichen organischen Formen vorzustellen, die gerade im Innovationsmanagement von Bedeutung sind. Jede(r) erhält seinen Platz, in dem sie oder er sich diesen selber aussucht oder anstrebt.

Nicht der Mensch wird in die Struktur gezwängt, sondern die Konfiguration bildet sich aus den Potenzialen und Wünschen der Beteiligten. Es ist diese selbstorganisierende Struktur, welche das einzigartige Profil der Unternehmung erzeugt. Die Vielzahl der Fähigkeiten schafft einen hohen Grad an Multistabilität. Die organischen Organisationstypen haben sich in drei Stufen entwickelt (*Gomez / Zimmermann*):

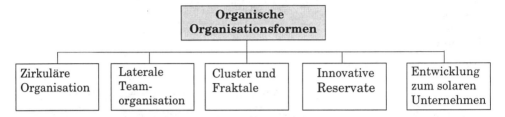

2.1 Zirkuläre Organisation

Die Circular - Organisation zeichnet sich bei stärkerer Aufrechterhaltung der Hierarchie durch intensive Abstimmung der einzelnen Abteilungen und Ebenen aus. Zwischen den organisatorischen Einheiten werden Kommitees konstituiert, die eine horizontale (laterale) und vertikale (top down, bottom up) Abstimmung vornehmen.

Die intensive Kommunikation beflügelt zwar den Wissenstransfer aber die Verständigung wirkt insgesamt sehr aufwendig. Insbesondere in größeren Organisationen erscheint es wenig praktikabel und sehr zeitaufwendig, Entscheidungsprozesse über verschiedene Ebenen ablaufen zu lassen.

Insbesondere geschieht es häufig, dass innovative Gedanken und Anregungen in diesen langwierigen Abstimmungsprozessen versickern. Daher ist es notwendig, auf der Grundlage einer Vertrauenskultur, Kompetenzen in Teams und Gremien zu verlagern. So können die Vorteile einer zirkulären Entscheidungsfindung (Koordination, Synergie und Vermaschung) gewahrt bleiben, die Nachteile wie Zeitaufwand und Verkrustung aber reduziert werden.

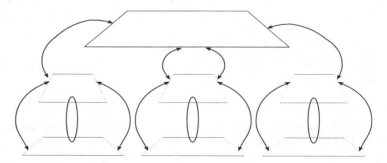

Abb. 56: Zirkuläre Organisation

2.2 Laterale Teamorganisation

Die **Teamorganisation** gründet sich auf dem Gedanken, dass die Motivation der Teilnehmer auch den Erfolg ausmacht. Die gesamte Organisation wird als Verknüpfung unterschiedlicher Gruppen aufgefasst. So genannte **Linking Pins** verbinden die Teams durch jeweilige Doppelmitgliedschaften in vertikaler und horizontaler Sicht miteinander. Im Idealfall bilden sich netzartige Strukturen aus. Dabei sind die Teams lateral und gleichberechtigt organisiert.

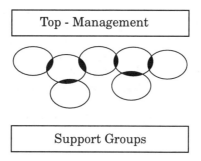

Abb. 57: Organische Teamorganisation

Diese Organisationsform ist besonders in konzeptionellen und innovativen Bereichen sinnvoll. Kollektive Zielbildungsprozesse und Entscheidungen stellen die aktive Mitarbeit und das Engagement sicher. Innovationslösungen werden nach diesem Modell nur einvernehmlich angenommen.

Alle Mitglieder bringen in diesem hierarchiefreien dialogorientierten Gremium ihr Spezialwissen und ihre Ideen ein. Die Teamorganisation lässt gerade wegen ihres dezentralen und partizipativen Charakters sehr eigenständige und innovative Konzepte erwarten und beschleunigt so die Entscheidungsprozesse.

Venture Teams werden speziell als »Versuchsballons« initiiert. Sie sind als virtuelle Abteilungen konstituiert, sodass aus ihnen neue Facetten der Organisation entstehen können. In Form von Venture Teams werden bewusst nur diejenigen Projekte gefördert, die von keiner vorhandenen Abteilung aufgegriffen werden. **Initiateure** werden ermächtigt, ihr Team zusammenzustellen und erhalten managerielle und materielle Unterstützung (Support).

2.3 Cluster und Fraktale

Die **Clusterorganisation** kann als konsequente Weiterentwicklung der Teamorganisation angesehen werden. Die **Cluster** setzen sich multidisziplinär aus 30 bis 50 Personen zusammen, die ein Projekt vollkommen selbstbestimmt bearbeiten. Die Leitung wechselt je nach Problemschwerpunkt und gründet sich auf Fachkompetenz und natürliche Autorität. Alle temporären Gruppenleitungen, die aus kleinen Teams bestehen sollten, verpflichten sich zur koordinativen Regelung und Lenkung.

Jobrotation, intensive laterale Kommunikation und die Unterstützung durch **Support Groups** gewährleisten einen weit überdurchschnittlichen Erkenntnisgewinn. Unternehmerisches Handeln und Denken wird vermittelt und gefördert. Die Organisation bleibt äußerst anpassungs- und lernfähig. Probleme erwachsen aus dem hohen Kommunikationsaufwand und etwaigen Friktionen.

Deshalb arbeiten **Cluster** zumindest im Übergang zu neuen Formen des Management als **Fraktale**. Fraktale sind Elemente eines Systems, die alle Merkmale des Ganzen aufweisen und im vorgegebenen Rahmen nur die Vorgehensweise selbst entwickeln und auswählen, nicht aber die Aufgaben und Ziele. Die **Cluster** setzen die Kreationsphasen fort und arbeiten vornehmlich in operativer Sphäre an der Realisation und kontinuierlichen Verbesserung der Konzepte.

Etwaige **Arbeitsgruppen** bilden sich aus den **Innovationsteams**. Es ist aber auch möglich, dass sie als (teil-) autonome Vertriebs-, Produktions- oder Logistikeinheiten agieren (*Olfert 1998*). Cluster arbeiten mit beträchtlicher Autonomie. Die Entscheidungsfindung wird so nah wie möglich an den **Point of Action** verlegt. Nur wenn nicht genügend Erfahrungen vorliegen oder Entscheidungen koordiniert werden müssen, können **Support Groups** und übergreifende Stellen eingeschaltet werden.

Laterale und direkte Kommunikation aller Akteure ist akzeptierte und gewünschte Praxis. Gesteuert werden **Cluster** lediglich durch allgemeine Leitlinien und Anweisungen.

Die Kontrolle erfolgt nicht nach klassischem Muster, sondern durch **Selbstorganisation**, ein ausgeklügeltes und vielgestaltiges Bewertungssystem sowie die **Moderatoren** und **Coaches**. Sie arbeiten kontinuierlich an der Verbesserung von Kommunikationskanälen und regeln die Ressourcenversorgung.

Dieses mittlere Management der Teamleiter hat am meisten umzulernen. Es soll weniger überwacht und kontrolliert als vielmehr ermöglicht und gefördert werden. Sie koordinieren und moderieren und vermeiden die aufwendige Organisation von starren Strukturen. Sie kommunizieren im **Dialog** und reduzieren die Anweisungen. **Cluster** können auf spezifische Märkte und Aufgaben konzentriert sein und bieten im wechselvollen Wettbewerb höchst wichtige Flexibilitätspotenziale.

Für das Innovationsmanagement erscheinen gerade die offenen multidisziplinären Teams und Cluster als sehr geeignet, da diese Strukturtypen besonders gut mit der Auffassung einer **temporären Zeltorganisation** harmonieren, die in ihrer Befähigung zu flexibler Neuorientierung und Beweglichkeit als überaus anpassungsfähig gilt.

Der Grundidee des **permanenten Wandels** wird durch die immer nur vorläufig fixierten Strukturen und Aufgabenverteilungen entsprochen. Die Teamstrukturen unterscheiden sich deutlich von denen klassischer Projektgruppen, die in der Regel auf vorbestimmte Zeiträume und Inhalte festgelegt sind (*Gomez / Zimmermann 1992, S. 180f.*).

Eine organische Organisation fördert das Engagement und interessiert qualifizierte und engagierte Mitarbeiter/innen, **spart Kosten** durch frühzeitige und flexible Anpassungsfähigkeit, **regt Kreativität** und **Erneuerung** an, schafft ein vertrauensvolles, **lernorientiertes** und kooperatives **Klima**, ermöglicht Kundennähe die schnelle Besetzung von Marktnischen und die Verschmelzung mit **Szenen**.

2.4 Innovative Reservate

Grundsätzlich kann eine plurale Organisation durch zusätzliche **Innovationskollegien**, kreative Reservate oder eine durchgängige **Parallelorganisation** konstituiert werden. Innovationskollegien setzen sich aus Personen zusammen, die neben ihrer Haupttätigkeit zur Lösung spezifischer Probleme sporadisch in Produktteams aktiv werden (Sekundärorganisationen).

In **Innovativen Reservaten** arbeiten die Teilnehmer ausschließlich an grundlegenden Innovationen und lösen sich zumindest temporär aus der Primärorganisation. In Parallelorganisationen wird versucht, die Vorteile der mechanistisch routinierten Organisation mit der organischen zu kombinieren, indem Verknüpfungen beispielsweise in Form von **Task Forces** institutionalisiert werden.

Wenn große Änderungswiderstände zu überwinden sind, sollten so genannte **Spin Outs** erwogen werden, die vollkommen losgelöst und eigenständig arbeiten, um auf diese Weise einen kreativen Sprung zu schaffen.

Wie kann die **Balance** zwischen **Stabilität** und **Erneuerung** gesteuert werden? Die Organisation muss eine Grundlage für vollkommen neue Projekte bieten, was durch redundante Organisationsnischen und **Organizational Slack (Puffer, Reserven, Stäbe)** erreicht werden kann. Innovative Gruppen und Einzelpersonen erhalten die Möglichkeit, eigene Projekte zu initiieren, indem dafür grundsätzlich Ressourcen bereitgestellt werden.

Diesen Initiatoren winken nach erfolgreicher Realisation mit der Neuerung verbundene Positionsverbesserungen. Kreative Mitglieder haben damit die realistische Chance, ihre Ideen quer zur Organisation zu forcieren und andere für ihr Vorhaben zu gewinnen.

Es ist vorstellbar, dass die Mitglieder der **Pioniergruppe** zunächst auch eigene Beiträge beispielsweise in Form von unbezahlten Überstunden leisten und damit ihr Engagement unter Beweis stellen. Improvisierend schreiten sie in Neuland vor, erleben neue Formen der Zusammenarbeit und entwickeln Neuerungen iterativ aus **Trial-and-Error-Prozessen**.

Die ursprünglichen Positionen werden den Initiateuren bei nicht erfolgreichen Projekten oder im Falle nicht durchsetzbarer Änderungen garantiert, um für die Mitarbeiter so das Risiko zu mindern.

Die Unternehmung verhindert ein Abwandern oder die Frustration der besonders innovativen Mitarbeiter, indem Möglichkeiten zur engagierten Neuorientierung geschaffen werden. Sie wahrt damit die Chance zur kontinuierlichen Weiterentwicklung.

Der allen sozialen Systemen inhärenten Tendenz zur **Erstarrung** und **Oligarchisierung** wird vorgebeugt, und es breitet sich ein unternehmerisches Klima aus, das Engagement und Kreativität fördert, dabei aber sozial abfedernd gestaltet ist und damit für Initiatoren überschaubar bleibt.

Personalberater weisen warnend auf die Tendenz hin, dass gerade Spitzenkräfte starre Konzernstrukturen verlassen, weil sie in größeren Freiräumen arbeiten und ihre Ideen und Anregungen erproben wollen. Andere, die die Risiken der Selbständigkeit oder eines Wechsels nicht auf sich nehmen wollen, verlieren sich in innerer Kündigung oder Resignation.

Vorstellbar sind in Zukunft lose miteinander verkoppelte Gruppen (Loose Coupling), die von einer zentralen Logistik mit den notwendigen Ressourcen versorgt werden. Der Einsatz moderner Bürotechnologie erfordert zwar präzise Regeln und technische Abstimmungen (Schnittstellen), bietet auf dieser Basis aber auch ideale Voraussetzungen für dezentral autonomes Handeln.

Die bessere Abstimmung mit den übrigen Abteilungen wird durch **Linking Pins** erreicht, also mit Doppelmitgliedschaften für die Innovationsmanager in den Teams und den Zentraleinheiten. Nach einer abzustimmenden Frist sollten die Teams die Möglichkeit erhalten, Außenkontakte aufzubauen, um externe Erkenntnisse einholen zu können und neue Beschaffungsquellen zu ermitteln. Auch aus Allianzen und Kooperationen können weitere Verknüpfungen erwachsen.

Das zentrale **Innovationsmanagement** nimmt Anregungen und Entwicklungen auf und formt interaktiv eine Rahmenstrategie (Leitlinien, Briefings). Aufgrund der weitgehenden Autonomie, Dezentralisation, geringen Formalisierung und der offenen Kommunikationsstrukturen werden innovative Freiräume und Flexibilität geschaffen, es kann spontan auf neue Anforderungen reagiert und Komplexität besser bewältigt werden.

Sowohl Selbstorganisation, also Schaffung eigener Neuerungen, als auch Umweltanpassung werden gefördert. Die Rahmenstrategie und die zentralen Service-Einheiten bieten stabilisierenden und integrierenden Rückhalt. Sie fördern Koordination und Synergieeffekte.

Grundlegend ist hierbei, dass die klassischen Funktionsbereiche vollends aufgelöst sind und beispielsweise das Marketing operativen, strategischen und innovativen Aufgaben zugeordnet ist. Designmanagement (*Bergmann 1994, 1995a, 1995b, 1996a und 1998a.*) als ein wesentlicher Teil des innovativen Bereichs trägt Veränderungen in die Organisation und macht sie damit entwicklungsfähig.

Die Neuerungen fließen in Unternehmens- und Marketingpläne ein und werden im operativen Bereich marktlich und technisch realisiert. Im innovativen Bereich starten die **Venture Teams** als gemischte Gremien, die einen Aufgabenbereich neu durchdenken wollen.

Neben der **Produktentwicklung** sind ebenso, **Prozessinnovationen**, der Umweltschutz (Öko-Teams) oder organisatorische Änderungen (Organisationsentwicklung, Reengineering) mögliche Neuerungsobjekte. Die Mitglieder rekrutieren sich aus allen zur Realisation notwendigen Bereichen des Unternehmens. Weitere Unterstützung kann von zentralen Informationsstellen (Marktforschung/Controlling), dem Finanz- und Rechnungswesen (Budgetierung/Kalkulation) oder der Logistik angefordert werden.

Insbesondere bei einer großen Anzahl von **Venture Teams** bietet sich eine Zusammenfassung der Informations- und Controllingaktivitäten in einer **Support Group** an. Diese kann entweder den Innovationsbereichen zugeordnet oder übergreifend tätig sein. In den einzelnen Teams sitzen jeweils Personen dieser Unterstützungs- und Kontrollgruppen; oder aber der Teamleiter nimmt deren Funktionen wahr.

Erst wenn erste brauchbare Ergebnisse vorliegen, wird der Sachverhalt konkretisiert und wächst der **Planungsebene** zu. Die ursprüngliche Gruppe bleibt personell bestehen und erweitert sich durch kompetente Personen. Die Realisierungsteams streben eine Verknüpfung mit den vorhandenen Strukturen an, indem **Durchführungspläne** zum Beispiel für die Marktplanung und technische Vorbereitung erstellt und koordiniert werden. Die Mitglieder der Ursprungsgruppe tragen weiter die Verantwortung bis in den operativen Bereich hinein.

Die folgende Abbildung veranschaulicht den Entwicklungsgang eines Innovationsprozesses von der innovativen über die koordinative zur operativen Sphäre. Die Struktur gerät in Bewegung.

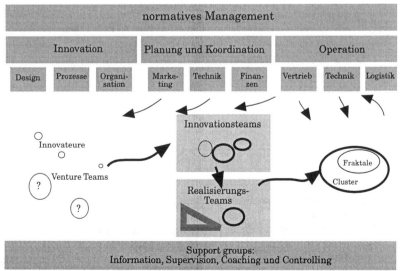

Abb. 58: Organisation der Innovationen

Bei dieser dynamischen Organisationsform werden nur die Routinesysteme klar strukturiert. Alle innovativen Bereiche werden durch Selbstorganisation in einem leitorientierten Rahmen geschaffen. Es ist in der Organisation nur der generelle Weg aufgezeigt, er wird nicht inhaltlich konkretisiert.

Die **normative Ebene** (Geschäftsleitung) bündelt die koordinierende und sinn-stiftende Rahmenplanung. Im **innovativen Sektor** können neue Ideen plaziert wer-den. Sie finden dort Ressourcen und Chancen zur Weiterentwicklung im **strategi-schen** und **operativen** Bereich.

Die Mitarbeiter müssen ihren Erfolg mit dem Unternehmenserfolg verknüpfen können, ansonsten werden über kurz oder lang andere Wege eingeschlagen. Genau wie gegenüber den Kunden und sonstigen Austauschpartnern sollte deutlich wer-den, worin der Nutzen des Partners besteht, wenn er sich für das Wohl der Unter-nehmung einsetzt.

Daraus wird deutlich, dass eine kooperative und interdependente Vorgehensweise in der komplexen Gesellschaft vorteilhaft und zukunftsfähig ist.

In einem design- und technologieorientierten Unternehmen, das sich auf Produkte und Dienste zum Interior Design spezialisiert hat, lie-gen zahlreiche Erkenntnisse und Erfahrungen vor. Die Mitarbeiter verfügen über weitreichende technische und methodische Kompe-tenzen und Fähigkeiten. Trotzdem gibt es deutliche Anzeichen schwindender Marktakzeptanz und das innovative Image geht ver-loren.

Wie kann sich das Unternehmen grundlegend erneuern?

Wie können die verstreuten Kompetenzen und Erfahrungen gebün-delt, systematisiert und genutzt werden?

Erläutern Sie Ihr favorisiertes Vorgehen und nennen Sie konkrete strukturelle und methodische Ansätze zur Lösung der Problema-tik.

Seite 206

In innovationsorientierten Unternehmen werden für Neuerungs-projekte zumeist Projektteams eingesetzt, weil die Komplexität dies erfordert und durch verschiedene Personen das Spektrum erweitert wird.

Nennen Sie Vor- und Nachteile der Teamorganisation hinsichtlich des Innovationsmanagements.

Seite 206

Unternehmen nehmen trotz aller Unterschiedlichkeit oft einen strukturell ähnlichen Verlauf in ihrer Entwicklung.

○ Beschreiben Sie den idealtypischen Verlauf der Unternehmens-entwicklung.

○ Geben Sie Beispiele für die einzelnen Strukturtypen.

○ Was ist eine solare oder virtuelle Unternehmung und warum hat diese Form heute zunehmende Bedeutung?

Seite 206

2.5 Entwicklung zum Solaren Unternehmen

Die **Unternehmensentwicklung** lässt sich nun auch in typischen Entwicklungs-
stufen veranschaulichen. Den Ursprung nehmen sie zumeist als **unternehmerische
Organisationen** (U). Ein Unternehmer oder Erfinder entwickelt eine marktreife
Idee und konstituiert eine erste Struktur (Startup, Spinout). Daraus bildet sich im
Laufe der Zeit eine **innovative Unternehmung** (I) mit größerer Komplexität. Die
Idee wächst zu einer differenzierten Marktbearbeitung heran.

Bei weiterem internen Wachstum wird die Komplexität zunehmen. Mit einer gewissen Zwangsläufigkeit werden sich neue Abteilungen und Einrichtungen herausbilden. Es kann zu einer starken Bürokratisierung kommen, weil sich die neu hin-
zutretenden Mitglieder mehr um die eigene Bedeutung und Position bemühen, als
dass sie von der ursprünglichen Leitidee des Gründers beseelt sind. Es werden immer
neue Abteilungen und Bereiche hinzugefügt, die die Komplexität erhöhen.

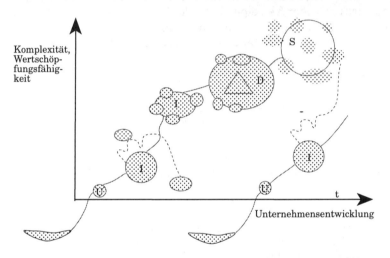

Abb. 59: Unternehmensentwicklung

Es bildet sich eine **divisionalisierte Organisation** (D), die viel Komplexität ver-
arbeiten kann, aber auch viel erzeugt. Letztlich werden die Strukturen unüberschaubar und ineffektiv. Dann ist es an der Zeit, die unternehmerischen Elemente
wieder zu etablieren, in dem die Organisation aufgeteilt und destrukturiert wird.
Kleineren Bereichen wird mehr Selbstverantwortung übertragen, in anderen Bereichen wird **Outsourcing** betrieben.

Auf diese Weise kann dann eine **vernetzte und solare Organisation** (V; S) entstehen. Vielleicht werden Teile als **Professional Organisation** (P) ausgegliedert.
Es werden Beratungsfirmen gegründet, in denen Kenntnisse aus der Kernkompetenz
anderen Firmen angeboten werden. Elemente der **missionarischen Organisation** (M) werden in Form einer prägenden Leitidee integriert, um die zentrifugalen
Kräfte der Organisation zu reduzieren.

Auf diese Weise können die Nachteile der Organisationstypen in einer vielfältigen und evolutiven Struktur vielleicht kompensiert werden. Die Komplexität kann, ohne an evolutivem Elan einzubüßen verarbeitet werden, wenn das unternehmerische und selbstverantwortliche Engagement wieder entfacht wird. Die Unternehmung wird revitalisiert.

Idealtypen der Organisation

Es bietet sich an, die in diesem Zusammenhang besonders bedeutsamen Organisationstypen genauer zu spezifizieren. Es sind dies vor allem die innovative, die unternehmerische Organisation und die der Professionals. Sie wurden von Mintzberg idealtypisch beschrieben (*Mintzberg*):

Unternehmerische Organisation

In kleineren Unternehmen mit strategischer und persönlicher Führung durch kleine Personengruppen oder Einzelpersönlichkeiten bietet sich die unternehmerische Organisation an. Die Leitung kann hier noch direkt Einfluss nehmen, koordinieren und die zentrale Vision vermitteln. Die unternehmerische Organisation ist oft der Startpunkt der Entwicklung.

Struktur

○ Einfach, informell, flexibel, mit kleinem Stab oder Hierarchie
○ Die Aktivitäten kreisen um den Chef und Inspirator

Umfeld

○ Relativ einfache dynamische Umwelt
○ Starke charismatische Führung, tendenziell autoritär
○ Spezialisierte Teilsegmente.

Strategie

○ Visionär, grob kanalisierend mit flexibler Anpassung im Detail
○ Innovative Nischenorientierung
○ Flexibel und reaktionsfähig
○ Aber anfällig bei Wachstum und Diskontinuitäten
○ Besonders geeignet für junge Unternehmen im innovativen Bereich, vor allem in der Aufbauphase.

Innovative Organisationen

In der Innovativen Organisation findet sich keine eindeutige Konfiguration wieder, denn sie erwächst organisch aus der Zusammenarbeit von Experten, die sich um eine neuartige Aufgabe gruppieren und sich gegenseitig nicht hierarchisch kontrollieren. Die einzelnen Elemente verschmelzen zu einem System vertikaler und horizontaler Dezentralität.

Diese Struktur befindet sich im permanenten Wandel und nimmt den Charakter der Adhoc-Kratie an. Die innovative Organisation kann als Muster für dynamische Großorganisationen angesehen werden, die mit konsequenter Dezentralität Vorteile sowohl aus der Größe als auch aus der Flexibilität autonomer Teileinheiten nutzen wollen.

Struktur

○ Organisch, teilweise dezentralisiert, auf Adhoc-Kratie ausgerichtet, ausgesprochen partizipativ und demokratisch mit sehr flacher Hierarchie, multidisziplinäre Teams, funktionale und temporäre Kompetenzverteilung
○ Koordination durch gegenseitige Abstimmung, Selbstorganisation unterstützt von Koordinatoren

Umfeld

○ Komplexe und dynamische Umwelt, häufige Produktänderung in jungen Branchen mit Technologieschwerpunkt
○ Zwei Grundtypen: operative Adhoc-Kratie für Projektarbeit, administrative Adhoc-Kratie für eigene Auftragsarbeit bei abgetrennter Fertigung.

Strategie

○ Lernorientiert, interaktiv entwickelt
○ Initiativ und nur grob kanalisierend
○ Effektiv besonders bei Innovationen
○ Probleme der redundanten Struktur und der teilweise schwierigen Koordination der Teileinheiten.

Organisation der Professionals

Die Organisation der Professionals ist geprägt durch vollständige horizontale und vertikale Dezentralisation. Die Koordination gelingt eigendynamisch durch klare Leitlinien und eine Grundsatzabstimmung bezüglich Vorgehen, Verfahren und Sichtweisen.

Besonders in Beratungsbüros findet sich diese Organisationsform. Die Professionals können sich je nach Aufgabe mit anderen Experten vernetzen oder die unterstützenden Einheiten einschalten. Sie verfügen so über große Aktionsflexibilität und können ein hohes Maß an Komplexität handhaben.

Struktur

○ dezentralisiert und nahezu hierarchiefrei, mit standardisierten und teilweise büro-kratisch routinierten Prozessen der Professionals
○ Selbstregulation zwischen und in den Fachbereichen der Professionals bei hohem Grad der Autonomie
○ minimale Technostruktur und geringe Hierarchie, große Support groups als Unter-stützung und Abstimmung der Teileinheiten.

Umfeld

○ eingeschränkt dynamisch, aber sehr komplex, einfaches technisches System
○ vorzugsweise in Service- und Beratungssektoren.

Strategie

○ plural mit hohem Vernetzungsgrad
○ kollektive Entscheidungsfindung für generelle Leitlinien bei großen Spielräumen

○ Kontinuierliche Fortentwicklung der Gesamtstrategie in kleinen Schritten
○ Vorteile in komplexen Umfeldern durch Autonomie und Flexibilität
○ Koordinationsprobleme zwischen eigenwilligen Ressorts, teilweise Widerstand gegen Innovationen in angestammten Bereichen
○ Besonders geeignet für technologische Service-Bereiche, eigenständige Designabteilungen und Designbüros beziehungsweise Werbeagenturen.

Missionarische Organisation

Gerade design-, ökologie- und innovationsorientierte Unternehmen sind oft durch einen geradezu missionarischen Eifer gekennzeichnet. Sie bemühen sich idealistisch um eine Verbesserung des Marktangebotes, wobei sie den gezielten Aufbau von Wettbewerbsvorteilen und die ökonomische Absicherung zuweilen vernachlässigen.

Trotzdem können sie auf den Märkten bisweilen bestehen, da sie sich durch ein reichhaltiges Angebot an Werten und Überzeugungen präsentieren und damit Sinn stiften sowie Identifikation und Orientierung bieten. Visionen und Missionen können hohe Attraktivität ausstrahlen und als ergänzendes Element auch ökonomisch sehr sinnvoll sein.

Struktur
○ Eher traditionell, geprägt von charismatischen Persönlichkeiten und Themen
○ Koordination über Normen und gemeinsame Wertüberzeugungen
○ Teilweise stark dezentralisierte Einheiten, die durch die zentrale Aufgabe normativ kontrolliert werden.

Umfeld
○ Stark prägende, teilweise feindliche Kontexte
○ Erwächst oft ergänzend zur innovativen und unternehmerischen Organisation.

Strategie
○ Starkes Sendungsbewusstsein
○ Klar, fokussiert auf spezifische Missionen

gut geeignet als zusätzliches Element der identitätsstiftenden Führung dezentraler Organisation.

Diversifizierte Organisation

Mit fortschreitendem Markterfolg bilden sich in vielen Fällen größere Konglomerationen. Der klassische Fall sind die diversifizierten Konzernstrukturen. Diese Organisationen treten machtvoll bis arrogant auf, prägen Standards und absorbieren und produzieren hohe Komplexität. Die Struktur ist vielschichtig und eher starr.

Es wird wenig gelernt und verändert. Die komplexe Binnenstruktur ist eigentlich nur zu bewältigen, wenn den einzelnen Subelementen sehr große selbstorganisatorische Spielräume gelassen werden. Moderne Großunternehmen destrukturieren sich deshalb zu einem mehr oder minder festen Netz.

Wobei die einzelnen Teilunternehmen auch eigenständige Kontakte zum Umfeld aufnehmen dürfen. Es bildet sich das virtuelle Konzernnetz oder die solare Organisation. Damit wird die innovative und unternehmerische Kultur wieder ermöglicht.

2.6 Perspektiven der Innovation

Die eingangs skizzierten Veränderungen in einer digitalen und globalen Wirtschaft prägen auch die zukünftigen Entwicklungen. Durch die weltweite Öffnung der Märkte und die virtuelle Vernetzung, den schnellen Informationsübermittlungen entstehen fast zwangsläufig mehr Neuigkeiten. Fundamentale Entwicklungen in verschiedenen **Technologiebereichen** bieten diverse Herausforderungen für Innovateure.

Hier sind insbesondere die Bio- und Lasertechnik sowie die Neuen Medien zu nennen. Es sind Unternehmen, die an der Börse unter **Neue Märkte** firmieren. Unternehmen und wirtschaftliche Akteure sind insofern mehr denn je einer dynamischen und **permanenten Veränderung** ausgesetzt. Die eigene Veränderungsrate muss der des Umfeldes entsprechen. Zudem ist eine stringente Selektionsleistung zu vollziehen, Wesentliches von Unwesentlichem zu trennen, um damit **verbessernde Veränderungen** einzuleiten.

Die aufgezeigten Modelle und Methoden können nicht als **Grand Unifying Theory** gelten: Nothing fits it all. Zum Abschluss sollen aber einige Aspekte genannt werden, die erfolgreiche Innovation wahrscheinlicher machen:

Die Lösungen liegen in der **Orientierung an Mustern**, um Komplexität zu begrenzen. Die zu Spielregeln geformten Orientierungsmuster (Best Patterns) dienen als sinnfälliger Rahmen für die innovative Gestaltung. Sie lassen Projekte wahrscheinlicher gelingen.

Das organisationale **Lernen**, die Kommunikation über weltweite Netzwerke, die gemeinsame oft virtuelle Innovationspolitik im **Open Source Development** Verfahren und in **Global Design Camps**, eröffnen neue Innovationschancen. Kooperative Netzwerke sind auf lange Sicht Konzernstrukturen überlegen, die vermehrt aus **Fusionen** entstehen. Diese Konzerne müssen sich wieder in innovative Elemente aufteilen.

Es sind intensive, **vertrauensvolle Beziehungen** zu allen wesentlichen **Stakeholders** aufzubauen und identitätsstiftende Aktivitäten zu unternehmen, damit interessante, engagierte Persönlichkeiten für die Unternehmung gewonnen und die Chancen digitaler Vernetzung genutzt werden können. **Lernnetzwerke** (Learning Communities) dienen der Kooperation und schnellen sowie vertieften Erkenntnisgewinnung. Laterale Netzwerke bilden Foren für diverse Neuentwicklungen.

Es gilt, Talente auch abseitig der Normlaufbahnen zu fördern. **Nonkonformisten** und **Querdenker**, die neue Sichtweisen einbringen, haben schon oft wesentliche Innovationen eingeleitet und dienen der erhaltenden Selbstüberraschung.

Es sind **Impulse** zu geben und Herausforderungen zu suchen.

Ein lösungsorientiert spielerisches Vorgehen beflügelt die Kreativität. Dazu ist die stimmige **Atmosphäre** und der geeignete **Rahmen** zu gestalten.

Der Beschleunigungs- und Innovationsfalle kann man durch gezielte **Entschleunigung** entkommen. Die einfache Dynamisierung im Sinne des „Mehr Desselben" leugnet, dass Effektivität wichtiger als Effizienz ist und sich durch langsamere Fortbewegung auch mehr und genauer wahrnehmen lässt.

Es gilt, Werte zu schaffen, die Umwelt zu schonen und **Syntropie** zu erzeugen. Die Fortschrittswelt mutiert zu einer Kreislaufwelt, vom **More and More** wird übergegangen zum Anderen und besser Passenden (Fit), vom Maximum zum Optimum. Das Prinzip der Sustainability berücksichtigt die zirkuläre Kausalität, wo Wirkungen zu Ursachen werden. Neuerungen sind normativ auf ihre Folge- und Nebenwirkungen in ökonomischer, sozialer und ökologischer Hinsicht zu prüfen.

Erfolgreiche Innovationspolitik schafft **Freiräume** für Entwicklungen, kreative Inseln, auf denen Ideen nicht sofort im alten Denkschema geprüft und kontrolliert werden, wo Umwege und zunächst nonkonformes Denken zugelassen sind, wo **Zeit für Entstehungsprozesse** gewährt wird, wo abseitig eines vollständigen Konsenses experimentiert werden darf und das **Paradox der Veränderung** akzeptiert wird.

Es geht in einer sinnvollen Innovationspolitik nicht um beliebige Beschleunigung in den „rasenden Stillstand", sondern vielmehr um eine Balance aus Erneuerung und Konsolidierung.

Nützliche Innovationen entstehen vielleicht wo man sie erwartet, aber kaum einmal wie man sie erwartet. Gute Innovateure sind somit ergebnisoffen, engagiert und neugierig. Sie streben aber auch eine behutsame und verantwortliche Erneuerung an.

Zur Durchhaltbarkeit gehört besonders, sich einen Namen als innovatives und dauerhaft orientiertes Unternehmen zu bilden. Gute starke **Marken** sind im internationalen Kommunikationswettbewerb ein wirksames Mittel, sinnvolle Innovationen durchzusetzen. Man sollte nicht nur Gutes tun, sondern auch versuchen, die Wahrscheinlichkeit zu erhöhen, dass diese als nutzvoll erkannt und damit anerkannt wird. Denn letztlich gilt: Wer nützt und verbessert hat Recht.

Sinnvolle Innovationspolitik konzentriert sich somit auf drei wesentliche Punkte: Menschen, Marken und Muster.

○ Es werden die Stakeholder und Nutzer intensiv mit einbezogen und vertrauensvolle Kontakte aufgebaut.

○ Die Markenbildung dient zum Aufbau eines langfristig positiven Images und der Eigenständigkeit.

○ Die Musterorientierung ermöglicht eine sinnfällige Reduzierung von Komplexität und verhilft zu erfolgreichen Prozessdesigns.

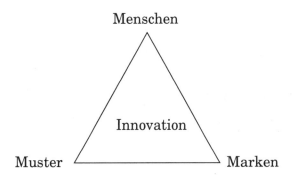

Abb. 60: Wesentliche Erfolgspunkte der Innovation

Die Net Economy auf der Basis neuer medialer Technologien wird die Inhalte und Vorgehensweise der Innovationspolitik deutlich verändern. Ungewöhnliche Koalitionen bilden sich und es ergeben sich neue Möglichkeiten für Produkte und die Zukunft der Arbeit.

Wie werden sich Ihrer Auffassung nach die Neuen Medien auf die Innovationspolitik auswirken? Untersuchen Sie dabei das Was und das Wie.

 Seite 206

Gerade in den neuen Märkten ist es wichtig, die Kunden als Kundige zu nutzen und nicht von technischen Möglichkeiten auszugehen.

Deutsche Technologieunternehmen waren und sind noch zum Teil bekannt für große technische Qualität bis ins Detail. Trotzdem haben sich viele dieser Neuerungen nicht durchgesetzt. Genauso verhält es sich mit sozialen Innovationen, die trotz ihrer deutlichen Vorteile nicht realisiert werden können. Gute Ideen und Erfindungen werden erst zu Innovationen, wenn sie am Markt und/oder in der Organisation akzeptiert werden.

Welche grundsätzlichen Maßnahmen machen eine Durchsetzung wahrscheinlicher?

Seite 206

50 ▷

Erläutern Sie, was unter folgenden in diesem Kapitel behandelten Begriffen zu verstehen ist:

- ○ Aufbauorganisation
- ○ Ablauforganisation
- ○ Organisation
- ○ Team- und Projektorganisation
- ○ Selbstorganisation
- ○ Cluster
- ○ Fraktale
- ○ Innovation
- ○ Solare Organisation
- ○ Zukunftswerkstätten, Lernnetzwerke

Seite 206 ▷

Lösungen
zu den Übungen

○ Steuerung und Nutzung	○ indirekte Beeinflussung
○ Zweck-Mittel-Orientierung	○ Systemrationalität
○ Planung Entscheidung, Kontrolle	○ Selbstorganisation
○ Einzelakteur	○ Kommunikatives Handeln, Dialog
○ Hierarchie	○ Plurale Organisation
○ Fremdorganisation	○ Heterarchie
○ Homo Oeconomicus	○ Complex Man
○ Wissend und stabil	○ Lernend und verändernd
○ Akteure = Elemente der Unter-nehmung	○ Akteure = Kontext der sozialen Systeme

- ❏ Impulse geben
- ❏ Atmosphäre entwickeln
- ❏ Rahmen vereinbaren für Entwicklung und Lernen

Dabei werden die Mitarbeiter intensiv in die Entscheidungsprozesse integriert (Partizipation), zudem sollen sie im abgesteckten Rahmen möglichst eigenständig agieren (Selbstorganisation).

Management greift in komplexe Systeme ein und hat damit oft überraschende Wirkungen. Trotzdem bedarf es lenkender Eingriffe, um sinnvolle Ergebnisse zu erzielen. Es muss gesteuert werden, um Ziele zu erreichen, aber es ist höchst ungewiss, wodurch man sie erreicht. Modernes Management versucht deshalb weniger direkt einzugreifen. Es wird kontextuell, also indirekt über die Gestaltung der Rahmenbedingungen gesteuert. Damit würde die Wahrscheinlichkeit der Zielerreichung erhöht.

Sustainability versteht man als Durchhaltbarkeit in sozialer, ökonomischer, individueller und ökologischer Hinsicht (Vgl. auch Minilex). Bei allen Projekten und Entscheidungen wird auf Durchhaltbarkeit der Massnahmen geachtet, sodass bewertet werden kann, inwieweit ein Beitrag zur langfristigen Unternehmensentwicklung gelistet wird.

Corporate Design beinhaltet das Produkt- oder Industrial Design, also materielle Produkte, das Communication Design, also die visuelle Kommunikation sowie das Interface Design und das Environment Design, also Interior und Exterior Design. (Vgl. auch S. 24f.). Wenn ein geschlossenes Gesamtbild geformt wird, lässt sich die Firma klar identifizieren. Alle Elemente fördern das Image in einem Stil. Die Rezipienten gewinnen ein Bild der Eigenständigkeit. Das Unternehmen kann sich weitere Märkte (z. B. Service, Beratung) erschließen, wenn es sich in einem professionellen Design präsentiert. Zudem werden persönlich emotionale Bindungen wahrscheinlicher und das Unternehmen steigert die Eigenständigkeit und klärt die Identität.

Vgl. Minilex und Stichwortverzeichnis

Gerade aufgrund des Information Overload wird das relevante Wissen immer schwieriger erreichbar. Die Reduktion der Komplexität gelingt mit der Konzentration auf Orientierungsmuster und die klare Definition des eigenen Standorts. Orientierungsmuster sind zeitstabil, ändern sich also nicht. So werden nicht schnell wandelnde Trends, sondern allgemeine Regeln erkannt und genutzt. Strukturiertes Vorgehen ermöglicht zudem das schnelle Auffinden relevanter Sachverhalte. Das fundierte Basiswissen erzeugt gute Verknüpfungsmöglichkeiten. Auch die redaktionelle Arbeit im guten Journalismus kann als hervorragendes Beispiel dienen. Hier werden komplexe Sachverhalte in Kurzberichten auf das Wesen der Dinge reduziert.

Informationen sind der Rohstoff für Wissen. Lernen ist der Prozess der Wissensaneignung. Vgl. auch S. 37 ff.

Individuelles Lernen bezieht sich auf Lernprozesse von Einzelpersonen, kollektives auf das Lernen von sozialen Systemen. Medium ist das Gehirn bzw. das soziale Lernsystem. Ein Akteur gibt nicht all sein Wissen in der Gruppe preis, weil er oder sie nicht glauben, es zu dürfen, können oder sollen. Andererseits kann das soziale Umfeld auch zu besseren Lernen der Einzelpersonen beitragen. Das Knowledge Management muss neben technischen Voraussetzungen vor allem persönliche Anreize bieten und die Zusammenarbeit fördern, um Wissensaustausch wahrscheinlicher zu machen.

Beeinflussende Elemente der Lernumgebung sind die Räumlichkeiten, der Zeitpunkt, die Form der Didaktik, die Inhalte, die Medien, die Partner beim Lernen, die gesamte Atmosphäre und die Rahmenbedingungen (Leistungsdruck, Angst, Vertrauen etc.). Sinnvolle Lernumgebungen können bei erfolgreichen Lernprozessen abgeschaut werden. Zum Beispiel das Lernen des Radfahrens ist geprägt durch Anschaulichkeit, Learning by doing, Vorbilder, einsehbaren Nutzen und so weiter.

Vgl. Minilex und Stichwortverzeichnis

Innovationen müssen in komplexen und dynamischen Kontexten entwickelt werden. Es gibt nur sehr ungewisse Informationen über zukünftige Entwicklungen, die zudem diskontinuierlich und turbulent verlaufen. Das Prozessdesign muss deshalb flexibel und offen gestaltet werden, um Unwägbarkeiten und Überraschungen abfragen zu können. Es bietet sich an, eine Methodik des Vorgehens zu vereinbaren und nur in geringem Maße die Inhalte und Vorgehensweisen vorzuplanen. Die Struktur ist auf Selbstorganisation und geringe Hierarchie anzulegen, um schnell wandlungs- und anpassungsfähig zu bleiben.

Im Wesentlichen ändert sich der Grad der Vernetzung durch digitale Medien und die Öffnung der Märkte im weltweiten Maßstab. Starre Strukturen werden aufgebrochen und es entstehen große Chancen für flexible Newcomer. Die etablierten Unternehmen müssen sich sozusagen neu erfinden und kleine, flexible unternehmerische Strukturen bilden (Vgl. bes. auch Kap. G und S. 45 ff).

Die Brain Map fasst verschiedene psychologische Typologien zusammen. Es können neun wesentliche Charaktermerkmale von Menschen differenziert werden. Diese relativ zeitstabilen Muster ermöglichen eine persönlichkeitsspezifische Ausrichtung an Zielgruppen und die heterogene Zusammensetzung von Teams. Kontextmuster werden aus Persönlichkeitsmerkmalen, Bedürfnisebenen und Wahrnehmungspräferenzen zusammengesetzt. (Vgl. S. 64 ff.)

Innovation heißt Erneuerung, verbessernde Veränderung. Eine nutzvolle Idee wird erkannt und anerkannt. Dabei übernehmen Pioniere oder Frühadopter die Neuerung als Erste. Dann entscheidet sich, ob weitere Personen für das Neue gewonnen werden können bis es den Mainstream erreicht. In der Praxis sind abweichend davon sehr unterschiedliche Prozesse zu beobachten, in denen Widerstände auftauchen, überwunden werden und so weiter.

Anhand des Lern- und Lösungszyklus können Phasen benannt werden:

- ❑ Anstoß, Wahrnehmung / Metaloge
- ❑ ReVision / Dialog, Vision Picture
- ❑ Kreation / Ideengewinnungsmethoden
- ❑ Planung / Portfolio, Nutzwertanalysen
- ❑ Aktion / Interventionen, Marketing
- ❑ Kontakt / Zufriedenheitsforschung, Konfliktcoaching
- ❑ Lernen / Mustererkennung
- ❑ Loslösung / Feed Back

16 Der Innovationsprozess verläuft in der Regel emergent, also unüberschaubar überraschend (Vgl. Minilex Emergenz). Die dynamische Komplexität erzeugt immer wieder andere Situationen, Informationen und Erkenntnisse. Die Pläne veralten sehr schnell.

Durch ein geeignetes Prozessdesign wird weniger inhaltlich festgelegt und abgestimmt, sondern vielmehr über das grundsätzlich vereinbarte Vorgehen koordiniert. Alle Akteure sind sich über die Methoden und das Wie einig und werden methodisch integriert.

17 Im Lern- und Lösungszyklus werden 3 Modi mit insgesamt 8 Phasen unterschieden. Die Innovationsmanager haben die Aufgabe, den Prozess anhand dieser Stufen zu koordinieren. Dabei wird im perzeptiven Modus auf die Integration unterschiedlicher Perspektiven geachtet, die zu einer Hauptaufgabe im Konsens integriert werden müssen. Der Kreative Modus umfasst die Lösungskreation, die Planung und Ausführung, der reflektive Modus die Kontaktdiagnose, das reflektorische Lernen und den Projektabschluss. Phasen der Beschleunigung und Entschleunigung sollten wechseln. Die Koordinatoren haben darauf zu achten, dass keine Phase ausgelassen und im Zweifel noch einmal zurückgegangen wird. (Vgl. auch S. 60ff.)

18 *Vgl. Minilex und Stichwortverzeichnis*

19 Erkenntnis entsteht aus dem Abgleich von Erwartung und Erfahrung. Aus externen und internen Erfahrungen können Muster gebildet werden. Zukünfte können immer nur unsicher eingeschätzt werden. Erwartungen schaffen Wirklichkeit. Externe Erwartungen können aus Zukunfts- und Trendforschungen von Experten erkannt werden, einige Früherkennungssysteme und qualitative Prognosen dienen der Erwartungsbildung intern, z. B. Vorlaufindikatoren USA. TV-Formate werden adaptiert. Das lernorientierte Controlling bietet Informationen aus eigenen Markterfahrungen. Externe Erfolgsfaktorenforschung bietet Hinweise auf sinnvolle Handlungsmuster. Beispiele: Erfolgreiche Produktionen ausweiten. Methoden und Prozessdesigns in TV-Produktionen auf andere Bereiche übertragen. Filmforschung, Trendanalysen aus dem Cine-Bereich.

20
- ❑ Normativ: Werte, Muster
  - ethische, ökologische und soziale Standards, Erfolgsmuster von erfolgreichen Marken
- ❑ Innovativ: Lösungsfelder
  - neue Organisationsformen, solare Unternehmensnetze, Prozessdesigns, Ideen, Visionen
- ❑ Strategisch: Trends, Entwicklungen
  - modische Entwicklungen in den einzelnen Märkten, Kontextmuster, Stile
- ❑ Operativ: Cash Flow, Umsätze, DB
  - Cash Flow, Umsätze, DB

21

In fertigungsdominierten Betrieben wird der Kostenminimierung bei gesichertem Absatz der Erzeugnisse sinnvollerweise Priorität gegeben. In innovativen Märkten ist die Nachfrage noch ungewiss und es besteht kaum Aussicht auf Massenproduktion. Es kommt insofern auf die richtigen Wege zum Käufer an. Effizienz heißt so viel wie etwas richtig, also mit möglichst geringem Aufwand erreichen. Effektivität heißt so viel wie etwas Richtiges richtig und zum richtigen Zeitpunkt tun.

22

Gerade im Möbelmarkt, der stark von modischen Trends bestimmt wird, sind Prognosen schwierig zu stellen. Der Besuch von Messen dient der Trendermittlung. Die Analyse der Baubranchenentwicklung dient als Vorlaufindikator für die kommende Nachfrage. Entscheidend ist, losgelöst vom Mainstream, eigene kreative Lösungen zu kreieren.

Trendforschung: Aufspüren von Werte- und Verhaltensänderungen. Szenario-Methode: Beschreibung verschiedener Delphi-Diagnosen = Expertendialoge (Vgl. auch S. 77 ff.).

Eine Prognose beruht immer auf Vergangenheitsdaten, die die zukünftige Entwicklung beeinflussen, aber nicht bestimmen. Trendbrüche und komplexe Einflussgrößen führen zu großer Prognoseunsicherheit. Oft erscheint instinktives und intuitives Vorgehen als erfolgversprechender im Vergleich zu aufwendigen statistischen Verfahren.

23

Individueller Ansatz mit Methodenbeschreibung, Dialog auf Awareness begrenzen!

24

❑ Open Space (Vgl. S. 95)
❑ Einbindung der Mitarbeiter und Stakeholder
❑ Lernwerkstatt
❑ Aufbau eines Corporate Learning System (CLS) (Vgl. Kap. B 3)

25

Vgl. Minilex und Stichwortverzeichnis

26

Laterales Denken ist im Vergleich zum vertikalen eher unlogisch, chaotisch und intuitiv orientiert. Es baut auf den Erkenntnissen der Gehirnforschung auf. Unser Gehirn soll sehr chaotisch konfiguriert sein. Deshalb lassen sich mit lateralem Denken auch schneller neue Lösungen kreieren (Vgl. auch Kap. E1).

27

❑ Marke, Logo: Brainstorming u.a.
❑ Veränderungsinitiative: Solution Talk u.a.
❑ Verfahrensinnovation: Attribute Listing u.a.

28

Es existieren diverse Methoden, weitere Denkweisen und Verhaltensweisen zu eröffnen, als die gewohnten. Grundsätzlich ist besonders das laterale Denken dazu geeignet. Besonders wirksam ist, heterogene Teams zusammenzustellen und neue, ungewohnte Methoden auszuprobieren.

29

Scoring Modelle, Ideenbewertungsmatrix, Nutzwertanalysen, Planungs- und Vergleichsrechnungen (siehe S. 94ff.). Die wahrscheinlich sinnvolle Vorgehensweise ergibt sich aus dem Dialog eines heterogenen Entscheidungsgremiums. Die genannten Verfahren dienen zur Unterstützung der Entscheidungsprozesse, wobei es nicht ratsam ist, schematisch auszuwählen. Die erfolgreichsten Kampagnen weisen große Eigenständigkeit und Risiken auf.

❏ Ermittlung von Erfolgspotenzialen und Lösungsfeldern.
❏ Differenzierung von möglichen, werdenden, aktuellen und ehemaligen Erfolgslösungen bzw. Produkten.
❏ Auswahl und Aufbau innovativer Beiträge.

Mängel der klassischen Portfolios
❏ statisch
❏ Vermengung von Kriterien / Saldierung von Chancen und Risiken
❏ nur zwei Dimensionen
❏ Marktabgrenzung problematisch
❏ schematische Darstellung
❏ unzulässige Vereinfachung der Konsequenzen u.a. (Vgl. auch S. 97f.)

Da sich soziale Systeme aus Kommunikation bilden, können sie dadurch auch verändert werden. Kommunikation existiert in Form von Sprache, Umgangsformen, Produkten und Gestaltungen. Ein vom Top Management veränderter Sprachstil verändert sukzessive das gesamte System. Eine Veränderung in einem sozialen System geschieht durch Störung des Gewohnten. Mit systemischen Interventionen wird versucht, ein Problemfeld dadurch zu lösen, in dem weitere Sichtweisen, Möglichkeiten und Ideen hinzugefügt werden. Dies kann durch provokative wie auch durch evokative (hervorrufende) Interventionen geschehen. Perspektivenwechsel durch visuelle Darstellungen, Beschreibung aus unterschiedlichen Blickwinkeln, das zirkuläre Fragen, paradoxe Interventionen und strukturelle und prozessiale Veränderungen. Im Wesentlichen wird der Rahmen und die Atmosphäre verändert und dadurch indirekt anderes Verhalten angeregt.

Rational überzeugende Produkte reichen nicht aus. Viele logisch rational überzeugende Produkte und Lösungen setzen sich nicht durch, weil Sie für Nutzer unbekannt bleiben, die Vorteile nicht erkannt werden oder die Macht der Gewohnheit nicht durchbrochen werden kann. Zahlreiche Kaufentscheidungen werden rein emotional getroffen und werden durch scheinbar nebensächliche Details entschieden.

Grundsätzlich: Gewohnheiten und Routinen können nur schwierig gestört werden.

1. - Elsbett wird nicht als gleichwertiger Partner anerkannt.
   - Eigene Produktentwicklung wird nicht durch andere »gestört«.
   - Konzepte der Etablierten wie zum Beispiel Gas, Brennstoffzelle u.a. werden als sinnvoller angesehen.
   - Konzerne sind nicht auf Kooperation mit kleineren Ingenieurfirmen vorbereitet.
   - Thema »Pflanzenöl« schlecht kommunizierbar.
   - Kein Akteur will sich die Blöße geben, dass die Elsbett-Ingenieure eine interessante Idee entwickelt haben.
   - Zu geringe Erfolgserwartungen bei den Konsumenten von Autos. Akzeptanzprobleme der Öko-Techniker.

2. Ein Joint Venture ist ein gemeinsames Projekt unterschiedlicher Unternehmen in einem komplexen und reichen Aufgabenbereich. Zumeist dienen Joint Ventures zum Aufbau von Exportmärkten. In diesem Fall wäre an eine Zusammenarbeit eines namhaften Autoproduzenten mit Elsbett zu denken. Aus der problematischen Zusammenarbeit von Swatch bzw. Hayek mit Daimler (Smart) ist bekannt, dass große Konzerne Schwierigkeiten haben, mit kleineren Ideengebern und Entwicklern erfolgreich zu kooperieren. In diesem Falle wären eventuell kleinere Unternehmen für Spezialfahrzeuge (Baumaschinen, Traktoren) sowie findige Kommunikateure anzusprechen, die in einem Joint venture zusammenfinden, um gemeinsam ein für **Venture Capital** interessantes Projekt zu initiieren.

3. Das Produktkonzept ist erst im Zusammenspiel mit anderen Komponenten vollständig. Ein Motor/Antriebsaggregat benötigt die Integration ins sinnvolle Gesamtkonzept, wie das Angebot von Autos, Baumaschinen, Bussen oder dergleichen. Nur in einem nutzergerechten Produkt können die Vorteile exemplarisch präsentiert werden.

Eine erfolgreiche Vermarktung setzt voraus:

- das Eigenständigkeit erkennbar wird, Unterschiede, die Unterschiede machen sind hier offensichtlich gegeben:
- Öko-Antrieb
- verbrauchsarm
- zukunftsfähig
- sicher etc.
- das die Komplexität des Produktes sinnvoll reduziert wird. Dies kann durch Präsentation geschehen. Zudem ist ein Markenname aufzubauen oder zu nutzen.
- es sind intensive persönliche Beziehungen in allen Stakeholders insbesondere möglichen Nutzern und Förderern aufzubauen.

Bei der Kommunikationsplanung sind alle Schritte des Lösungszyklus zu durchlaufen.

Verschiedene Kreise werden kaum Interesse an der Innovation haben, da sie negative Konsequenzen erwarten. Politiker sind nur solange interessiert, wie sich Wähler damit begeistern lassen, die Unternehmen im Konsortium scheuen die Basisinvestitionskosten, Umweltschützer wie Steuerzahler sehen zunächst die immensen Kosten, die anderen Projekten entzogen werden müssen und so weiter.

Die neuen Chancen werden kaum erkannt, weil auch die Befürworter das Beförderungstempo als wichtigsten Vorteil in den Vordergrund heben. Sie denken ebenso vertikal linear wie die Kritiker. Weitere Stakeholder könnten für das Projekt gewonnen werden, wenn zum Beispiel andere Möglichkeiten des Systems benannt würden. So könnte der Transrapid gerade für S-Bahn Verbindungen geeignet sein, weil er leise ist und oftmalige Stopps ermöglicht.

Als Intervener wären multiple Sichtweisen zu aktivieren und mehr Chancen und Perspektiven zu integrieren, damit die festgefahrenen Sichtweisen gelockert werden.

Vgl. Minilex und Kap. E sowie Stichwortverzeichnis

In die Innovationsfalle geraten Unternehmen, die ihre Entwicklungen und Erneuerungen zu schnell und unvermittelt vorantreiben. Die Akzeptanz ist zu gering und Wettbewerber können geeignete Zeitpunkte abwarten. Die Innovationsprozesse verlaufen zu schnell und unstrukturiert, sodass wenig Kontakt zu den Rezipienten entsteht. Ein behutsames Vorgehen auf der Basis des Lern- und Lösungszyklus ist anzuraten. Das Bewusstsein bei Sony, hohe Qualität und erfinderische Produkte entwickeln zu können, führten zu hohem Engagement und einer Veränderung der Kultur. Nicht die technische Leistungsfähigkeit, sondern der Markt entscheidet über den Erfolg.

Widerstände äußern sich in Form von Nicht-Beteiligung, Protest, Störung, Destruktion, Kritik u.v.m. Oft werden von Widerständigen Personen die wesentlichen Problempunkte indiziert. Personenmehrheiten sind oft blind gegenüber wesentlichen Problemfeldern. Die Widerstände sind psychologisch in 6 Kategorien zu differenzieren. Die Ausblendung dient der Vermeidung von Wahrnehmung. Die Prohjektion der Ablenkung auf andere. Die Verdrängung äußert sich als Problemverschiebung. Bei der Retroflektion wird alles auf sich bezogen und nicht kundgetan. Die Introjektion ist eine kritiklose Hinnahme. Das konfluente Verhalten kann als opportunistisch bezeichnet werden. Für den Innovationsmanager besteht die schwierige Aufgabe, die Formen von Widerstand zu erkennen und individuell produktiv zu lösen.

- ❑ Rollentausch
- ❑ Erläuterung unterschiedlicher Charaktere und Sichtweisen
- ❑ Klärung von gemeinsamen Zielen und Vorteilen
- ❑ Ausbildung einer Vertrauenskultur
- ❑ Moderation durch Coach, Mediator oder Supervisor

- ❑ Zu schnelles Vorgehen
- ❑ Zu geringe Einbindung der Betroffenen
- ❑ Neophobie, geringes Risikobewusstsein
- ❑ Wenig Förderung
- ❑ Macht der Gewohnheit u. v. m.
- ❑ Transrapid, Gesundheitsreform, Veränderungsprozess in Organisationen ...

Macht beruht auf der Verfügung über knappe und für den Anderen attraktive Ressourcen. Das können Standorte, Beziehungen zu Kunden, Ressourcen, Fähigkeiten u.v.m. sein.

Hersteller können kooperieren, eigene Vertriebswege aufbauen, Macht erwerben durch Innovationen und Markenpolitik oder direkte Ansprache der Konsumenten (zum Beispiel via Internet).

Herstellern sind neue Perspektiven und Möglichkeiten zu eröffnen, in dem positiv andere Beispiele aufgezeigt werden. Die kreativen Lösungsmethoden dienen zudem der verbessernden Veränderung, die nur beim Betroffenen selbst beginnen kann.

---

1. In den frühen Neunzigern hat Apple die eigenen Erfolgsmuster zugunsten „modischer" Erfolgsrezepte verlassen. Die Legende der innovativen Revolutionäre wurde ersetzt durch Lean-Management, Benchmarking und Reengineering in sehr konventioneller Weise. Letztlich versucht das Management, allgemeine Managementtrends zu kopieren und verlor dadurch Eigenständigkeit, Profil und den Kontakt zur Kernzielgruppe.

2. Benchmarking und Best Practice sind Methoden, erfolgreiche Inhalte und Vorgehensweisen konkret von erfolgreichen Firmen zu übernehmen. Oft passen diese Strategien aber nicht für das eigene Unternehmen oder sind schon veraltet (Vgl. auch D2). Sinnvoller erscheint, Best Patterns zu entwickeln, also Orientierungsmuster auf metasystemischer Ebene.

3. Apple hat an alte Erfolge anknüpfen können, in dem sie sich auf Muster früheren Gelingens besannen. Der Gründer trat wieder ein und belebte damit die Legende von den innovativen Pionieren. Die Produktkonzepte wurden auf Eigenständigkeit (ungewöhnliche Form und Farbe) und Einfachheit (Komplexitätsreduktion) getrimmt (in 10 Sekunden ins Internet). Zudem wurden wieder direkte Beziehungen zur Kernzielgruppe entwickelt (Kultstatus). Besonders entscheidend wird auch die Revitalisierung der internen Prozesse, die Schaffung einer innovativ kreativen Atmosphäre gewesen sein.

Orientierungsmuster sind positive, lösende Verhaltensweisen, während Stereotype habituelle Wiederholungen darstellen. Es sind Teufelskreise des Verhaltens und der Kommunikation, die zur Verschärfung der Situation beitragen: Zum Beispiel Konflikte, die immer wieder an Reizwörtern entfacht werden. Orientierungsmuster weisen den Weg aus verstärkenden Negativspiralen hinaus. (*siehe Minilex*)

Orientierungsmuster werden aus dem Vergleich und der Unterscheidung von gelingenden und weniger gelungenen Prozessen und Vorgehensweisen gefunden. Es wird nicht erklärt, warum etwas gelingt, sondern nur nach vorhandenen Lösungen anderer oder aus der eigenen Erfahrung gesucht. (Vgl. auch *Minilex* und S. 128)

Vgl. Minilex und Kap.F sowie Stichwortverzeichnis

❏ Lernwerkstatt
❏ Projektorganisation
❏ Innovatives Unternehmen errichten (Vgl. zusätzlich Kap. B)

Vorteile	Nachteile
○ Direkte Kommunikation	○ Tendenz zum Mittelmaß und fachlichen
○ Synergien	Kompromiss
○ Entfaltung von Engagement	○ Unklarheit
○ Kreative Atmosphäre	○ Langsame Prozeduren
○ Flexibilität	○ Kompetenzwirrwarr
○ Effektive Koordination	○ Komplexitätssteigerung
○ Spontaneität	

Unternehmen starten oft als unternehmerische Organisationen. Ein Gründer, Erfinder oder Entrepreneur baut um sich ein Unternehmen mit einfacher Struktur auf. Daraus bildet sich ein komplexeres, innovatives Unternehmen, das entweder immer mehr ausdifferenziert oder in ein Konzern integriert wird. Diese Großorganisationen gilt es später wieder in kleinere unternehmerische Einheiten aufzugliedern, um der Erstarrung zu entgehen. Siehe auch Minilex unter virtuelle Organisation. Eine solare oder virtuelle Unternehmung ist durch eine netzartige Struktur relativ eigenständiger Subunternehmen gekennzeichnet. Die Net Economy erfordert extrem hohe Flexibilität und Erneuerungsfähigkeit. Dies ist mit Netzartigen verbunden einfacher zu realisieren, als in starren Konzernstrukturen.

Produktentwicklung: Design Netzwerke weltweit, Virtuelle Gestaltung, neue Produkte und Märkte

Team- und Projektarbeit: Virtuelle Teams, Internet Research und kollektives Lernen, Open Source Development

Distribution: Zunahme des eCommerce, Veränderung des Point of Sale medial und physisch, Bedeutungsabnahme des konventionellen Residenzhandels, Kombination aus e-business und Event-Outlets

Kommunikation: Mediale Kommunikation in lateralen Netzwerken, Integration der Nutzer, intensive Interaktion

Rational überzeugende Produkte können ihren Markt verfehlen. Sinnvolle Neuerungen in der Organisation können am Widerstand einiger Akteure scheitern. Deshalb ist es wichtig, erfolgreiche Innovationsprozesse zu beobachten und daraus innovationsförderliches Verhalten abzuleiten.

Es gilt demnach, die Komplexität sinnvoll zu reduzieren (Muster, Klärung), Eigenständigkeit (Marke) zu erzeugen und Kontakt (Attraktivität, Beziehung, Menschen) zur Neuerung herzustellen.

Vgl. Minilex und Kap. G sowie Stichwortverzeichnis

MiniLex

Das **MiniLex** enthält die wichtigsten Begriffe, die in diesem Buch behandelt werden. Weitergehende Begriffe finden sich in:

Olfert / Rahn, Lexikon der Betriebswirtschaftslehre, Kiehl Verlag

Ablauf-organisation	Beschreibt die effektive Gestaltung der Prozessabläufe. Mit Prozessdesigns werden sinnvolle Rahmenbedingungen und Methoden strukturiert.
Assoziation	Gedankenverknüpfung im Gehirn.
Aufbau-organisation	Strukturelle Organisation, die die Gestalt der Positionen, Kompetenzen, **Rollen** und **Funktionen** beschreibt.
Balanced Scorecard	Methode der ganzheitlichen Unternehmensbewertung *Vgl. Stichwortverzeichnis*
Benchmarking	Vergleich von Unternehmensleistungen
Beobachtung	Die Beobachtung spielt eine wesentliche Rolle in der systemischen Konzeption. Wir sind alle Beobachter im Leben. Wir konstruieren Wirklichkeit in unserem Geist. Entweder wir beobachten direkt unsere physische Wirklichkeit (erster Ordnung) und sind Teil des Systems oder wir reflektieren über das Geschehen und sehen auf das Verhalten von außen (zweiter Ordnung).
Best Patterns	Vgl. Spielregeln, optimale Muster des Gelingens
Best Practices	Optimale Vorgehensweisen, effektive Methoden
Brain Map	Brain Mapping dient der Ermittlung von Charakteren und Naturellen und damit von typischen Wahrnehmungs-, Entscheidungs- und Handlungsweisen. Es können damit Arbeitsgruppen ausgewogen zusammengestellt, Kommunikationsdefekte und Konfliktlinien analysiert und geheilt werden sowie Zielgruppen gebildet und Personalentwicklung betrieben werden.
Brainstorming	Ein vom Amerikaner *Osborn* entwickeltes Modell, zur Ideenentwicklung und Lösung von Problemen durch die Sammlung von Einfällen zu der gestellten Frage.
Break-even-point	Der Punkt, in dem die Umsatzkurve einer Periode die Gesamtkostenkurve der selben Periode schneidet. Erst bei dieser Umsatzgröße sind variable und fixe Kosten der Periode gedeckt. Er wird auch **Kostendeckungspunkt** genannt.
Brandukt	Kombination von **Brand** (Marke) und **Produkt**. Ein Name steht für ein einziges innovatives Produkt, für das es keine allgemeine Bezeichnung gibt (z. B. *Tabasco*).
Bundling	Bündelung von Leistungsangeboten zu Paketen, die zu einem Gesamtpreis angeboten werden. Das Bundling kann auch in der Weise erfolgen, dass sowohl die Einzelleistungen als auch Pakete angeboten werden. Dadurch können verschiedene **Zielgruppen** mit differenzierten **Bedürfnissen** angesprochen werden. Überdies ist dadurch auch eine **Preisdifferenzierung** möglich, die das **Preisimage** der Einzelleistungen nicht berührt.

Business Reengineering	Business Reengineering beschreibt eine neue Form des fundamentalen Wandels und der Restrukturierung von Prozessen in einem Unternehmen. Die von den amerikanischen Managementberatern Champy und Hammer geprägte Methodik kann ähnlich wie **Kaizen** und **Lean Management** als Form des Change Management oder der Reorganisation bezeichnet werden.
Circular-Organisation	Die Circular-Organisation zeichnet sich bei stärkerer Aufrechterhaltung der Hierarchie durch intensive Abstimmung der einzelnen Abteilungen und Ebenen aus. Zwischen den organisatorischen Einheiten werden Komitees konstituiert, die eine horizontale und vertikale Abstimmung vornehmen. Sie wird auch **Zirkuläre Organisation** genannt.
Cluster-organisation	Die Clusterorganisation kann als konsequente Weiterentwicklung der Teamorganisation angesehen werden. Die Cluster setzen sich multidisziplinär aus 30 bis 50 Personen zusammen, die ein Projekt vollkommen selbstbestimmt bearbeiten.
Coaching / Supervision/ Mentoring	Beschreiben die förderliche Prozessbegleitung und Betreuung verschiedener Akteure vornehmlich in Veränderungsprozessen. Coaching folgt dem Prinzip »feel-grow-reflect« anhand des Lösungszyklus. Supervision und Mentoring ermöglichen die Reflexion.
Conjoint Measurement	Messung der Kundenanforderungen, des Produktnutzens und der Preisbereitschaft der Kunden. Entscheidend ist die kombinatorische Verknüpfung der Parameter (Verbundmessung). Es geht im Wesentlichen um die Kombination von Produkteigenschaften und Preisen, die einen möglichst hohen Kundennutzen realisiert bei geringst möglichen Kosten des Anbieter. Mit Hilfe des Verfahrens lässt sich der Betrag ermitteln, den z. B. Qualität, Lieferservice etc. für den Kundennutzen leisten und wie viel diese dem Kunden wert sind.
Convenience Product	Bezeichnung aus der Marktforschung zur Klassifizierung von Waren für den täglichen Bedarf. Güter, die der Verbraucher zur jederzeitigen Bedarfsbefriedigung in der Nähe seiner Wohnung einkaufen will. z.B. Tageszeitung, Seife, u.s.w.
Corporate Behavior	Unternehmensverhalten mit Führungsstil intern und Wettbewerbsverhalten sowie Beziehungen zu weiteren Stakeholders extern.
Corporate Communication	Interne und externe Kommunikation und Präsentation (z.B. **Public Relations**). Sie soll das Vorstellungsbild bei allen Stakeholders (Mitarbeiter, Kunden etc.) entwickeln.
Corporate Culture	Unternehmenskultur, die nicht direkt steuerbar ist (z.B. vorhandenes Betriebsklima). Sie umfasst Verhalten, Sprachstile und Umgangsformen.
Corporate Design	Corporate Design umfasst die für eine Unternehmung insgesamt gestalteten Bereiche **Environment Design** (Interior und Exterior Design), Industrial Design (Produkt- und Modedesign) und **Communication Design** (**visuelle Kommunikation** und **Interface Design**). CD beschreibt zusammengefasst das visuelle Erscheinungsbild (z.B. Firmengebäude, Logo, Hausfarbe, Geschäftspapiere, Messeauftritt) einer Unternehmung.

Corporate Identity	CI stellt ein Berührungsfeld der Unternehmung mit der Öffentlichkeit dar. Das Unternehmen versucht seiner Umwelt Informationen zukommen zu lassen. CI setzt sich aus dem Zusammenspiel von **Corporate Behavior** (CB), **Corporate Design** (CD) sowie **Corporate Communications** (CC) zusammen. Ziel der CI ist es, eine Unternehmung sowohl nach innen wie auch nach außen als einer gestalterischen Einheit erscheinen zu lassen.
	CI umfasst das nach innen und außen kommunizierte Erscheinungsbild (Selbstdarstellung und Verhaltensweisen) einer Unternehmung. Sie ist Ausdruck der Unternehmensphilosophie und/oder des Unternehmensleitbildes (siehe auch Unternehmensphilosophie).
Cyberspace	Aus »kybernetischer Raum« abgeleitetes Kunstwort. Die Welt wird als ein Datenraum gesehen, in dem die Menschen miteinander kommunizieren. Es handelt sich um die totale Vernetzung von Informationsgebern und – nehmern in einer **virtuellen Realität**. Durch Computerbilder wird eine synthetische, dreidimensionale und interaktive Welt geschaffen zum Fühlen, Anfassen, Hören und Sehen.
	Die Übertragung erfolgt per Computer und mit Hilfe einer Home Reality Engine (Handschuhe und Brille), die eine Wirklichkeit erzeugt. Durch die Handschuhe werden Daten empfangen und übermittelt, die Brille hat die Funktion eines Augenhörers (siehe auch **Virtual Shopping**)
DaKuZeL	Dauerhafte Kurzzeitlösung. Verbindung von schneller Lösungsfindung und Dauerhaftigkeit (*vgl. auch Mustererkennung*)
Deckungsbeitrag	Beitrag eines Produktes/Bereichs zur Deckung der Fixen Kosten (*P-Kv*). Relativer Deckungsbeitrag (*DB: bezogen auf einen Engpass*)
Denken	Erfassen von Sinnzusammenhängen, Kognitiver Vorgang der Kopplung von Elementen im Gehirn, Bildung und Veränderung von Engrammen (Gedächtnisspuren).
Delegation	Die Übertragung von Aufgaben, sowie Weisungsbefugnissen und der damit verbundenen Verantwortung auf untergeordnete Instanzen. **Management by Delegation**.
Delphi	Expertendialogmethode zur Abschätzung von zukunftigen Entwicklungen.
Design	Das Design ist allgemein Formgebung und Gestaltung. Design wird hier erweiternd als Objekt- und Konzeptgestaltung unter ästhetischem Primat bezeichnet. Mit Design wird versucht, Nützlichkeit und Schönheit miteinander zu verknüpfen.
Dialog	Gleichberechtigter Austausch von Sichtweisen zum Erkenntnisgewinn
Durchhaltbarkeit	Die Durchhaltbarkeit von Verhaltensweisen ist in sozialer, psychischer, ökonomischer und ökologischer Hinsicht zu klären. Alle Maßnahmen sollen danach so gewählt werden, dass das Image und der Ruf keinen Schaden erleiden, rentabel gearbeitet sowie der Ausgleich und Einklang mit der sozialen und natürlichen Mitwelt gesucht wird.
	Dahinter steht keine Lehre oder Moral, sondern der Gedanke, dass auf lange Sicht nur Verhaltensweisen bekömmlich sind, die sich als *win / win* Lösungen für alle Betroffenen und die natürlichen Systeme herausstellen.

Emergenz	Dieser Begriff beschreibt das Phänomen, dass aus Entwicklungsprozessen Ergebnisse entstehen, die aus den Ausgangsbedingungen nicht ersichtlich waren. Emergente Prozesse erweisen sich somit als überraschende und spontane Ordnungs- und Musterbildungen.
Emotion	Innerer Erregungsvorgang, der angenehm oder unangenehm empfunden und mehr oder weniger bewusst erlebt wird - analoger Begriff **Gefühl**.
Entrepreneur	Pionierunternehmer nach *J. A. Schumpeter*, der sich durch Innovationskraft und Risikoübernahme auszeichnet. Leistungsmotivation und Wagemut sind seine wichtigsten Persönlichkeitsmerkmale. Im Vergleich zum **Intrapreneur** übernimmt er auch persönlich das unternehmerische Risiko.
Entropie / Syntropie	Entropie ist in der Thermodynamik ein Maß für die **Zerstreuung von Energie** und Materie. Wenn wir etwas gestalten, transportieren, nutzen oder produzieren, wird Energie und Materie in einen anderen Zustand und an einen anderen Ort versetzt. Sie werden entropisch zerstreut, d.h. von einem Zustand der Ordnung durch die Eliminierung der Unterschiede in eine maximale Unordnung überführt.
	Syntropische Prozesse, also differenzierende Aktivitäten ermöglichen die Begrenzung der Entropie, z. B. durch Recycling oder die **Schaffung von Strukturen und Werte**. Das Konzept lässt sich unschwer auf psychosoziale Prozesse übertragen. Der syntropische Vorgang ist die eher unwahrscheinliche »informierende« Kommunikation, denn es wird etwas in Form gebracht.
	Im Gegensatz dazu ist die entropische und wahrscheinliche Entwicklung die »Deformation«, also zum Beispiele zerstreuende und informationsarme Kommunikation.
Entwicklung	Der Begriff Entwicklung kommt wahrscheinlich aus dem alten Ägypten. Dort bezog er sich auf das **Entwickeln der Papyrusrolle**. Der Papyrus musste »entwickelt«, d.h. entrollt werden, damit man ihn lesen konnte. In diesem ursprünglichen Sinn ist Entwicklung ein Prozess des Öffnens, der Entfaltung.
	Auf die Gesellschaft bezogen könnte man sagen: Entwicklung hat das Ziel, vorhandene menschliche und natürliche Chancen zu öffnen und zu entfalten. Entwicklung ist ein umfassender Prozess, der – gewollt oder ungewollt – jederzeit abläuft.
	Dieser Prozess schließt wirtschaftliche, kulturelle und ökologische Aspekte ein. Entwicklung kann stattfinden auf der Ebene des Individuums, von Gruppen, Unternehmen und Organisationen und auf staatlicher Ebene.
Erfahrungskurveneffekt	Erfahrungskurven zeigen den Effekt vielfacher Wiederholung und Übung auf. Prozesse und Tätigkeiten gelingen können sukzessive effektiver gestaltet werden. Kostendegressionseffekte
Erkenntnis	Prozess des Erkennens im Kreislauf der Erkenntnis (Methode)
Event-Marketing	Eine im Wesentlichen aus der **Verkaufsförderung** entwickelte **Kommunikationsform**, die eng verbunden ist mit den **Public Relations**. Anlässe sind Messen, Firmenjubiläen etc. Entscheidend ist die zielgruppenorientierte Kombination von Anlass, Motto und Ausführung der Veranstaltung, um einen bleibenden Erlebnis- und Erinnerungswert zu erreichen.

	Event Marketing ist eine erlebnisaktivierende Inszenierung von Leistungsangeboten. Es handelt sich um ein inszeniertes Markenumfeld für die Identifizierung und Individualisierung des Konsumenten (vgl. **Szenen-Marketing**).
Evoked set	Begrenzte, klar profilierte Zahl von kaufrelevanten Alternativen.
Experten-befragung	Befragungsmethode, die darauf abzielt, sachverständige Urteile von Spezialisten einzuholen. Die Befragungsbereiche beziehen sich vor allem auf Gebiete, zu denen kaum Datenmaterial vorliegt und man daher auf sachlich fundierte, subjektive Einschätzungen von Experten angewiesen ist. Die Delphi-Methode ist eines der bekanntesten Verfahren der Expertenbefragung.
Expertensystem	Entscheidungs-Unterstützungssysteme auf der Basis von Expertenwissen, das in Computerprogrammen (Datenbanken) gespeichert und verarbeitet wird. Expertensysteme sind i.d.R. wissensbasierte Systeme. Die wesentliche Aufgabe von Expertensystemen ist die Akkumulation, Synthese und Verarbeitung des Wissens.
Externe Effekte	Externe Effekte sind Wirkungen wirtschaftlichen Verhaltens, die von Akteuren ausgelöst, aber nicht empfangen werden. So schadet die Emission aus hohen Schornsteinen nicht dem Emittenten, sondern anderen. Genauso kann der botanische Garten in einem Chemiewerk Personen zur Verfügung stehen, die ihn nicht finanzieren. Insofern spricht man von positiven oder negativen externen Effekten.
Feng - Shui	Aus der Taoistischen Philosophie ist eine Lehre der **ausgewogenen Gestaltung** bekannt. Das Feng-shui (Wind und Wasser als Zeichen für die Natur) soll ermöglichen die verschiedenen Elemente in einen Gleichklang zu bringen, positive Energie (das Qui) zu entfalten und zu nutzen und negative Energien zu neutralisieren. Heute wird diese Lehre vor allem für die Gestaltung von Räumen genutzt und erfährt auch bei Architekten und Designern im Westen große Beachtung.
Fraktale	Fraktale sind selbstähnliche Elemente komplexer Systeme, in denen Wesensaspekte des Gesamtsystems enthalten sind. In der Organisation eines Unternehmens können Fraktale als selbstorganisierende Gruppen aufgefasst werden.
Franchise	Form der vertikalen Kooperation zwischen zwei Unternehmen unterschiedlicher Wirtschaftsstufen. Hierbei verbinden sich Marktpartner zu einem gemeinsamen Marktauftritt. Ein Franchisegeber entwickelt die Marke, das Konzept und die Betriebs- und Vertriebsform. Sie können so einfach ein Quasi-Filialsystem etablieren. Die F.-Nehmer verpflichten sich zur Einhaltung des Konzeptes, agieren formal selbständig und können so von der Sog-Wirkung profitieren. (Beispiele: McDonald, Domizil, Douglas). Ähnlich organisiert sind Depotsysteme: vorwiegend bei Kosmetik

Gebrauchsgüter	Langlebige Konsumgüter.
Gedächtnis	Fähigkeit des Menschen, Erlebnisse nicht restlos verschwinden zu lassen.
Heterogene Güter	Güter, die nicht gleichartig sind, jedoch trotzdem miteinander konkurrieren, da sie in einem gewissen Maße austauschbar sind, z. B. Autos, Motorräder, u.s.w.
Homogene Güter	In jeder Hinsicht gleichartige Güter.
Image	Summe der Einstellungen zu einem Objekt, subjektives Vorstellungsbild. Symbolik oder emotionale Welt, um die sich eine Marke herum aufbaut.
Information	Rohstoff für Wissen
Innovation	Innovation gilt als Erneuerungsprozess. Innovationen bestehen in der Entwicklung neuer Produkte, Verfahren, Organisationsstrukturen und -prozesse. Je nach Bedeutung können Basisinnovationen, Programminnovationen, Variationen, Modellpflege, Rekombinationen und Differenzierungen unterschieden werden.
	Außerdem werden Angebots- und Nachfrageinnovationen unterschieden, je nachdem, ob der Anbieter oder die Nachfrager die Neuerung angeregt haben. In der Regel werden subjektive Neuigkeiten vom Innovator entdeckt und für eine Nutzergruppe sinnvoll aufgearbeitet. Im Prinzip existiert schon alles, es wird als nutzvolles Muster entdeckt.
Innovations-managment	Innovationsmanagment ist die Organisation, Entwicklung und Realisierung der gesamten Erneuerungsprozesse im Unternehmen. Die Erneuerungen beziehen sich auf die Produkte, die Organisation und die Kultur.
Insourcing	Reintegration von Leistungsumfängen, die sich im Wesentlichen an den Kernkompetenzen eines Unternehmens orientiert (vgl. Outsourcing). Die Kernkompetenzen sind definiert als funktionale Wettbewerbsvorteile gegenüber der Konkurrenz.
	Die Wettbewerbsvorteile können auch kostenbedingt sein (vgl. Transaktionskostentheorie). Die Kernkompetenz wie auch die Transaktionskosten bestimmen die optimale Fertigungstiefe.
Integrierte Produkt-entwicklung	Die integrierte Produktentwicklung oder auch das **Simultaneous Engineering** sollen dem schnellen und wohl koordinierten Projektfortschritt dienen. In Teams arbeiten Spezialisten aus verschiedenen Bereichen gemeinsam und teilweise parallel an der Entwicklung und Verbesserung von Produktgruppen.
	Das Wissen der gesamten Organisation wird auf das Produkt konzentriert. Der Teamcharakter führt zu einer kontinuierlichen Verbesserung der Produktfunktionen bei gleichzeitiger Vereinfachung der Zusammenarbeit. Aufwendiges Schnittstellenmanagement wird vermieden.

Interaktions-marketing	Ein durch intensiven und gleichberechtigten Kontakt geprägte Partnerschaft des Anbieters mit den Kunden. Die Kunden werden in Produktplanungen integriert und genau nach ihren Wünschen und Vorstellungen befragt und nach dem Kauf betreut. Es wird auch als **Dialogmarketing** bezeichnet.
Interventionen	Strukturelle und prozessuale Veränderungen
Intrapreneur	Im Vergleich zum **Entrepreneur** ein angestellter Manager, der sich durch große Innovationskraft und hohe Flexibilität auszeichnet. Er ist ein permanenter Querdenker, der in tradierten Organisationen mit strengen Hierarchien vielfach missverstanden wird.
Intelligenz	Ist die Fähigkeit zur Aneignung von Kompetenz (Vgl. Kompetenz).
Intuition	Ist die unmittelbare Anschauung bzw. die Fähigkeit, verwickelte Vorgänge sofort richtig zu erfassen.
Joint Ventures	sind gemeinsame Unternehmungen von verschiedenen Firmen insbesondere beim Aufbau von internationalen Beziehungen und Projekten.
Kaizen	Kaizen heißt so viel wie kontinuierliche Verbesserung. Jeder Mitarbeiter und jede Gruppe eines Unternehmens sollen sich an der Überprüfung und Verbesserung der Strukturen und Prozesse beteiligen, um das Unternehmen lernfähig im Wandel zu erhalten. Kaizen integriert auch die Auffassungen und Erkenntnisse des **Total Quality Management**, der Wertanalyse und kann als eine - besonders japanisch geprägte - Form des Lean-Management angesehen werden.
Kognitiver Prozess	Vorgang, der der objektiven Erfassung der Außenwelt dienlich ist - dies Spektrum reicht von den Sinnesempfindungen bis zum Lernen, Denken und Erinnern.
Kommunikation	Wechselseitiger Beeinflussungsprozess der Ko-Kreation von Wirklichkeit. Wobei die Informationen und Reize individuell interpretiert werden, je nachdem, welches Vorwissen, welche Erfahrungen und Präferenzen vorliegen und welche Assoziationen ausgelöst werden. Empfänger sind Sender und umgekehrt. Verständigung wird unwahrscheinlich, wenn nicht auf die Eigenarten der Akteure wechselseitig Rücksicht genommen wird. Effektive Kommunikation kann durch eine stimmige Atmosphäre, Vertrauen und die Wahl akzeptierter Medien erreicht werden. Einfache Kommunikationen werden als Quasi Systeme bezeichnet. Sie können zu komplexen Sozialen Systemen ausgeweitet werden.
Kompetenz	Beschreibt das Wissen, die Fähigkeiten und Erfahrungen in einem bestimmten Feld. Es lassen sich entsprechend der in der Brain Map beschriebenen Persönlichkeitsmerkmale neun verschiedene Kompetenz und Intelligenzformen beschreiben: Fach-, Methoden, Innovations-, Kreativitäts-, Visions-, Koordinationskompetenz usw.

Konflikte	Widerstrebendes Verhalten aufgrund von unterschiedlichen Sichtweisen und Meinungen.
Kontakt	Wird hier als gelungene Verbindung und Beziehungen zu anderen Akteuren verstanden. Beispiel ist die Akzeptanz einer Innovation bei den Kunden oder Mitarbeitern.
Kontingenz	Ausmaß der Entscheidungsmöglichkeiten eines sozialen Systems. Ein low Grad an Kontingenz ermöglicht die Umfeld-Komplexität durch viele Aktionen strukturieren zu können.
Kreativität	Ideengewinnung, Fähigkeit zur Problemlösung
Kreativitäts-methoden	Siehe jeweils im Stichwortverzeichnis
Kreislauf der Erkenntnis	Siehe Erkenntnis und Stichwortverzeichnis
Lean - Management	Lean-Management beschreibt einen „schlanken" und ganzheitlichen Ansatz. Ausgehend vom operativen Kern, der Produktion werden die logistischen und weitere Unternehmensbereiche einfach, robust und effizient organisiert. In engem Zusammenhang stehen die Konzepte **Kaizen**, **Total Quality** und **Virtual Corporation**.
Leapfrogging	Überspringen (to leapfrog = bockspringen) der gegenwärtigen Angebote (primär in technologieorientierten Märkten). Kaufentscheidungen werden in Erwartung absehbarer, verbesserter Produkte aufgeschoben. Dieser Effekt tritt um so stärker auf, wenn zudem permanente Preissenkungen die Branche bestimmen (z. B. im PC- Bereich). Er wird beeinflusst durch die Länge der **Produktlebenszyklen** und **Innovationszyklen**, den technischen Fortschritt und die Dringlichkeit der Kaufentscheidung. Insbesondere die Kommunikationspolitik (**Prämarketing**) der Anbieter durch Neuprodukt-Ankündigungen animiert zum Leapfrogging.
Lernen	Veränderung des Verhaltens, das auf Erfahrung (Übung) basiert. Lernen Stufe 0 = Wissen/ Lernen Stufe 1 = Verbindung von Elementen, Verknüpfung/ Lernen Stufe 2 = Metasystemische Reflexion, Zuschauen, wie man lernt.
Lernprozess	Lernprozesse können als Ergebnisse, Innovationen, Erkenntnisse und Ideen aufweisen. Die Innovation wird dabei als realisierte Idee oder Erkenntnis beschrieben. Innovationen bedürfen eines sozialen Prozesses, da sie mindestens einer weiteren akzeptierenden Person bedürfen. Ideen als spontan auftretende Assoziationen und Erkenntnisse als vornehmlich kognitive Resultate umfassen noch kein wahrnehmbares Verhalten. Ein sinnvolles Lernprozessdesign stellt den Lern- und Lösungszyklus dar.

Lernende Organisation	Die Begriffe Organisationales Lernen, Lernende Organisation, Unternehmen als Organismus, **Living Company**, Vitales Unternehmen und ähnliche sind schon seit 30 Jahren in der Diskussion (Vgl. Kapitel B). Sie beschreiben Unternehmensformen, die sich lernend fortentwickeln und dadurch den Wandel als Chance nutzen wollen.
Linienmarke	Eine Marke steht für mehrere homogene Produkte. Sie bezieht sich auf die Produkttiefe in der vertikalen Ebene. Es handelt sich um leichte Produktvarianten mit dem gleichen Versprechen und der gleichen Zielgruppe (z. B. Coca-Cola-Classic).
Lösen	Lösungen und Lösen haben eine Doppelbedeutung, mit der hier gespielt werden soll. Zumeist bestehen die Lösungen im Lösen aus stereotypen Mustern. Lösen ist das praktische Lernen aus täglicher Erfahrung, indem etwas subjektiv Neues auftritt und integriert wird. Lösen ist also adaptives Lernen, bei dem Störeinflüsse eingeregelt werden und effiziente Strukturen (wieder)-hergestellt werden.
Lückenanalyse	Sie zeigt die Lücken zwischen aktueller Entwicklung und strategischen Zielen auf und wird auch **Gap Analysis** genannt.
Management	Management wird formal als Planung, Koordination, Durchführung und Kontrolle verstanden. In zunehmend turbulentem Umfeld einer Unternehmung besteht Management mehr in der angemessenen Handhabung der Phänomene. Das Management befindet sich darum gegenwärtig in einem fundamentalen Paradigmenwechsel. In letzter Zeit werden das evolutionäre, ökologische und systemtheoretische Management präferiert. Management ist danach die Aufgabe, **Impulse** zu geben, eine stimmige **Atmosphäre** zu gestalten und den **Rahmen** zu formen, indem Entwicklung und Lernen einer Unternehmen wahrscheinlicher werden.
Marke	Ist dem französischen Verb »marquer« entlehnt, welches mit kennzeichnen, merken, bezeichnen übersetzt werden kann. Eine Marke ist also als Kennzeichen eines Produktes oder eines Unternehmens zu interpretieren. Eine Marke kann beschrieben werden für ein Produkt, eine Produktfamilie oder ein ganzes Unternehmen. Der Markenname ist das verbale Symbol, das Markenzeichen, das visuell wahrnehmbare Symbol. Marken können als das Herz der Markt- und Unternehmensstrategie bezeichnet werden. Sie ermöglichen es den Anbietern, einen preispolitischen Spielraum aufzubauen. Sie kreieren Präferenzen und sind damit die Schlüsselgröße für den Unternehmenswert.
Marketing	Marketing ist konsequent marktorientierte oder besser mitweltorientierte Unternehmensführung. Marketing wird hier als Denkweise und Methodik bezeichnet, die es ermöglichen soll, marktgerechte Lösungen aufzuspüren, zu entwickeln und zu kommunizieren, die einen beiderseitigen Nutzen für die Marktpartner und die jeweilige Organisation ergeben. Dauerhaften Erfolg kann man nicht durch Übervorteilungen, Täuschungen und Manipulationen erreichen. Marketing ist somit ein Denken im allseitigen Nutzen.

Marktforschung	Systematische Gewinnung von Verbraucherdaten und Analyse der Verbraucherbedürfnisse zur nicht-personenbezogenen Verwertung für Marketing-Entscheidungen.
Mentoring	Vgl. Supervision
Metapher	bildhafte Beschreibung
Me-Too-Produkt	Produktkopie
Monopolistischer Spielraum	Spiegelt den Bereich wieder, in dem die Nachfrage unverhältnismäßig gering auf Preissteigerungen der Anbieter nachlässt.
Motivation	Zweckorientiertes offenes Verhalten, das mit einer Zielorientierung verbunden ist.
Multimedia	Digitalisierung von Ton, Video, Bild und Text zur Speicherung und gleichzeitigen Darstellung auf einem Computer.
Muster	**Muster** sind Bildstrukturen, die einem Beobachter eine erweiterte Erkenntnis in und zwischen Systemen verschaffen. Sie werden aus Unterschieden gebildet, die in vergleichenden Diagnosen sozialer Systeme erkannt werden können. ○ **Orientierungsmuster** verleihen den Akteuren eine ordnende Sichtweise in komplexen Systemen, in denen erkenntnisreiche Informationen enthalten sind. Stereotype werden dahingegen als starre Verhaltensmuster verstanden, die keinen Unterschied machen (z.B. mehr desselben). ○ **Metasystemische Muster** sind allgemein und übergreifend. Sie weisen kontextneutralen und zeitstabilen Charakter auf, sind also zu jeder Zeit in allen sozialen Systemen gültig. Das Erkennen, die Systematisierung und die Anwendung von Orientierungsmustern ermöglichen sinnvolles Handeln in und zwischen sozialen Systemen. Muster reduzieren Komplexität, erhöhen also Varietät, lassen bedingte Voraussagen zu und ermöglichen Lern- und Entwicklungsprozesse. Muster sind Ordnungen, Strukturen oder Konfigurationen, die aus der Unterscheidung von Figur und Grund (gestalttheoretischer Ansatz) oder Vorder- und Hintergrund, System und Element oder Umsystem (systemtheoretischer Ansatz) gebildet werden. Muster stellen gebündelte Informationen dar, die Strukturen bilden.
Nischenprodukt	Produkt, das eine Marktlücke besetzt. Nach Erstellung eines Mappings (Achsenkreuz), auf dem die vorhandenen Marken einer Produktkategorie positioniert sind, kann eine Marktnische entdeckt werden.
Ökologie	Sie bezeichnet die Wissenschaft des Haushaltens (griech.: oikos = das Haus). Hier werden Austausch- und Wechselbeziehungen von Organismen zu ihrer Mitwelt betrachtet. Im Wesentlichen geht die ökologische Sichtweise von vernetzten und spiralförmigen Entwicklungsprozessen aus, deren Ursachen nicht eindeutig zuzuordnen sind.

	Die Ökologie zeigt auf, dass die meisten Probleme nicht aus Defekten von Einzelelementen entstehen, sondern eher aus Störungen der Beziehungen der Elemente untereinander. Die ökologische Produktpolitik beschäftigt sich deshalb mit der Einpassung von Gütern in die Mitwelt mittels ganzheitlicher und dynamischer Untersuchungen.
Öko-Bilanzierung	Eine Öko-Bilanz dient der ökologischen Produktbewertung, dem Organisations-Controlling bis hin zu einer ganzheitlichen ökologischen Unternehmensbewertung. Vom Grundsatz her wird untersucht, welche positiven und negativen Outputs eine Unternehmung oder ein Produkt erzeugen und welcher Input dafür benötigt wird. Dabei sollen neben technischen Faktoren, wie Emissionen, Materialintensität und Energiebedarf auch psychische und soziale verwendet werden.
Ökologische Produkte	Ökologische Produkte fördern die Gesundheit des Benutzers sowie die seelische und emotionale Zufriedenheit. Ökologische Produkte verursachen in Rohstoffgewinnung, Beschaffung, Fertigung, Distribution, Gebrauch und Entsorgung möglichst geringe Umweltprobleme, also geringe Emissionen und geringen Ressourcenverbrauch. Ökologische Produkte sind langlebig (unmodisch und haltbar) und qualitativ hochwertig. Es wird hiermit klar, dass ökologische Produkte kaum existieren. Deshalb ist es sinnvoll, von mehr oder minder umweltgerechten Gütern zu sprechen.
Ökologischer Rucksack	Er ist eine Metapher zur Beschreibung des durch ein Produkt verursachten Ressourcenverbrauchs.
Organisation	Organisationen sind soziale Systeme, die sich aufgrund von Transaktionen sozialer Akteure bilden. Die Intensität und Form der Struktur bildet sich aus der Güte und Intensität der Kommunikationsbeziehungen.
Outsourcing	Verlagerung von bestimmten betrieblichen Funktionen (z. B. Produktion, Entwicklung, Logistik etc.) auf externe Anbieter, die in diesen Bereichen leistungsfähiger sind als das eigene Unternehmen. Beim **Outside Resourcing** geht es im Wesentlichen um die Konzentration auf die eigenen Kernkompetenzen (vgl. Insourcing). Kosteneinsparung durch Transformation fixer in variable Kosten, mehr Flexibiliät durch kurzfristig erweiterbare oder abbaubare Kapazitäten und durch höhere Schnelligkeit der betrieblichen Ablaufprozesse (vgl. Lean - Management).
Patente und Schutzrechte	Neben Patenten (Schutz von Erfindungen) existieren noch einige weitere gewerbliche Rechte zum Schutze des ökonomisch verwertbaren geistigen Eigentums wie: ○ **Gebrauchsmuster** sind kleine technische Erfindungen mit geringer Innovationshöhe als Patente. ○ **Geschmacksmuster** dient dem Schutz von Modellen, Märkten, die der ästhetischen Formgestaltung und Funktion betreffen. ○ **Warenzeichen** (Marken, Logo) ○ **Urheberrecht** (Konzepte, Texte, Musik etc.) problematisch gerade in Zeiten des Internet (Raubkopien).

Pepsel	Eine problemerzeugende Pseudolösung.
Persönlicher Verkauf	Direkte persönliche Kommunikation mit aktuellen oder potentiellen Käufern, um einen Verkaufsabschluss zu bewirken.
PIMS Studie	Datenbank in der die Gewinnwirkungen verschiedener Marktstrategien untersucht wurden (**Profit Impact of Market Strategies**).
Plan / Planung	Ein Plan beinhaltet eine strukturierte Zusammenstellung von Zielen und Maßnahmen. Die Planung dient der Aufstellung von Plänen in kurzfristiger, mittelfristiger und langfristiger Perspektive. Es existieren mindestens vier Ebenen der Planung in einem Unternehmen: ○ die normative für den Rahmen, ○ die innovative für Neuerungsinitiativen, ○ die strategische für übergreifende und längerfristige und ○ die operative für kurzfristige Aktionen und Maßnahmen.
Pluralität	Die Vielfalt spielt eine zentrale Rolle in den Überlegungen. Es wird als besonders wichtig erachtet, dass eine Unternehmung über viele Talente und unterschiedliche Methoden, Strukturen und Wege verfügt, weil sie sich damit mit sehr unterschiedlichen Anforderungen arrangieren kann. Sie wird multistabil, sozusagen weniger anfällig in turbulenten Situationen. Im pluralen Unternehmen wird Vielfalt der Methoden, Strukturen sowie der Prozesse und Andersartigkeit als Vorteil erkannt und bewusst erzeugt: Die Einheit in der Vielfalt.
Portfolio-Analyse	Portfolio dient der ausgewogenen Gestaltung des Gesamtprogramms nach Gesichtspunkten der Risikostreuung, der Innovationsorientierung und der Ertragskraft. Portfolios visualisieren die mehr oder minder gelungene Mischung zwischen innovativen und marktunsicheren Neuprodukten sowie ertragsstarken Cash Cows. Das einfachste Modell stellt die Dimensionen Marktwachstum und Marktanteil (der Hersteller) gegenüber. Eine solche Visualisierung und Verdichtung der Daten kann zur Vorauswahl und ersten Orientierung der Strategien dienen, insbesondere da schon die Aussichten der Konzepte (Phase im Lebenszyklus) verdeutlicht und Einteilungen bezüglich der strategischen Attraktivität vorgenommen werden. Dies befähigt den Hersteller, ein ausgewogenes Mix der Zuschüsse und Bemühungen für Projekte zu wählen. Wesentliche weitere Beurteilungskriterien sind die relativen Wettbewerbsvorteile und die Marktattraktivität, die als komplexe Dimensionen aus diversen Analysen, wie insbesondere der **Stärken**- und **Schwächen**- und der **Chancen**- und **Risiken-Analyse**, abgeleitet werden. Hierbei wird auch die lukrative Schnittmenge aus eigenen Fähigkeiten und Umfeldchancen ermittelt. Da die Märkte immer weniger exakt abgrenzbar sind, ist ein **Evolutionsportfolio** (Orientierungsmuster) zu erwägen, das die Fähigkeit mit Turbulenz umzugehen als Wettbewerbsvorteil anhand von Evolutionsspielregeln überprüft und auf der Marktseite die Übereinstimmung mit zeitkonstanten Typologien (Kontextmuster) analysiert.

Prämarketing	Absatzbezogenes Instrumentarium der Marktvorbereitung, das vornehmlich im Vorfeld der **Produkteinführung** zum Einsatz kommt. Prämarketing kann sich als Vorsprung im **Zeitwettbewerb** erweisen, setzt jedoch auch den Anbieter unter Zeitdruck, zum angekündigten Termin den Markt zu bedienen. Prämarketing ist im Zusammenhang mit dem **Nachkaufmarketing** zu sehen, die dazu eine kontinuierliche Kundenbetreuung ermöglichen.
Produkt- oder Projektchampion	Ein Produktchampion bemüht sich intensiv, dass ein Projekt oder Produkt realisiert wird. Es wird versucht, die diversen Widerstände der Verwirklichung durch Kreativität und Kommunikationsstrategien zu überwinden.
Programm-hierarchie	Das gesamte Produktprogramm oder Sortiment setzt sich aus einzelnen Produktgruppen beziehungsweise -linien zusammen. Die Produkte gliedern sich in Typen und Artikel auf.
Projekt	Projekt heißt so viel wie das nach vorne Geworfene. In Projekten werden abgrenzbare Aufgaben oft mit innovativem und eigenständigem Charakter zusammengefasst. Projektgruppen befassen sich mit Teilaufgaben eines Projektes innerhalb einer Projektorganisation.
Prosumer	Integration von Konsument und Produzent im Sinne der Einbeziehung des Konsumenten in die Produktionstätigkeit. Dies kann z. B. erfolgen durch den Einfluss auf die Produktionsfunktion, Qualität, Produkthandhabung etc.
Public Relations	Sie sind planmäßig zu gestaltende Beziehungen zwischen einer Institution und der nach Gruppen gegliederten Öffentlichkeit mit dem Ziel, öffentliches Vertrauen und Verständnis zu gewinnen.
Punktbewertungs-modell	Auswahlmethode vgl. Stichwortverzeichnis
Reason Why	Er gibt an, was die wesentlichen Nutzenkomponenten für den Käufer darstellen.
Reaktanz	Widerstreben gegen Verhaltensbeeinflussung.
Reengineering	Permanente Verbesserung der Strukturen und Abläufe im Unternehmen. Im Wesentlichen geht es um die Optimierung des Wertschöpfungssystems.
Relationship-Marketing	Es beschreibt die Ansätze einer koevolutionären Beziehung mehrerer Marktteilnehmer.
Risiko	(Vgl. Unsicherheit)
Risikokapital	(siehe Venture Capital)
Selbst-organisation	Koordinations- und Strukturierungsprinzip, bei dem sich die Organisation aus sich selbst formt. Beispielsweise organisieren sich einzelne Teams und eigenständige Projekte. Den Gegensatz bilden die **Fremdorganisationen**, bei der die Organisationsform von außen bzw. oben vorgegeben wird.

Service	Service kann als akzessorisches Element der Vermarktung aufgefasst werden. Dieser Dienst am Kunden besteht in freiwillig erbrachten Nebenleistungen vor, während und nach dem Kauf. Immer mehr entwickelt sich der Service aus dem Residualbereich zu einem maßgeblichen Teil der Hauptleistung.
	Als übergreifendes Marketinginstrument entspricht der Dienst am Kunden den ökologischen Prinzipien, denn Service soll nachhaltige Kundenzufriedenheit schaffen. Das eigentliche Produkt soll besser nutzbar sein, und die Leistung verbessert werden.
Shopping Goods	Begriff aus der Marktforschung. Bezeichnet Güter des nicht allzu dringlichen Bedarfs. Konsumgüter, die allgemeinen Kriterien unterliegen wie, Qualität, Preis, Angemessenheit und Aussehen. z.B. Möbel, elegante Kleider, Gebrauchtwagen.
Solare Organisation	Vgl. Virtuelle Organisation
Soziale Systeme	Organisationen, Unternehmen, Gruppen, die durch Kommunikation gebildet werden.
Specialty Goods	Konsumgüter, die Einzigartigkeiten aufweisen, ein hohes Maß an Markenidentität besitzen. Zum Erwerb werden gewohnheitsmäßig hohe Anstrengungen in Kauf genommen. z.B. Luxusgüter, besonderer Markenartikel, Stereoanlagen.
Spielregeln	Sie sind bewusst formulierte explizite Regeln und von impliziten Regeln, wie Sprachgefühl, Usancen oder geheimen Regeln zu unterscheiden. Regeln sind aus abstrakten Mustern abgeleitet, sie reduzieren Komplexität, lassen sinnvolles, erfolgreiches Handeln trotz relativer Unwissenheit und Ungewissheit zu und koordinieren Verhalten interaktiver Akteure.
	Evolutionäre Spielregeln entwickeln sich permanent weiter, werden also bewahrt, soweit sie sich als nützlich erweisen, geändert, sofern sie im Blicke neuerer Erkenntnisse angepasst werden müssen. Wir nennen sie zuweilen auch Erfolgsspielregeln, Regeln des Gelingens oder **Best Patterns**.
Spin out	Spin out ist eine Form der Organisation eines Innovationsteams, bei der das Team aus der vorhandenen Organisation herausgelöst wird und unabhängig an einem Projekt arbeitet oder eine eigene Unternehmung bildet.
Sponsoring	Es handelt sich hierbei um eine zielbezogene, vertraglich zugesicherte Zusammenarbeit zwischen einem Sponsor und einem Gesponserten nach dem Prinzip von Leistung (Förderung) und Gegenleistung (Darbietung werblichen Nutzens).
Stakeholder	Eine an einer Meinungsbildung erheblich beteiligte Person oder Institution. Anspruchsträger im Kontext einer Unternehmung, alle, die das Ergebnis beeinflussen können wie Kunden, Mitarbeiter, Initiativen, Medien, Politische Institutionen, Lieferanten usw.
Strategische Allianzen	Das sind Kooperationen von Unternehmen in sehr komplexen innovativen Projekten.

Supervision	Vgl. Coaching
Sustainability	(siehe Durchhaltbarkeit)
Sustainable Development	Sustainable Development beschreibt eine durchhaltbare, nachhaltige und qualitative Entwicklung zur Selbsterhaltung im Einklang mit der Mitwelt. Sustainable wird im deutschen Sprachraum mit zukunftsfähig, nachhaltig und durchhaltbar übersetzt.
Sustainable Management	Sustainable Management als »plurale und zukunftsfähige Unternehmens-entwicklung"« beschreibt Management als fließenden, pluralen und dyna-mischen Prozess, als angemessene Handhabung des diskontinuierlichen Wandels. Eine ganzheitliche Erfolgsdiskussion, Spielregeln und effektive Kommunikation stehen dabei im Vordergrund.
System - Marketing	Je nach Blickrichtung wird der Begriff sehr unterschiedlich dfiniert. Im **Investitionsgütermarketing** verbindet man damit das Marketing für **Systemgeschäfte** (komplexe Systemangebote). Ausgehend von der **System-theorie** werden Synergieeffekte in den Vordergrund gerückt. Der dritte definitorische Ansatz bezieht sich auf ein ganzheitliches Marke-ting, das instrumental - (**Marketing-Mix**) und/oder kundenorientiert ist. Hierbei kann die systemische Ganzheitlichkeit auch Lieferanten und Anspruchsgruppen (**Stakeholder**) einbeziehen. In diesem Falle umfasst das System-Marketing alle Glieder der Wert-schöpfungskette unter Einschluss der eigenen Organisation und Mitarbeiter. System: Kunden, Lieferanten, Beziehung.
Szenario	Methode zur Beschreibung möglicher Zukünfte. Experten beschreiben ihre Perpesktive über positive und negative Entwicklungsmöglichkeiten.
Team-organisation	Teams sind Arbeitsgruppen, die eine Aufgabe relativ selbstständig bewälti-gen. Es hat sich herausgestellt, dass effektive Teams nur bis zu 8 Personen umfassen sollen. Größere Einheiten können sich in einem Plenum koordi-nieren, sollten aber immer wieder aufgeteilt werden. Ein Team funktioniert insbesondere, wenn alle Teilnehmer ein hohes Maß an Sozial- und Kommunikationskompetenz aufweisen, Regeln des Um-gangs einvernehmlich vereinbart werden und ein Moderator als primus inter pares die Gruppe koordiniert. In einer Organisation können zahlreichen Teams insbesondere durch sog. **Linking Pins** koordiniert werden. Diese Verbindungspersonen sind Mit-glieder in verschiedenen neben- oder untergeordneten Teams und ver-knüpfen alle Gruppen horizontal und vertikal.
Telematik	Das ist ein Kunstwort, das die Kombination von Telekommunikation und Informatik bezeichnet, also das Computing in Netzen.
Teleshopping	Form des Homeshopping. Produktangebot im Fernsehen mit der Auf-forderung zur telefonischen Bestellung. Vielfach sind Teleshopping-Sen-dungen nach Produktgruppen segmentiert und mit Unterhaltungselementen (wie z.B. Studiogästen oder Gewinnspielen) kombiniert.

Top of Mind	Marktforschung zur Bekanntheit eines Produkts für die Ermittlung der spontan genannten Marke in einem Produktbereich.
Total Quality	Mit Total Quality ist die ganzheitliche Qualitäts- und Wertorientierung im Unternehmen gemeint. Nicht nur die Produkte, sondern auch die Arbeitsinhalte, die Unternehmenskultur, die Organisation und die internen und externen Beziehungen zu Kollegen, Kunden sowie Lieferanten sollen von hoher Qualität sein.
	In Qualitätszirkeln, Teams und Gremien wird an der kontinuierlichen Verbesserung (**Kaizen**) dieser Elemente gearbeitet. Erst ein Unternehmen, das alle genannten Elemente optimiert, kann seine spezifische Qualität als Wettbewerbsvorteil verankern.
Transaktions-analyse	Methode aus der humanistischen Psychologie, die Kommunikationsbeziehungen analysieren hilft. Am effektivsten ist die Erwachsenen Kommunikation. Mit dieser selbstbewussten Haltung kann asymmetrische Kommunikation von Eltern auf Kind nicht aufgelöst werden (Vgl. bspw. bei Schulz von Thun).
Transaktions-kostentheorie	Die Theorie leistet den Kostenvergleich alternativer institutioneller Arrangements der Abwicklung und Organisation von Transaktionen. Zu den Transaktionskosten rechnen Informations-, Verhandlungs- und Vertragskosten sowie die Kosten der Absicherung, Durchsetzung und eventuell Anpassung vertraglicher Vereinbarungen.
	Mit dem Instrumentarium der Transaktionskostentheorie lässt sich etwas die für das Marketing bedeutsame **Make-or-Buy-Entscheidung** fundieren.
Turbulenz und Chaos	Turbulenz oder Chaos entsteht aus der diskontinuierlichen Dynamik komplexer vernetzter Systeme. Es verändern sich kompliziertere Dinge eher unübersichtlich und überraschend. Auf den Märkten entsteht Turbulenz durch Werteverschiebungen, technische Neuerungen, Änderungen der Kundenbedürfnisse, soziale, rechtliche und politische Änderungen.
Umwelt - Audit	Feststellung und Prüfung des aktuellen ökologischen Status quo des Unternehmens. Der Status wird ermittelt durch ein Bestands-Audit (Materialien, Substanzen, Rohstoffe, etc.), Input-Audit (Zugänge) und Output-Audit (Ausgänge). Die Audit-Schwerpunkte können erweitert werden durch Produkt-, Verbrauchs- und Prozess-Audits. Das Umwelt-Audit wird in einem Umweltbericht dokumentiert.
Unsicherheit	Sie entsteht, wenn weder die Alternative noch die Wahrscheinlichkeit möglicher Entwicklungen wie bei **Risikosituation** bestimmt werden können. Bei struktureller Unsicherheit ist das Problemfeld nicht überschaubar, bei substantieller Unsicherheit besteht vollkommene Unklarheit über das Problemfeld und Lösungswege (Vgl. *Bergmann, 1988 u. 1994*).
Unternehmen	Unternehmen sind kulturelle und technische Sozialsysteme, die sich aus der intensiven Kommunikation sozialer Akteure bilden. Sie dienen in der Regel wirtschaftlichen Zwecken. Für die Mitglieder und Austauschpartner bieten sie ein Angebot von Transaktionsvereinfachungen. Je mehr Transaktionspotenziale sie anbieten, desto fester sind der Zusammenhalt und die Attraktivität. (Vgl. **Transaktionskostentheorie**)

Unternehmens-ethik	Bündelt konkrete Leitlinien und beantwortet die Frage: Wie sollen wir es tun? Praktische Philosophie in einem Unternehmen. Summe der handlungsleitenden Normen und Regeln, die den Rahmen bilden und Orientierung geben sollen.
Unternehmens-kultur	Unternehmenskultur umfasst den Charakter des Unternehmens, die Wirkung und das Erscheinungsbild. Die Unternehmenskultur ist: ○ Resultat der Gestaltung: Wer sind wir? ○ Summe der Regeln, Charaktere, Sitten und Umgangsformen, die in einem Unternehmen existieren.
Unternehmens-philosophie	Unternehmensphilosophie umschreibt die Arbeitsgebiete und -weisen der Organisation. Sie kann als konglomerate Manifestation der Werte und Zielvorstellungen aller Beteiligten und Betroffenen gelten. Als zentrales Gestaltungs- und Steuerungsmittel beantwortet die Unternehmensphilosophie die Frage: Was sollte getan werden? Sie stellt die Summe der Wertvorstellungen, Normen und Regeln, die bewusst im Unternehmen entwickelt werden dar. Sie bündelt Visionen und Rahmen.
USP	Der Unique Selling Preposition ist der einzigartige Produktvorteil eines Angebotes, der ein zentrales Moment der Werbebotschaft darstellt.
Value Added Service	**Dienstleistungen**, die die Kernleistung des Angebots wertsteigernd anreichern. Ziel ist, der zunehmenden Homogenisierung von Kernleistungen zu begegnen. Beispiel für eine solche Profilierungsstrategie ist die BahnCard (Kernleistung) in Verbindung mit der VISA-Kreditkarte, die als zusätzlicher Value das Kernprodukt profilieren soll. Mit dem Value Added Service soll nicht zuletzt eine dauerhafte **Kundenbindung** erreicht werden.
Value Based Management	Instrument strategischer Unternehmensführung. Es handelt sich um eine bestimmte Form des Wertsteigerungs-Management, d.h. der Steigerung der Wertbeiträge einzelner Geschäftsbereiche.
Venture Capital	Es ist Risikokapital und entspricht einer Art Vorfinanzierung riskanter Innovationsprojekte. Insbesondere Unternehmensgründer erhalten von Risikokapitalgebern finanzielle Unterstützung zur Verwirklichung ihrer Ideen. Dieses Kapital wird entweder von privaten oder öffentlichen Stellen zur Verfügung gestellt. Subventionen dieser Art gelten als **Soft Money**, da es ohne strenge Kreditvorschriften ausgeschüttet wird. Diese einfache Geldbeschaffung zieht zuweilen **Stupid Money** nach sich: Geld ohne Ideen.
Venture Teams	Venture teams werden speziell als „Versuchsballons" initiiert. Sie sind als virtuelle Abteilungen konstituiert, sodass aus ihnen neue Facetten der Organisation entstehen können. In Form von Venture Teams werden bewusst nur diejenigen Projekte gefördert, die von keiner vorhandenen Abteilung aufgegriffen werden. Initiateure (**Produkt Champions**) werden dabei ermächtigt, ihr Team zusammenzustellen und erhalten managerielle und materielle Unterstützung.

Verkaufs-förderung	Primär kommunikative Maßnahmen, die der Unterstützung und Verbesserung der praktischen Tätigkeit der eigenen Absatzorgane, der Marketingtätigkeit der Wiederverkäufer und der Unterstützung der Verwender bei der Beschaffung und Benutzung der Produkte dienen.
Verbrauchs-güter	Güter die dem kurzfristigen Konsum dienen, in Extremfällen lediglich einmal Gebraucht werden.
Vergessen	Verlust von Erinnerungen, Entlernen
Virtual Corporation/ Solare Organisation	Eine Virtual corporation reagiert durch Vernetzung so rasch auf die Herausforderung, dass sie mehr Angebot darstellen kann, als von den Ressourcen her eigentlich möglich ist. Sie arbeitet also ähnlich dem virtuellen Speicher eines Computers. Die virtuelle Unternehmung ist nicht mehr durch klare Grenzen und Strukturen gekennzeichnet, sondern definiert sich aus den variablen Beziehungsmustern zu Lieferanten und Kunden sowie dem charakteristischen Kerngeschäft. Durch die relativ übergangslose Zuschaltung unternehmensfremder Kapazitäten können Sprünge im Service, in Qualität, Motivation und Effizienz ermöglicht werden. Die solare Organisation ist ein Bild für die Vernetzung relativ unabhängiger, aber gut kooperierender Unternehmen.
Virtual Reality	Die virtuelle Realität bezeichnet eine durch Kommunikationstechnologien erzeugte Scheinwelt, in die sich der Benutzer mittels besonderer Schnittstellen wie Datenhelm oder -handschuh versetzen kann. Mittels spezieller medialer Computer werden 3 dimensionale Vorstellungsbilder - die so genannten cyberspaces - erzeugt, die sogar alle weiteren Sinne ansprechen können.
Virtual Shopping	Simulation eines typischen SB-Ladens mit seinen Regalfronten und Einkaufsstraßen im Computer. Der Konsument kann sich am Bildschirm frei in dem Einzelhandelsgeschäft »bewegen«, Produkte aus dem Regal nehmen und in seinen Einkaufswagen legen. Mit Hilfe des Simulationssystems können unterschiedliche Testbedingungen für die Ladenpräsentation, Regalplazierung und Produktpositionierung im Shopping-Labor konstruiert und optimale Kombinationen gefunden werden.
Vision	Sie ist ein Vorstellungsbild der zukünftigen Entwicklung. Es enthält wünschenswerte Zustände und grobe Ziele.
Vision Picture	Methode zur Entwicklung einer gemeinsamen Vision
Vitale Systeme	Vitale Systeme befinden sich in einem stetigen Wandel aus Umorganisation und Selbstorganisation. Für diese Systeme sind folgende drei Elemente besonders wichtig. **Information** ist die Energie des Wandels. Die Identität orientiert sich an den Wurzeln und bietet Orientierung und Kraft zur Selbsterhaltung. An **Beziehungen** erwachsen Chancen zur Veränderung und Bereicherung.

Wahrnehmung	Dabei handelt es sich um einen komplexen Vorgang, durch den die Außenwelt in Ganzheiten geordnet aufgenommen und gedeutet wird. Gegenwärtige Reize sowie Erfahrungen der Vergangenheit werden dabei in ein Gesamtbild integriert.
Wertketten-Analyse	Untersuchung der möglichen Optimierungspotentiale in und zwischen Unternehmen in den Wertschöpfungsstufen. Ergebnis kann die Verbesserung der Leistungserstellung, die Reduzierung und die optionale Verteilung der Aktivitäten sein.
Widerstand	Nichtakzeptieren widerstrebendes Verhalten, vgl. Reaktanz
Wissen	Resultat des Lernens, Summe der Erfahrungen
Ziele / Zielarten	Sind wünschenswerte Zustände in der Zukunft, die durch geeignete Mittel und Maßnahmen angestrebt werden. Sie sollten positiv formuliert sein, nach Inhalt, Ausmaß, Zeitbezug spezifiziert und möglichst operational bezogen auf Segmente und Zielgruppen formuliert werden. Es gibt Formal und Sachziele, kurz- bis langfristige, ökonomische, ökologische, soziale und individuelle Ziele.
Zufriedenheit	Erfüllung der Erwartungen
Zukunfts- und Lernwerkstatt	In Zukunftswerkstätten sollen für bestimmte Problemfelder Lösungswege und Leitbilder entwickelt werden. Zukunftswerkstätten sind **Denkschulen** und **Learning Communities**, in denen in theoretischer und praktischer Arbeit positive Visionen kreiert und konkretisiert werden. Grundsätzlich sollen diese sich selbstorganisierenden Gruppen nicht von so genannten Experten dominiert werden, sondern »Laien« Gelegenheit zur Entfaltung geben. In Unternehmen sind unter diesen Laien Mitarbeiter aus fachfremden Abteilungen oder auch Marktpartner zu verstehen, die ungewöhnliche und zuweilen hilfreiche Anregungen einbringen können.

Literatur-
verzeichnis

Literaturverzeichnis

A. Grundlagen

Baecker, D., Postheroisches Management - Grundlagen, Determinanten, Handlungsempfehlungen, Berlin 1994

Beer, St., Brain of the Firm, The Managerial Cybernetics of Organization, London 1972

Beer, St., Platforms for Change, London 1975

Bergmann, G., Die Formensprache der Zukunft (Studie), Köln 1995a

Bergmann, G., Die schöne neue Welt: „Sinnlich, syntropisch und evolutiv?", Vortragstext zum BDA Kongress „Zukunft der Architektur - Zukunft der Arbeit", 11/1995, Berlin 1995b

Bergmann, G., Zukunftsfähige Unternehmensentwicklung - Realistische Visionen einer anderen Betriebswirtschaftslehre, München 1996

Begmann, G., Die Erfindung des UND - oder wie die Vielfalt die Einfalt besieht (Studie), Köln 1996a

Bergmann, G., Sustainable Managment als Alternative zum Business Reengineering, in: Ahlert, D./ Dieckheuer, G. (Hrsg.): Größenmanagement und kundenorientierte Restrukturierung - Wege in neue Strukturen aus der Perspektive von Industrie und Handel, Münster 1996b

Bergmann, G., Die Kunst des Gelingens - Wege zum vitalen Unternehmen, Sternenfels 1999

Bergmann, G., Innovation/Systemik/Handel: Beiträge in Ev. Soziallexikon, Stuttgart 2000

Bergmann, G./Meurer, G./Pradel, M., Muster, Marken, Menschen - Entwurf eines lösungs- orientierten Zukunftsmarketing, Düsseldorf 1999a

Bergmann, G./Meurer, G./Pradel, M., Innovation - eine Mischung aus Chaos und Ordnung, Beitrag in: Bantle, F./Pröbstl, B./Schuble, J. (Hrsg.): TOP 100 - Hundert innovative Unterneh- men schaffen neue Perspektiven für Nordrhein-Westfalen, Stuttgart 1999b

Berth, R., Aufbruch zur Überlegenheit, Düsseldorf u.a. 1994

Bleicher, K., Konzept: Integriertes Management, Frankfurt 1991

Bonsiepe, G., Interface Design, neu begreifen, Mannheim 1996

Capra, F., Lebensnetz (The Web of Life), Bern/München/Wiesbaden/Wien 1996

Crawford, C. M., Neuprodukt-Management, Frankfurt/New York 1992

Dörner, D., Die Logik des Mißlingens, Reinbek 1989.

Dyllick, Th., Gesellschaftliche Instabilität und Unternehmensführung, Bern /Stuttgart 1982

Flusser, V., Kommunikologie, Mannheim 1996

Foerster, H. v., Das Konstruieren von Wirklichkeit, in: P. Watzlawick (Hg.) S. 39ff 1981

Glasarsfeld, E. v., Einführung in den radikalen Konstruktivismus, in: P. Watzlawick (Hg.) S. 16ff, 1981

Goldhar, J. D., Some modest conclusions, in: Management of Research and Innovation, Dean, B . V. / Goldhar, J. D. (Hrsg.), Amsterdam 1980

Hauschildt, J., Innovationsmanagement, München 1997

Hayek, F. A. v., Die Theorie komplexer Systeme, Tübingen 1972

Higgins, J. M. / Wiese, G. G., Innovationsmanagement, Berlin/Heidelberg/New York 1996

Hofstede, G., Lokales Denken, Globales Handeln, München 1997

Hopfenbeck, W., Allgemeine Betriebswirtschafts- und Managementlehre, Landsberg 1998

Hüttel, K., Produktpolitik, Ludwigshafen 1998

Kasper, H., Die Handhabung des Neuen in organisierten Sozialsystemen, Berlin/Heidelberg 1990

Kieser, A., Werte und Mythen in der strategischen Planung, in: Das Wirtschaftsstudium, H.8-9 S. 427ff, 1985

Kobi, J. M., Management des Wandels, Bern/Stuttgart/Wien 1994

König, E. / Vollmer, G., Systemische Organisationsberatung, Weinheim 1997

Königswieser, R. / Exner, A., Systemische Intervention - Architekturen und Designs für Berater und Veränderungsmanager, Stuttgart 1998

Laotse, Tao Te King, Frankfurt/Berlin 1980

Laszlo, E., Evolutionäres Management, Fulda 1992

Luhmann, N., Soziale Systeme - Grundriß einer allgemeinen Theorie, Frankfurt 1985

Luhmann, N., Die Gesellschaft der Gesellschaft, 2 Bände, Frankfurt 1998
Lynch, D. / Kordis, P., Delphinstrategien - Managementstrategien in chaotischen Systemen, Fulda 1991
Malik, F.,Strategie des Managements komplexer Systeme, Bern/Stuttgart 1984
Maturana, H. R. / Varela, F. J., Der Baum der Erkenntnis, Bern/München/Wien 1987
Meffert, H., Marketing, Wiesbaden 1986
Montaigne, M. de, Essais, Frankfurt 1998
Morgan, G., Images of Organization, Newbury Park/London/New Dehli 1997
Olfert, K. / Pischulti, H., Kompakt-Training Unternehmensführung, Ludwigshafen 1999
Picot, A. / Reichwald, R. / Wigand, W. T. S., Die grenzenlose Unternehmung, Wiesbaden 1996
Pinkwart, A., Chaos und Unternehmenskrise, Wiesbaden 1992
Rudolph, H., Erfolg von Unternehmen, in: Aus Politik und Zeitgeschichte B 23/96 S. 32ff, 1996
Schmidt, S. J., Die Zähmung des Blicks, Frankfurt 1997
Schmidt, S. J. (Hg.), Der Diskurs des Radikalen Konstruktivismus, Frankfurt 1994a
Schumpeter, A. J., Theorie der wirtschaftlichen Entwicklung, München 1926
Schumpeter, A. J., Kapitalismus, Sozialismus und Demokratie, München 1993
Senge, P. M., Die fünfte Disziplin, Stuttgart 1996
Steinmann, H. / Schreyögg, G., Management, Wiesbaden 1998
Ulrich, H. / Probst, G. J. B., Anleitung zum ganzheitlichen Denken und Handeln, Bern/Stuttgart 1998
Vahs, D. / Burmeister, R., Innovationsmanagement, Stuttgart 1999
Vester, F., Leitmotiv vernetztes Denken, München 1980
Varela, F. J., Kognitionswissenschaft - Kognitionstechnik, Frankfurt 1990
Weis, H. C., Kompakt-Training Marketing. Ludwigshafen 1998
Willke, H., Systemtheorie I Grundlagen, Stuttgart 1990
Willke, H., Systemtheorie II Interventionstheorie, Stuttgart 1996
Willke, H., Systemtheorie III Steuerungstheorie, Stuttgart 1998
Willke, H., Systemisches Wissensmanagement, Stuttgart 1998a
Zerdick, A. / Ricot, A. u.a., Die Internet-Ökonomie, Berlin-Heidelberg 1999
Zwingmann, E. / Schwertl, W. / Staubach, M. L. / Emlein, G., Management von Dissens - Die Kunst systemischer Beratung von Organisationen, Frankfurt 1998

B. Wissen und Lernen

Argyris, C., Reasoning, Learning and Action, San Francisco 1982
Argyris, C., Wenn Experten wieder lernen müssen, in Harvard Business Manager, 4/1991, S. 95ff., 1991
Argyris, C., Good Communication that blocks Learning, in: Harvard Business Review, Jul / Aug 94 S77ff., 1994
Argyris, C., Wissen in Aktion, Eine Fallstudie zur lernenden Organisation, Stuttgart 1997
Argyris, C. / Schön, D. A., Organizational Learning: A Theory of Action Perspective, Reading, Addison Wesley 1978
Axelrod, R., The Evolution of Cooperation, New York 1984
Baecker, D., Postheroisches Management - Grundlagen, Determinanten, Handlungsempfehlungen, Berlin 1994
Bain, A., Reformen gegen die Angst, in: Die Zeit Nr. 35 v. 20.8.98, S. 30, 1998
Balasubramarian, V., Organizational Learning and Information Systems, in: lies.nijt.edu/-333olcover.html, 1998
Bateson, G., Ökologie des Geistes, Frankfurt 1985
Beckenbach, F. / Diefenbacher, H. (Hg.), Zwischen Entropie und Selbstorganisation, Marburg 1994
Beer, St., Brain of the Firm, The Managerial Cybernetics of Organization, London 1972
Beer, St., Platforms for Change, London 1975
Bergmann, G., Die Kunst des Gelingens – Wege zum vitalen Unternehmen, Sternenfels 1999
Bergmann, G., Innovation / Systemik / Handel: Beiträge in Ev. Soziallexikon, Stuttgart 2000

Bryner, A. / Markova, D., Die lernende Intelligenz, Paderborn 1996

Buber, M., Das dialogische Prinzip, Gerlingen 1997

Burgheim, W., Acht Lernpfade für das lernende Unternehmen, in: Harvard Business Manager, 3/ 1996 S. 53ff., 1996

Capra, F., Lebensnetz (The Web of Life), Bern/München/ Wiesbaden/Wien 1996

Cohen, M. D / Sproull, L.S., Organizational Learning, Thousand Oaks/ London/New Dehli 1996

Covey, S., Die sieben Wege zur Effektivität, Frankfurt 1992

Dörner, D., Die Logik des Mißlingens, Reinbek 1989

Espejo, R., Schuhmann, W., Schwaninger, M., Bilello, U., Organizational Transformation and Learning, Chichester/New York u.a. 1996

Ferchland, E. und J., Handeln in Organisationen, Workbook 1 - 3, Frankfurt 1996/7

Flusser, V., Kommunikologie, Mannheim 1996

Funke, J. / Vaterrodt - Plümnecke, B., Was ist Intelligenz?, München 1998

Haken, H. / Haken - Krell, M., Gehirn und Verhalten, Stuttgart 1987

Hamer, D. / Copeland, P., Das unausweichliche Erbe - wie unser Verhalten von unseren Genen bestimmt ist, Bern 1998

Hauschildt, J., Innovationsmanagement, München 1997

Higgins, J. M. / Wiese, G. G., Innovationsmanagement, Berlin /Heidelberg/New York 1996

Hofstede, G., Lokales Denken, Globales Handeln, München 1997

Hugo-Becker, A. / Becker, H., Psychologisches Konfliktmanagement, München 1992

Kasper, H., Die Handhabung des Neuen in organisierten Sozialsystemen, Berlin/Heidelberg 1990

Kieser, A., Werte und Mythen in der strategischen Planung, in: Das Wirtschaftsstudium, H.8-9 S. 427ff, 1985

Kleiner, A. / Roth, G., Wie sich Erfahrungen der Firma besser nutzen lassen, in: Harvard Business Manager 5/98, S.9ff, 1998

Luhmann, N., Soziale Systeme - Grundriß einer allgemeinen Theorie, Frankfurt 1985

Luhmann, N., Die Gesellschaft der Gesellschaft, 2 Bände, Frankfurt 1998

Maturana, H. R. / Varela, F. J., Der Baum der Erkenntnis, Bern/ München/Wien 1987

Olfert, K. / Pischulti, H., Kompakt-Training Unternehmensführung, Ludwigshafen 1999

Schulmeister, R., Grundlagen hypermedialer Lernsysteme, München/Wien, 1997

Simon, F. B., Unterschiede, die Unterschiede machen, Frankfurt 1995

Simon, F. B., Die Kunst nicht zu lernen, Heidelberg 1997

Steinmann, H. / Schreyögg, G., Management, Wiesbaden 1998

Ulrich, H. / Probst, G. J. B., Anleitung zum ganzheitlichen Denken und Handeln, Bern/Stuttgart 1988

Vahs, D. / Burmeister, R., Innovationsmanagement, Stuttgart 1999

Varela, F. J., Kognitionswissenschaft - Kognitionstechnik, Frankfurt 1990

Vester, F., Leitmotiv vernetztes Denken, München 1980

Wagner, H. R. (Hg.), Praxis der Veränderung in Organisationen, Göttingen 1995

Weis, H. C., Kompakt-Training Marketing. Ludwigshafen 1998

Willke, H., Systemtheorie I Grundlagen, Stuttgart 1990

Willke, H., Systemtheorie II Interventionstheorie, Stuttgart 1996

Willke, H., Systemtheorie III Steuerungstheorie, Stuttgart 1998

Willke, H., Systemisches Wissensmanagement, Stuttgart 1998a

Zemanek, H., Lernende Automaten, in: K. Steinbach(Hg.): Taschenbuch der Nachrichtenverarbeitung, Göttingen/Heidelberg Sp. 1418ff, 1962

Zerdick, A. / Ricot, A. u.a., Die Internet-Ökonomie, Berlin-Heidelberg 1999

Zwingmann, E. / Schwertl, W. / Staubach, M. L. / Emlein, G., Management von Dissens - Die Kunst systemischer Beratung von Organisationen, Frankfurt 1998

C. Kontext der Innovation

Adler, A., Menschenkenntnis, Frankfurt 1985

Aufenanger, H., Projekt: Selbsterneuerung - Spielregeln für eine glückliches und erfolgreiches Leben, (Studie) Düsseldorf 1998

Bergmann, G., Umweltgerechtes Produkt - Design - Management und Marketing zwischen Ökonomie und Ökologie, Berlin u.a. 1994

Bergmann, G., Die Kunst des Gelingens – Wege zum vitalen Unternehmen, Sternenfels 1999

Böschenmeyer, U., Vom Typ zum Original, Lahr 1994

Dyer, W. W., Der wunde Punkt, Reinbek 1983

Erikson, E. H., Identität und Lebenszyklus, Frankfurt 1966

Ferchland, E. und J., Handeln in Organisationen, Workbook 1 - 3, Frankfurt 1996/7

Flusser, V., Kommunikologie, Mannheim 1996

Gallen, A. M. / Neidhardt, H., Das Enneagramm der Beziehungen, Reinbek 1994

Gardner, H., Abschied vom IQ: Die Rahmentheorie der vielfachen Intelligenzen, Stuttgart 1985

Gardner, H., Kreative Intelligenz, Frankfurt 1998

Hasselmann, V. / Schmolke, F., Archetypen der Seele, München 1993

Hauschildt, J., Innovationsmanagement, München 1997

Hesse, J. / Schrader, H. C., Die Neurosen der Chefs - Die seelischen Kosten der Karriere, München/ Zürich 1996

Higgins, J. M. / Wiese, G. G., Innovationsmanagement, Berlin /Heidelberg/New York 1996

Hurley, K. V. / Dobson, T. E., Wer bin ich? Persönlichkeitsentwicklung mit dem Enneagramm, Augsburg 1993

Jung, C. G., Typologie, München 1990

Kasper, H., Die Handhabung des Neuen in organisierten Sozialsystemen, Berlin/Heidelberg 1990

Kieser, A., Werte und Mythen in der strategischen Planung, in: Das Wirtschaftsstudium, H.8-9 S. 427ff, 1985

Luhmann, N., Soziale Systeme - Grundriß einer allgemeinen Theorie, Frankfurt 1985

Luhmann, N., Die Gesellschaft der Gesellschaft, 2 Bände, Frankfurt 1998

Olfert, K., Personalwirtschaft, Ludwigshafen 1999

Schulz von Thun, F., Miteinander Reden Teil 3: Das >> Innere Team << und situationsgerechte Kommunikation, Reinbek 1989

Vahs, D. / Burmeister, R., Innovationsmanagement, Stuttgart 1999

Wagner, H. R. (Hg.), Praxis der Veränderung in Organisationen, Göttingen 1985

Zwingmann, E. / Schwertl, W. / Staubach, M. L. / Emlein, G., Management von Dissens - Die Kunst systemischer Beratung von Organisationen, Frankfurt 1998

D. Perzeptive Phasen des Innovationsprozesses

Aufenanger, H., Projekt: Selbsterneuerung - Spielregeln für eine glückliches und erfolgreiches Leben, (Studie) Düsseldorf 1998

Bergmann, G., PEP - der Projektentwicklungsprozeß, Studie des Köln - Institut, Köln 1998a

Bergmann, G., Die Kunst des Gelingens – Wege zum vitalen Unternehmen, Sternenfels 1999

Bergmann, G. / Meurer, G. / Pradel, M., Evolutionäre Planung – Werkstattbericht, Köln Institut – Uni Siegen, Köln 1997

Bergmann, G. / Pradel, M., Lernende Marktforschung, in: Pepels, W. (Hg.): Handbuch Marktforschung, Kriftel, Berlin 1999

Bonsiepe, G., Interface Design, neu begreifen, Mannheim 1996

Buber, M., Das dialogische Prinzip, Gerlingen 1997

Buzan, T., The Mind Map Book, London 1995

Eberling, J. /Hargens, J. (Hg.), Einfach kurz und gut - Zur Praxis der lösungsorientierten Kurztherapie, Dortmund 1996

Ferchland, E. und J., Handeln in Organisationen, Workbook 1 - 3, Frankfurt 1996/7

Foerster, H. v., Das Konstruieren von Wirklichkeit, in: P. Watzlawick (Hg.) (1981) S. 39ff, 1981

Hauschildt, J., Innovationsmanagement, München 1997

Higgins, J. M. / Wiese, G. G., Innovationsmanagement, Berlin /Heidelberg / New York 1996

Litke, H. D. / Kunow, J., Projektmanagement 1998

Meffert, H., Marketing, Wiesbaden 1986

Morgan, G., Images of Organization, Newbury Park/London/New Dehli 1997

Nevis, E. C., Organizational Consulting - A Gestalt Approach, New York 1988

Petri, K., Let´s meet in Open Space, in: Organisationsentwicklung, 2/ 96, 1996

Pradel, M., Absehbare Entwicklungen in der Kommunikationswirtschaft - Ein Szenario, in: Kommunikationsperspektiven (Hrsg. Der Rektor der FH D), FHD Schriftenreihe, Düsseldorf 1995

Pradel, M., Marketing-Kommunikation mit neuen Medien, München 1997

Pradel, M., Trend- und Zukunftsforschung, in: Pepels, W. (Hg.) Handbuch Marktforschung, Kriftel, Berlin 1999

Riedl, R., Biologie der Erkenntnis, Berlin/Hamburg 1981

Rogers, E. M., Diffusion of Innovations, New York/London 1983

Rudolph, H., Erfolg von Unternehmen, in: Aus Politik und Zeitgeschichte B 23/96 S. 32ff, 1996

Scala, K. / Grossmann, R., Supervision in Organisationen, Paderborn 1997

Schlippe, A. v. / Schweitzer, J., Lehrbuch der systemischen Therapie und Beratung, Göttingen 1997

Schmitt- Bleek, F., Mips – das ökologische Mass der Wirtschaft, Berlin/ Basel/Boston 1994

Schreyögg, A., Supervision, Paderborn 1997

Schreyögg, G., Strategische Diskurse: Strategieentwicklung im organisatorischen Prozess, in: Organisationsentwicklung 4/98 S.32ff, 1998

Servatius, H. G., Re-engineering Programme umsetzen, Stuttgart 1994

Shazer, S. de, Das Spiel mit Unterschieden, Wie therapeutische Lösungen lösen 1994

Shazer, S. de, Der Dreh - Überraschende Wendungen und Lösungen in der Kurzzeittherapie, Heidelberg 1995

Vahs, D. / Burmeister, R., Innovationsmanagement, Stuttgart 1999

Wagner, H. R. (Hg.), Praxis der Veränderung in Organisationen, Göttingen 1995

Walker, W., Abenteuer Kommunikation, Stuttgart 1996

Watzlawick, P. (Hg.), Die erfundene Wirklichkeit - Beiträge zum Konstruktivismus, München 1981

Watzlawick, P. / Weakland, J. / Fisch, R., Lösungen, Toronto/Boston/New York 1988

Whitmore, J., Coaching for Performance, London 1996

Zerdick, A. / Ricot, A. u.a., Die Internet-Ökonomie, Berlin-Heidelberg 1999

Zwingmann, E. / Schwertl, W. / Staubach, M. L. / Emlein, G., Management von Dissens - Die Kunst systemischer Beratung von Organisationen, Frankfurt 1998

E. Kreative Phasen des Innovationsprozesses

Alexander, C., Eine Pattern Language, in: Arch+ 3/84 Nr. 73, 1984

Alexander, C. / Ishikawa, S. / Silverstein, M. C., A Pattern Language, Town, Buildings, Constructions, New York 1977

Argyris, C., Good Communication that blocks Learning, in: Harvard Business Review, Jul / Aug 94 S77ff., 1994

Aufenanger, H., Projekt: Selbsterneuerung - Spielregeln für eine glückliches und erfolgreiches Leben, (Studie) Düsseldorf 1998

Axelrod, R., The Evolution of Cooperation, New York 1984

Becker, J., Marketing - Konzeption, München 1992

Bergmann, G., Strategisches Absatzkanalmanagement, Bern/Frankfurt/ New York 1988

Bergmann, G., Umweltgerechtes Produkt - Design - Management und Marketing zwischen Ökonomie und Ökologie, Berlin u.a., 1994

Bergmann, G., Zukunftsfähige Unternehmensentwicklung – Realistische Visionen einer anderen Betriebswirtschaftslehre, München 1996

Bergmann, G., InBetween – bridging solutions, Konzept eines Innovations-Projektes, Köln, Bad Arolsen 1997

Bergmann, G., Dauerhafte Kurzzeitlösungen im Management und Marketing, Studie des Köln Institut, Köln 1997a

Bergmann, G., PEP - der Projektentwicklungsprozeß, Studie des Köln - Institut, Köln 1998a

Bergmann, G., Die Kunst des Gelingens – Wege zum vitalen Unternehmen, Sternenfels 1999

Bergmann, G. / Meurer, G. / Pradel, M. , Evolutionäre Planung – Werkstattbericht, Köln Institut – Uni Siegen, Köln 1997

Bergmann, G. / Meurer, G. / Pradel, M., Studie: Das Zukunftsfähige Unternehmen - Spielregeln vitaler Systeme, Forschungsbericht I, Köln 1999

Bergmann, G. / Meurer, G. / Pradel, M., Muster, Marken, Menschen – Entwurf eines lösungsorientierten Zukunftsmarketing, Düsseldorf 1999a

Bergmann, G. / Pradel, M., Lernende Marktforschung, in: Pepels, W. (Hg.): Handbuch Marktforschung, Kriftel, Berlin 1999

Bierhoff, H. W., Sozialpsychologie, Stuttgart 1984

Böhme, G., Atmosphäre, Frankfurt 1995

Bono, E. de, Lateral Thinking, New York 1970

Bonsiepe, G., Interface Design, neu begreifen, Mannheim 1996

Booz, Allen, Hamilton, New Product Management, New York 1982

Crawford, C. M., Neuprodukt-Management, Frankfurt/New York 1992

Eberling, J. /Hargens, J. (Hg.), Einfach kurz und gut - Zur Praxis der lösungsorientierten Kurztherapie, Dortmund 1996

Freter, H., Marktsegmentierung, Stuttgart 1983

Geus, A. de, Das Geheimnis der Vitalität, aus: Harvard Business manager 3/97 S., 1997

Geus, A. de, Living Company, Boston 1997a

Grothe, M., Ordnung als betriebswirtschaftliches Phänomen, Wiesbaden 1997

Harris, M., Kannibalen und Könige, Stuttgart 1990

Hauschildt, J., Innovationsmanagement, München 1997

Hesse, J., Systemisch - lösungsorientierte Kurztherapie, Göttingen 1997

Higgins, J. M. / Wiese, G. G., Innovationsmanagement, Berlin/Heidelberg/New York 1996

Hinterhuber, H. H., Strategische Unternehmensführung 1. Strategisches Denken: Vision, Unternehmenspolitik, Strategie, Berlin/New York 1992

Horvath und Partner, Das Controlling Konzept, München 1995

Hugo-Becker, A. / Becker, H., Psychologisches Konfliktmanagement, München 1992

Hüttel, K., Produktpolitik, Ludwigshafen 1998

Kleiner, A. / Roth, G., Wie sich Erfahrungen der Firma besser nutzen lassen, in: Harvard Business Manager 5/98, S.9ff, 1998

Köhler, R., Beiträge zum Marketing - Management, Stuttgart 1991

Königswieser, R. / Exner, A., Systemische Intervention - Architekturen und Designs für Berater und Veränderungsmanager, Stuttgart 1998

Lindner, A. / Adamer, M. M. / Kaindl, G., Erfolgsfaktoren von erfolgreichen Unternehmen im deutschsprachigen Raum, in: Aus Politik und Zeitgeschichte, B 23/96 S. 24ff, 1996

Litke, H. D. / Kunow, J., Projektmanagement 1998

Manteufel, A. / Schiepek, G., Systeme spielen, Göttingen 1998

Maslow, A. H., Motivation and Personality, New York 1954

Meffert, H., Marketing, Wiesbaden 1986

Meister, U. / Meister, H., Zufriedensforschung und –management S. 625ff. in W. Pepels (Hrg.) Moderne Marktforschungspraxis, Neuwied/Kriftel 1999

Nevis, E. C., Organizational Consulting - A Gestalt Approach, New York 1988

Pradel, M., Marketing-Kommunikation mit neuen Medien, München 1997

Rogers, E. M., Diffusion of Innovations, New York / London 1983

Rossbach, S./ Yun, L., Feng-Shui - Farb- und Raumgestaltung, München 1996

Rudolph, H., Erfolg von Unternehmen, in: Aus Politik und Zeitgeschichte B 23/96 S. 32ff, 1996

Scala, K. / Grossmann, R., Supervision in Organisationen, Paderborn 1997

Schlippe, A. v. / Schweitzer, J., Lehrbuch der systemischen Therapie und Beratung, Göttingen 1997

Schmidt, R., Balanced Scorecard, in: Organisationsentwicklung, 2/98 S. 28ff, 1998

Schreyögg, A., Supervision, Paderborn 1997

Schreyögg, G., Strategische Diskurse: Strategieentwicklung im organisatorischen Prozess, in: Organisationsentwicklung 4/98 S.32ff, 1998

Schulz von Thun, F., Miteinander Reden, Teil 1: Störungen und Klärungen, Reinbek 1981

Schulz von Thun, F., Miteinander Reden Teil 2: Stile, Werte und Persönlichkeitsentwicklung, Reinbek 1989

Schulz von Thun, F., Miteinander Reden Teil 3: Das >> Innere Team << und situationsgerechte Kommunikation, Reinbek 1989

Shazer, S. de, Das Spiel mit Unterschieden, Wie therapeutische Lösungen lösen 1994

Shazer, S. de, Der Dreh - Überraschende Wendungen und Lösungen in der Kurzzeittherapie, Heidelberg 1995

Simon, F. B., Unterschiede, die Unterschiede machen, Frankfurt 1995

Simon, H., Hidden Champions - Erfolgsgeschichten unbekannter Weltmarktführer, in: Aus Politik und Zeitgeschichte, B23/96 S. 3ff, 1996

Steinle, C., Erfolgsfaktoren und ihre Gestaltung in der betrieblichen Praxis, in: Aus Politik und Zeitgeschichte B 23/96 S.14ff, 1996

Steinle, C. / Schmidt, C. / Lawa, D., Erfolgsfaktorenkonzepte und ihre Relevanz für Planungssysteme, in: Wirtschaftswissenschaftliches Studium 4/1995, S. 311ff., 1995

Vahs, D. / Burmeister, R., Innovationsmanagement, Stuttgart 1999

Walker, W., Abenteuer Kommunikation, Stuttgart 1996

Watzlawick, P. (Hg.), Die erfundene Wirklichkeit - Beiträge zum Konstruktivismus, München 1981

Watzlawick, P. / Weakland, J. / Fisch, R., Lösungen, Toronto/Boston/New York 1988

Weaver, R. G. / Farrell, J. D., Managers as Facilitators, San Francisco 1998

Weick, K. E., Der Prozeß des Organisierens, Göttingen/Frankfurt 1985

Weis, H. C., Kompakt-Training Marketing. Ludwigshafen 1998

Whitmore, J., Coaching for Performance, London 1996

F. Reflektive Phasen des Innovationsprozesses

Ahlert, D., Distributionspolitik - Das Management des Absatzkanals, Stuttgart/New York 1985

Alexander, C., Eine Pattern Language, in: Arch+ 3/84 Nr. 73, 1984

Alexander, C. / Ishikawa, S. / Silverstein, M. C., A Pattern Language, Town, Buildings, Constructions, New York 1977

Argyris, C., Good Communication that blocks Learning, in: Harvard Business Review, Jul / Aug 94 S77ff., 1994

Bergmann, G., Strategisches Absatzkanalmanagement, Bern/Frankfurt /New York 1988

Bergmann, G., Zukunftsfähige Kommunikation mit Persönlichkeitsbildern und Spielregeln, Kommunikationsperspektiven, FHD, Schriftenreihe 10, Düsseldorf 1995c

Bergmann, G., Zukunftsfähige Unternehmensentwicklung – Realistische Visionen einer anderen Betriebswirtschaftslehre, München 1996

Bergmann, G., Dauerhafte Kurzzeitlösungen im Management und Marketing, Studie des Köln Institut, Köln 1997a

Bergmann, G., PEP - der Projektentwicklungsprozeß, Studie des Köln - Institut, Köln 1998a

Bergmann, G., Die Kunst des Gelingens – Wege zum vitalen Unternehmen, Sternenfels 1999

Bergmann, G. / Meurer, G. / Pradel, M., Evolutionäre Planung – Werkstattbericht, Köln Institut – Uni Siegen, Köln 1997

Bergmann, G. / Meurer, G. / Pradel, M., Studie: Das Zukunftsfähige Unternehmen - Spielregeln vitaler Systeme, Forschungsbericht I, Köln 1999

Bergmann, G. / Pradel, M., Lernende Marktforschung, in: Pepels, W. (Hg.): Handbuch Marktforschung, Kriftel, Berlin 1999

Bonsiepe, G., Interface Design, neu begreifen, Mannheim 1996

Eberling, J. /Hargens, J. (Hg.), Einfach kurz und gut - Zur Praxis der lösungsorientierten Kurztherapie, Dortmund 1996

French, J.R. P. / Raven B. H., The Bases of Power, in: D. Cartwright (Hg.) Studies in Social Power, Ann Arbor, S.150ff, 1959

Hauschildt, J., Innovationsmanagement, München 1997

Higgins, J. M. / Wiese, G. G., Innovationsmanagement, Berlin /Heidelberg / New York 1996

Horvath und Partner, Das Controlling Konzept, München 1995

Kleiner, A. / Roth, G., Wie sich Erfahrungen der Firma besser nutzen lassen, in: Harvard Business Manager 5/98, S.9ff, 1998

Köhler, R., Beiträge zum Marketing - Management, Stuttgart 1991

Lindner, A. / Adamer, M. M. / Kaindl, G., Erfolgsfaktoren von erfolgreichen Unternehmen im deutschsprachigen Raum, in: Aus Politik und Zeitgeschichte, B 23/96 S. 24ff, 1996

Litke, H. D. / Kunow, J., Projektmanagement 1998

Maslow, A. H., Motivation and Personality, New York 1954

Meffert, H., Marketing, Wiesbaden 1986

Nevis, E. C., Organizational Consulting - A Gestalt Approach, New York 1988

Pradel, M., Marketing-Kommunikation mit neuen Medien, München 1997

Rogers, E. M., Diffusion of Innovations, New York/London 1983

Schlippe, A. v. / Schweitzer, J., Lehrbuch der systemischen Therapie und Beratung, Göttingen 1997

Schmidt, R., Balanced Scorecard, in: Organisationsentwicklung, 2/98 S. 28ff, 1998

Shazer, S. de, Das Spiel mit Unterschieden, Wie therapeutische Lösungen lösen, 1994

Shazer, S. de, Der Dreh - Überraschende Wendungen und Lösungen in der Kurzzeittherapie, Heidelberg 1995

Simon, F. B., Unterschiede, die Unterschiede machen, Frankfurt 1995

Simon, H., Hidden Champions - Erfolgsgeschichten unbekannter Weltmarktführer, in: Aus Politik und Zeitgeschichte, B23/96 S. 3ff, 1996

Steinle, C., Erfolgsfaktoren und ihre Gestaltung in der betrieblichen Praxis, in: Aus Politik und Zeitgeschichte B 23/96 S.14ff, 1996

Steinle, C. / Schmidt, C. / Lawa, D., Erfolgsfaktorenkonzepte und ihre Relevanz für Planungssysteme, in: Wirtschaftswissenschaftliches Studium 4/1995, S. 311ff., 1995

Vahs, D. / Burmeister, R., Innovationsmanagement, Stuttgart 1999

Watzlawick, P. / Weakland, J. / Fisch, R., Lösungen, Toronto/Boston/New York 1988

Weick, K. E., Der Prozeß des Organisierens, Göttingen/Frankfurt 1985

Weis, H. C., Kompakt-Training Marketing. Ludwigshafen 1998

Whitmore, J., Coaching for Performance, London 1996

Willke, H., Systemisches Wissensmanagement, Stuttgart 1998a

G. Organisation der Innovation und Entwicklung

Bergmann, G., Umweltgerechtes Produkt - Design - Management und Marketing zwischen Ökonomie und Ökologie, Berlin u.a., 1994

Bergmann, G., Zukunftsfähige Unternehmensentwicklung – Realistische Visionen einer anderen Betriebswirtschaftslehre, München 1996

Bergmann, G., Ethik in der Marktforschung, in: Pepels, W. (Hg.), Handbuch der Marktforschung, Kriftel, Berlin 1998

Bergmann, G., Die Kunst des Gelingens – Wege zum vitalen Unternehmen, Sternenfels 1999

Gomez, P. / Zimmermann, T., Unternehmensorganisation - Profile, Methodik, Dynamik, Frankfurt/New York 1992

Gouillart, F. J. / Kelly, J. N., Transforming the Organization, New York u.a. 1995

Habermas, J., Theorie des kommunikativen Handelns, 2 Bde., Frankfurt/M. 1981

Habermas, J., Diskursethik - Notizen zu einem Begründungsprogramm, Moralbewußtsein und kommunikatives Handeln, Frankfurt/M. 1983

Hauschildt, J., Innovationsmanagement, München 1997

Higgins, J. M. / Wiese, G. G., Innovationsmanagement, Berlin/Heidelberg/New York 1996

Kieser, A., Werte und Mythen in der strategischen Planung, in: Das Wirtschaftsstudium, H.8-9 S. 427ff, 1985

Olfert, K. / Pischulti, H., Kompakt-Training Unternehmensführung, Ludwigshafen 1999

Olfert, K. / Rahn, Kompakt-Training Organisation, Ludwigshafen 2000

Vahs, D. / Burmeister, R., Innovationsmanagement, Stuttgart 1999

Zerdick, A. / Picot, A. u.a., Die Internet-Ökonomie, Berlin-Heidelberg 1999

Stichwortverzeichnis